L'Égypte des pharaons

Christian-Georges Schwentzel

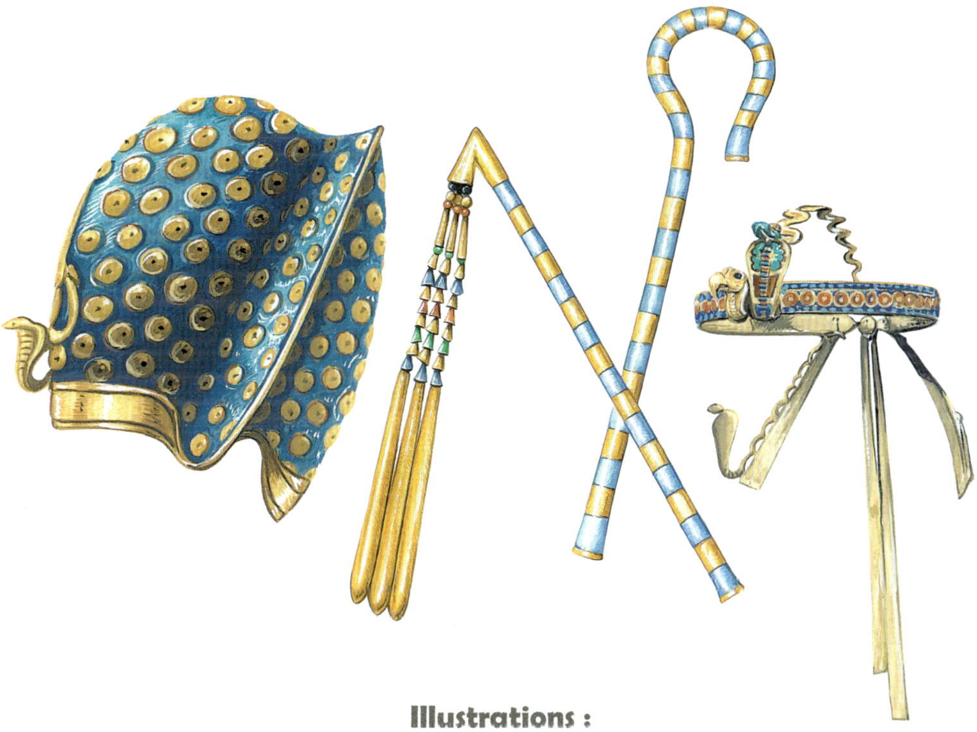

Illustrations :
Florent Silloray, Anne Eydoux, Régis Macioszczyk,
Gwen Keraval, Nathalie Locoste, Marie-Pierre Oddoux,
Nathaële Vogel

MILAN

Sommaire

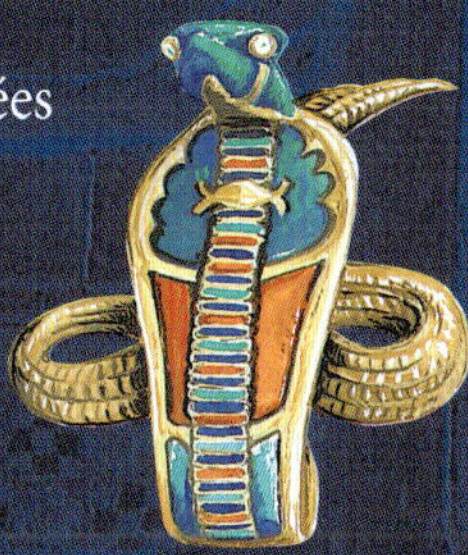

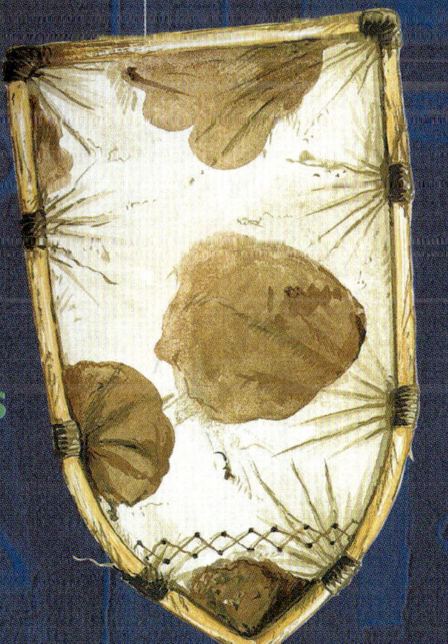

Alexandrie
Bouto
Saïs
Naucratis
Tanis
Léontopolis
Bubastis
Memphis
Héliopolis
Crocodilopolis
Héracléopolis
Bahr Youssef
Cynopolis
Hermopolis
Nil
Panopolis
Abydos
Dendera
Coptos
Thèbes
Ermant
L'Égypte
au IIIe siècle av. J.-C.
Nekheb
Kom Ombo
Éléphantine
Île de Séhel
100 km

Ce livre raconte 3 500 ans de l'histoire de la fascinante civilisation égyptienne, depuis l'époque des grandes pyramides et du sphinx jusqu'au phare et à la célèbre bibliothèque d'Alexandrie. Le lecteur y découvrira les trésors enfouis dans les tombeaux des pharaons, des reines et des nobles. Il rencontrera de grands pharaons conquérants d'empires ou bâtisseurs de temples grandioses comme Thoutmosis III et Ramsès II. Il y trouvera aussi l'évocation de femmes exceptionnelles comme Néfertiti la mystique et Cléopâtre la séductrice.

En 3 500 ans, la civilisation égyptienne a très peu changé. La raison en vient sans doute de la géographie de l'Égypte et de ses conditions climatiques. La vie du pays est bercée par le Nil qui déborde tous les ans et fournit l'eau nécessaire à l'agriculture. Chaque année, les paysans doivent répéter les mêmes gestes et les mêmes travaux : il faut irriguer, semer puis récolter. Le cadre naturel de la vallée du Nil est une invitation à la stabilité, mais aussi à la douceur de vivre ; et les Égyptiens ont bien su en profiter, comme le montrent les peintures de leurs tombeaux.

Trois chapitres qui suivent l'ordre chronologique traitent des grands moments de l'histoire pharaonique. Ils portent pour titres les noms des 3 capitales successives de l'Égypte : Memphis au nord, Thèbes au sud, puis Alexandrie sur la côte de la Méditerranée. Dans les chapitres suivants, on trouvera entre autres l'évocation des institutions, une peinture de la vie quotidienne et l'étude des croyances religieuses et funéraires. Enfin, une dernière partie aborde la redécouverte de l'Égypte ancienne par les archéologues depuis le XIXe siècle et le déchiffrement des hiéroglyphes par Champollion.

Malgré les travaux menés depuis de longues années, de nombreuses zones d'ombre demeurent : on est loin de tout savoir sur l'Égypte ancienne et les savants eux-mêmes ne sont pas toujours d'accord sur certaines questions. La chronologie en particulier pose souvent problème : la plupart des dates, surtout pour l'Ancien Empire, sont approximatives et incertaines.

Memphis

Memphis, sur la rive occidentale du Nil, fut pendant près de 1 000 ans la première grande capitale du pays des pharaons. Ces rois tout-puissants, considérés comme des dieux vivants par leurs sujets, firent construire, à Saqqarah et à Gizeh, les fameuses pyramides, gigantesques tombeaux qui fascinent encore les visiteurs de l'Égypte.

Avant les pharaons

Vase néolithique décoré d'animaux, d'une femme et de bateaux.

Avant d'entrer dans l'histoire, l'Égypte a traversé une longue période qu'on appelle la préhistoire. Au cours de celle-ci, la civilisation pharaonique s'est lentement constituée.

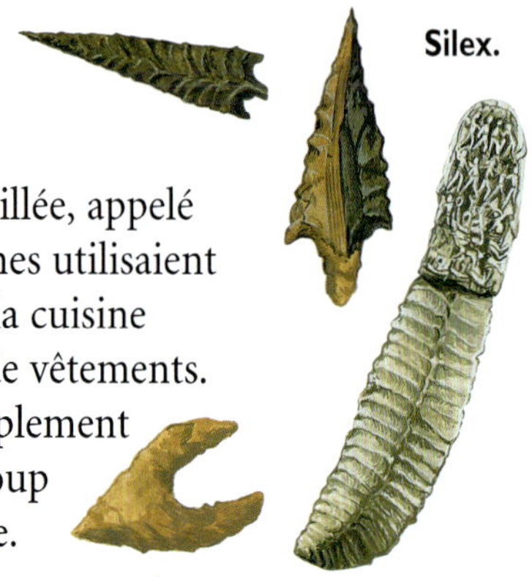

Silex.

Silex taillés et silex polis

L'Égypte a connu un âge de la pierre taillée, appelé Paléolithique. À cette époque, les hommes utilisaient des silex pour chasser, se défendre, faire la cuisine ou découper les peaux qui leur servaient de vêtements. Quand ces outils de pierre ne sont plus simplement taillés mais aussi polis, ce qui les rend beaucoup plus coupants, on parle de période néolithique.

L'évolution du climat

Au Paléolithique, le climat de l'Égypte était beaucoup plus humide qu'aujourd'hui et le Nil couvrait toute la vallée actuelle. Au cours du Néolithique, ce climat tropical s'asécha progressivement : la jungle disparut des bords du Nil et les plaines de l'Ouest laissèrent place au désert Libyque. Ces modifications climatiques poussèrent les tribus nomades à s'installer dans la vallée du Nil.

Aux origines de la civilisation pharaonique

C'est au cours du Néolithique et de l'époque prédynastique que se prépare lentement la civilisation égyptienne. Les hommes prennent possession du sol, délimitant les champs, les villages et les nécropoles, sur des sites qui seront ensuite occupés en permanence à l'époque historique. Les techniques de l'agriculture et de l'artisanat mais aussi les croyances religieuses et funéraires trouvent leur origine dans cette période.

Les débuts de l'agriculture et de l'artisanat

Au Néolithique, il y a environ 7 000 ans, les Égyptiens commencent à cultiver l'orge, le froment et le lin ; ils délimitent pour la première fois l'emplacement des champs et construisent des enclos pour les bêtes domestiquées. Ils fabriquent également les premières poteries et les premiers tissus à partir de tiges de lin.

Figure féminine de l'époque prédynastique.

La découverte des métaux

Vers 3700-3300 av. J.-C., au cours de l'époque « prédynastique », les Égyptiens découvrent l'utilisation des métaux : d'abord l'or et le cuivre, nécessaires à la fabrication d'outils et de bijoux. Le bronze, alliage de cuivre et d'étain, est découvert un peu plus tard ; il permet de forger des ustensiles encore plus résistants. Mais les métaux ne remplacent pas complètement le silex qui est bon marché et facile à tailler et à polir ; il reste l'outil le plus utilisé dans la vallée du Nil pendant plusieurs siècles encore.

Les premières sculptures

À l'époque prédynastique apparaissent les premières sculptures en pierre, en os et en argile. On trouve beaucoup de représentations d'animaux en granit et en albâtre : surtout des singes, des lions, des poissons et des hippopotames. Les Égyptiens les considéraient sans doute comme des dieux ou les totems de différents clans. Il y a aussi des figures féminines avec des seins et des fesses bien marqués ; c'étaient peut-être des déesses mères, incarnations de la fertilité.

Ce poisson à l'œil incrusté de calcaire provient des fouilles d'El-Adaïma en Haute-Égypte.

Les premiers villages

Les Égyptiens du Néolithique construisent de petits villages constitués d'un assemblage de huttes très simples en bois et branchages. Ils se font enterrer à l'écart des habitations dans des tombes creusées à même le sol.

Les découvertes de Badari

Près du village actuel de Badari, dans le centre de l'Égypte, on a trouvé les restes de huttes ovales et des tombeaux en forme de fosses où des squelettes étaient couchés dans la position du fœtus : genoux repliés sur le ventre et bras contre la poitrine.

La découverte de la vie après la mort

Au Néolithique, les Égyptiens croient déjà en une vie après la mort comme en témoignent les objets de la vie quotidienne et les restes de nourriture découverts dans les sépultures.

Une bien étrange coutume

Dans plusieurs sépultures néolithiques, on a retrouvé des squelettes intentionnellement découpés en morceaux. Les raisons de cette étrange pratique demeurent mystérieuses, mais on peut la mettre en relation avec la légende du dieu Osiris dépecé par son frère Seth.

Narmer l'unificateur

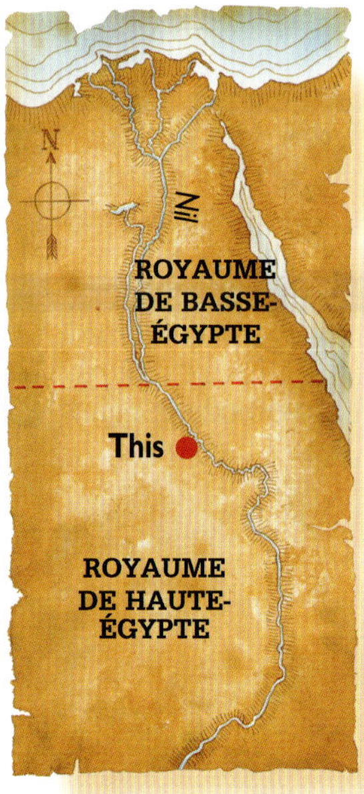

Les 2 Égyptes vers 3000 av. J.-C.

L'Égypte, jusqu'alors divisée, est unifiée par Narmer, un roi du sud du pays qui fonde la Ire dynastie.

La réunion des 2 terres

Pendant la préhistoire, l'Égypte était divisée en plusieurs petits États dirigés par différents chefs et clans. À la fin de l'époque prédynastique, il ne reste que 2 royaumes qui se font face : celui du nord de l'Égypte, ou Basse-Égypte, et celui du sud, ou Haute-Égypte. Vers 3000 av. J.-C., un pharaon du Sud, appelé Narmer, écrase ses ennemis du Nord et réunit les 2 royaumes en un seul État.

Palette de Narmer.

Narmer et les 2 couronnes

On a retrouvé une plaque, ou palette, sculptée en schiste, aujourd'hui exposée au Musée du Caire, qui nous montre sur ses 2 faces le roi Narmer.

D'un côté, le pharaon, qui est en train d'assommer un ennemi de sa massue, porte la couronne blanche de la Haute-Égypte ; de l'autre, on le voit coiffé de la couronne rouge de la Basse-Égypte. C'est la première fois qu'un même roi se montre avec les insignes des 2 régions, preuve qu'elles sont réunies sous son règne.

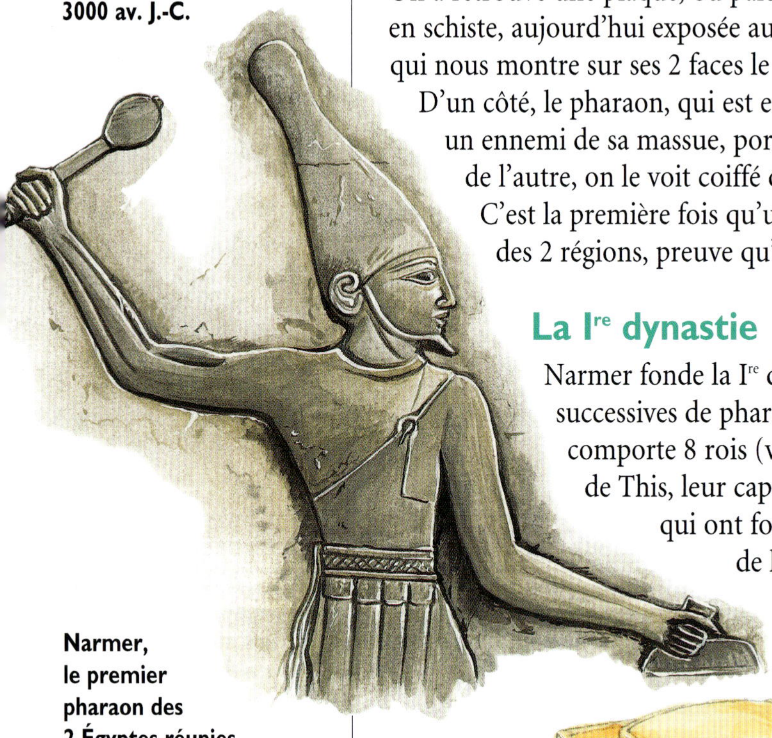

Narmer, le premier pharaon des 2 Égyptes réunies.

La Ire dynastie

Narmer fonde la Ire dynastie. C'est le nom qu'on donne aux familles successives de pharaons qui ont régné sur le pays. La première comporte 8 rois (vers 3000-2880). Tous ont régné depuis la ville de This, leur capitale dans le centre de l'Égypte. Les archéologues qui ont fouillé le site y ont retrouvé les tombeaux royaux de la famille de Narmer. C'étaient des mastabas, c'est-à-dire des caveaux souterrains surmontés par un monument en pierre de forme rectangulaire. Malheureusement, ils étaient vides lors de leur découverte.

Mastaba d'un pharaon de la Ire dynastie.

Le royaume s'agrandit

Sous le règne des pharaons de la Ire dynastie, l'Égypte se développe rapidement. Aha, successeur et probablement fils de Narmer, fonde la ville de Memphis, à la pointe sud du delta du Nil, dans le nord du pays. Cette nouvelle ville va bientôt s'agrandir et connaître un essor considérable. Le roi Djer étend le royaume vers le sud, par la conquête de la Nubie jusqu'à la 2e cataracte, au Soudan actuel. Ses successeurs envoient des expéditions vers l'est, à la recherche de pierres précieuses dans le désert du Sinaï et dans le désert Arabique, du côté de la mer Rouge. Ils résistent aussi avec succès aux attaques des tribus berbères de Libye, à l'ouest de l'Égypte.

LE PHARAON « HORUS »

Le dieu Horus, représenté sous la forme d'un faucon, est toujours associé aux noms des pharaons de la Ire dynastie. C'était le dieu protecteur de la monarchie en même temps que le principal titre porté par le souverain.

Les Égyptiens repoussent les assauts des Berbères de Libye.

Les premiers hiéroglyphes

Les différents clans qui peuplaient l'Égypte à l'époque prédynastique possédaient des enseignes, sortes de longs bâtons surmontés le plus souvent d'un animal. On peut les considérer comme les premiers hiéroglyphes, car ils étaient peints sur les objets pour indiquer leur appartenance. Le nombre des signes augmente rapidement sous les premiers pharaons. On voit apparaître de courtes inscriptions de dédicace sur des stèles ou de petits objets en pierre de la Ire dynastie.

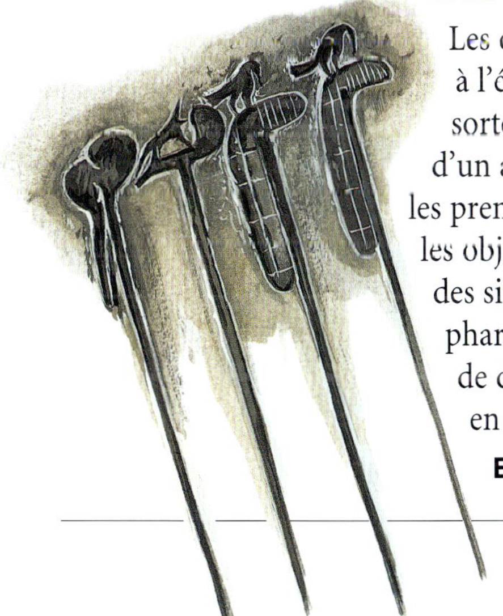

Enseignes de clans de la Ire dynastie.

Stèle de Djet, pharaon de la Ire dynastie.

Djoser le bâtisseur

La pyramide à degrés domine les monuments de Saqqarah.

LA STATUE DE DJOSER

On a retrouvé, dans une des chambres de la pyramide de Saqqarah, une statue presque grandeur nature du roi Djoser vêtu d'un long manteau et assis sur son trône ; ses yeux, autrefois incrustés de cristal de roche, sont malheureusement perdus, ce qui lui donne un air un peu cadavérique.

Djoser

Djoser est le fondateur de la IIIe dynastie (vers 2780-2723) et le premier roi de l'Ancien Empire. Il fait construire les premiers grands monuments en pierre de l'Égypte.

Djoser fut le premier pharaon à vouloir un tombeau capable de résister au temps.

Memphis, la nouvelle capitale

Memphis remplace This et devient la nouvelle capitale de l'Égypte. C'est la raison pour laquelle on donne souvent le nom d'Empire memphite à l'Ancien Empire. Le roi Djoser s'assure de la sécurité des frontières de son royaume par des expéditions en Nubie et dans le désert du Sinaï.

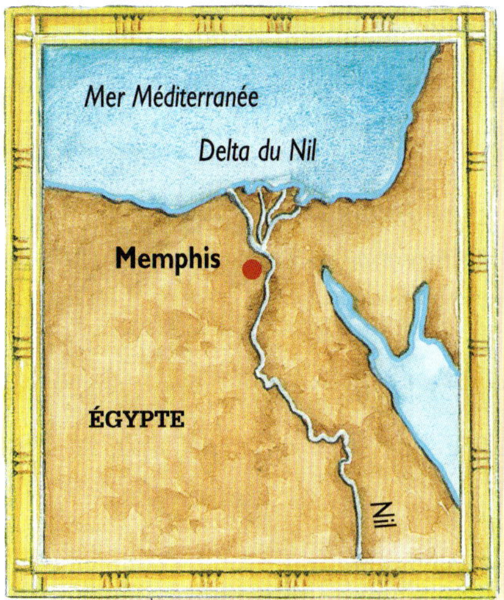

L'Empire memphite.

Le vizir Imhotep.

Le vizir Imhotep

À l'intérieur du pays, Djoser perfectionne le système administratif très hiérarchisé et centralisé. Il crée le poste de vizir ou Premier ministre. Celui-ci est le véritable chef de l'administration centrale. C'est Imhotep qui le premier occupa cette fonction. Bien après sa mort, on vantait encore ses nombreuses qualités et ses talents divers ; on le disait à la fois sage et savant. On fit de lui le patron des scribes. Il réussit à mettre fin à une grave famine qui sévissait dans le sud de l'Égypte et sauva de nombreuses vies humaines. Certains lui attribuaient même des pouvoirs surhumains de guérisseur ! Mais Imhotep est surtout le premier grand architecte égyptien.

Les monuments de Saqqarah

Djoser ordonne à Imhotep de lui élever un tombeau monumental à Saqqarah, la nécropole qui se trouve dans le désert près de Memphis. Le roi veut un monument gigantesque, construit dans des matériaux plus solides que la brique ou le bois qu'on utilisait jusqu'alors. Imhotep construit d'abord une sorte de grande banquette de pierres rectangulaire, appelée « mastaba » en arabe. À l'intérieur, il aménage une chambre dite funéraire parce qu'elle doit recevoir le corps momifié du roi après sa mort. Dans un second temps, Imhotep superpose d'autres mastabas au-dessus du premier. Comme leur taille se réduit progressivement jusqu'au sommet, chaque face ressemble à un escalier à 6 marches. La première pyramide à degrés est née.

La pyramide à degrés : des mastabas superposés.

Les débuts de la momification

En 1932, Lauer pénètre dans le caveau qui se trouve sous la pyramide à degrés ; il y découvre des fragments de côtes et le pied gauche de Djoser. Ces restes sont les plus anciens témoignages de la momification en Égypte. À cette époque, on couvrait le cadavre d'un linge imbibé de résine chaude qui épousait parfaitement les formes du corps.

Sekhemkhet

On ne sait que peu de choses sur les 5 autres rois de la famille de Djoser. Parmi eux, Sekhemkhet imite son illustre prédécesseur en faisant construire une 2e pyramide à Saqqarah. Mais il n'a pas régné assez longtemps pour terminer les travaux.

Lauer, le second Imhotep

C'est à l'égyptologue français Jean-Philippe Lauer que l'on doit la restauration de l'ensemble funéraire de Djoser à Saqqarah. Installé en Égypte depuis 1927, il passa l'essentiel de sa vie (plus de 70 ans !) à reconstituer l'œuvre d'Imhotep.

Le temps des pyramides

Un immense tas de pierres !

La pyramide de Kheops mesurait 146 m de haut ; elle fait 137 m dans l'état actuel. La largeur des côtés est de 232 m. Les blocs utilisés pour sa construction ne représentent pas moins de 2 millions de m^3 de pierres.

Les pharaons de la IVe dynastie (2723-2563) ont édifié les monuments les plus impressionnants et les plus célèbres de l'Égypte ancienne : les pyramides et le grand sphinx de Gizeh.

Les « montagnes » de Gizeh

Les 3 grandes pyramides élevées sur le plateau de Gizeh, près du Caire actuel, offrent aujourd'hui encore au touriste une des visions les plus saisissantes de l'Égypte. C'est un siècle environ après le règne de Djoser que les pharaons appelés Kheops, Khephren et Mykérinos par les auteurs grecs firent construire ces tombes colossales qui devaient leur assurer l'immortalité. Les 2 premières s'élèvent à plus de 140 m de hauteur, sur une base carrée de 230 m de côté.

Les pyramides du plateau de Gizeh, en particulier celles de Kheops et Khephren, resteront pendant des millénaires, jusqu'à l'époque moderne, les plus hautes constructions humaines.

Khephren

Khephren

Dans le temple funéraire qui se trouvait à côté de la pyramide de Khephren, on a découvert une très belle statue grandeur nature et sculptée dans un bloc de diorite noire ; l'œuvre nous montre le roi assis sur son trône. Il est musclé comme un athlète et sa tête est protégée par le dieu Horus représenté sous la forme d'un faucon. Ce genre de statue qui ne correspondait pas forcément à la réalité – Khephren était peut-être maigrichon ! – devait inspirer la terreur et le respect chez les visiteurs du temple.

Le sphinx, gardien des pyramides

Au nord du temple funéraire de Khephren s'élève le grand sphinx. C'est un énorme lion à tête humaine sculpté dans un gros rocher de calcaire, long de 70 m. À l'avant, on ajouta 2 pattes en pierres et maçonnerie. Le visage est coiffé du voile pharaonique appelé *némès* ; c'est pourquoi on reconnaît en lui l'image du pharaon Khephren. Il symbolisait la puissance du pharaon, impitoyable pour ses ennemis, comme le lion, mais aussi protecteur de ses fidèles sujets. Le sphinx avait aussi pour fonction de garder la pyramide royale.

Le grand sphinx et, au fond, la pyramide de Khephren.

DES TRAVAUX PHARAONIQUES !

La construction de la pyramide de Kheops fut longue et difficile. Selon le témoignage de l'historien grec Hérodote, il fallut 100 000 travailleurs à l'œuvre pendant 30 ans.

Des inconnus célèbres !

Les 3 grands pharaons bâtisseurs de Gizeh, de leurs noms égyptiens Khoufou, Khafrê et Menkhaourê, sont quasiment inconnus des historiens. Ce n'est qu'à partir de leurs monuments qu'on peut juger leurs règnes. C'étaient sans doute de vrais tyrans. Il fallait, en effet, que leur pouvoir soit incontesté pour qu'ils puissent enrôler pendant des années les paysans égyptiens à la construction des pyramides. On pense d'ailleurs que Kheops a été chassé de son trône par une révolution populaire.

OÙ EST PASSÉ LE NEZ DU SPHINX ?

Un prince égyptien de la fin du Moyen Âge voulut détruire à coups de canon le visage souriant du sphinx. Celui-ci ne perdit heureusement que son nez.

Les adorateurs du soleil

Ouserkaf

Les pharaons de la Ve dynastie rendent un culte au dieu du soleil Rê ; ils construisent de grandes pyramides près de Saqqarah.

Les « fils du soleil »

La IVe dynastie a sans doute été renversée par une révolution. Un prêtre de Rê, le dieu du soleil adoré à On, au nord de Memphis, fonde la nouvelle dynastie. En plus de leurs titres habituels, les rois se font maintenant aussi appeler « fils du soleil ». Une légende raconte d'ailleurs que le père des 3 premiers rois, les frères Ouserkaf, Sahourê et Neferirkarê, n'était autre que le dieu lui-même ; Rê aurait ainsi fécondé à 3 reprises Redjedjet, la femme du grand prêtre d'Héliopolis !

Les pyramides et les temples de la Ve dynastie

Les rois de la Ve dynastie édifient de grandes pyramides dont le plan suit le modèle des monuments de l'époque précédente. Ils honorent leur dieu par la construction de nombreux temples étranges, notamment à Abousir au sud de Gizeh.

Le dieu du soleil

Rê ou Râ est un dieu cosmique qui incarne le soleil. À On, ou Héliopolis en grec, c'est-à-dire « la ville du soleil », il est confondu avec Atoum, dieu représenté sous l'aspect d'un pharaon. Au Nouvel Empire, on l'assimilera également à Amon, dieu de Thèbes.

Les textes des pyramides

À partir du règne d'Ounas, le dernier pharaon de la Ve dynastie, des textes religieux souvent difficiles à comprendre sont gravés sur les parois des caveaux funéraires des pyramides. C'est pourquoi on les appelle couramment les « textes des pyramides ». Le nom du dieu Rê y revient sans cesse car c'est lui qui va assurer la renaissance du pharaon dans l'au-delà après la mort.

Des campagnes victorieuses en Asie

Les rois de la Ve dynastie lancent de nombreuses expéditions militaires au Proche-Orient pour pacifier la frontière orientale de l'Égypte. Sur les murs de son temple funéraire à Abousir, Sahourê a fait représenter l'une d'elles : on assiste au départ de l'armée égyptienne embarquée sur de gros bateaux qui vont descendre le Nil. On voit aussi le retour victorieux des troupes ramenant des prisonniers et un butin considérable. Comme nos champions de foot d'aujourd'hui, les vainqueurs sont accueillis par une foule en délire qui les acclame. Même les prisonniers sont obligés de se réjouir !

LES OBÉLISQUES

Sur les terrasses des temples consacrés à Rê, les pharaons de la Ve dynastie font élever de nombreux obélisques, c'est-à-dire des aiguilles de pierre. On les considérait comme des offrandes au soleil. À côté de l'obélisque se trouvait un autel pour les sacrifices.

Les rois adoraient leur dieu sur de vastes terrasses en plein air, baignées par les rayons du soleil.

Un « papy gâteux »

Pépi Ier

LE NAIN SENEB

Le nain Seneb atteignit de hautes fonctions à la cour du pharaon Mérenrê Ier : il cumulait les charges de directeur de l'atelier royal de tissage et de prêtre du culte funéraire de Kheops. Sa femme était une princesse de la famille du pharaon. Il eut avec elle 2 enfants : une fille et un garçon.

Après des débuts glorieux, notamment sous Pépi Ier, la VIe dynastie (vers 2423-2263) se termine très mal avec le règne beaucoup trop long de Pépi II qui meurt âgé de 100 ans, complètement gâteux.

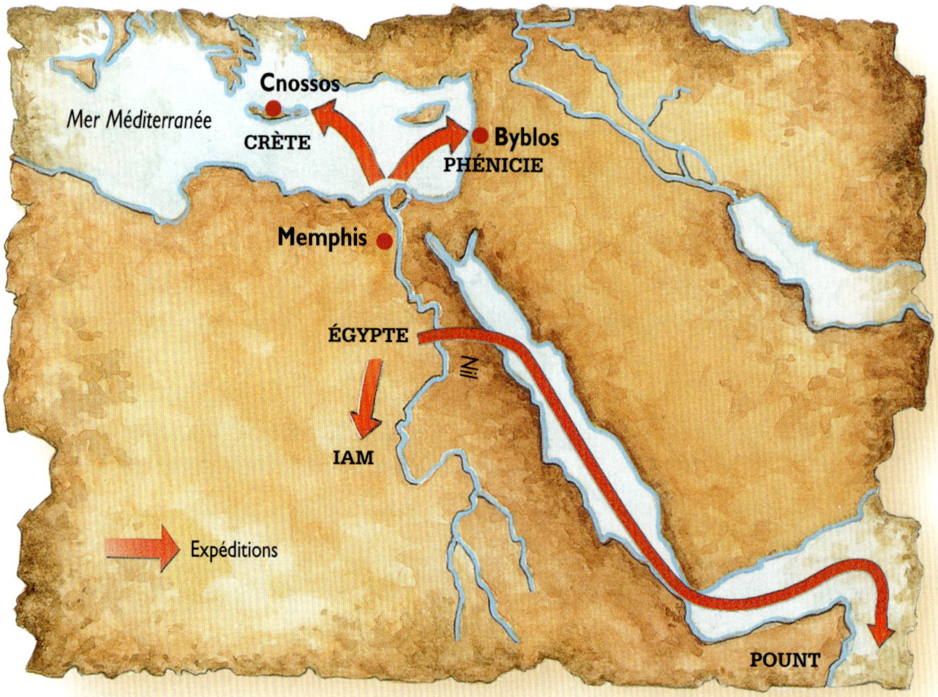

Les expéditions commerciales des pharaons de la VIe dynastie.

Un prédécesseur glorieux

Pépi Ier a eu un règne glorieux : il a fait construire de nombreux temples et a consolidé l'empire des pharaons en Libye, à l'ouest de la vallée du Nil, et au sud, en Nubie. Merenrê, son fils, poursuivra cette politique mais mourra très jeune. Son petit frère Pépi II, âgé de seulement 6 ans, lui succédera.

Pépi, le roi du négoce

Sous Pépi Ier et au commencement du règne de Pépi II, l'Égypte entretient d'excellentes relations amicales et commerciales avec plusieurs pays étrangers. Les Égyptiens traversent la mer Méditerranée jusqu'à Byblos en Phénicie, le Liban actuel, ou encore vers la Crète qui connaît une brillante civilisation. Au sud, en empruntant la mer Rouge, les navires du pharaon se rendent au pays de Pount, que l'on n'a pas encore réussi à localiser précisément mais qui devait se trouver près de Djibouti.

Le nain Seneb et sa famille (VIe dynastie).

Herkhouf explore l'Afrique

Mérenrê Ier, frère de Pépi II, envoie le noble Herkhouf au sud de l'Égypte, pour explorer le pays de Iam, au Soudan actuel. Celui-ci mènera 4 expéditions dans ces contrées alors inconnues. Chaque fois, il prendra une route différente et rapportera de nombreuses richesses au pharaon.

Souvenirs de voyages

De leurs expéditions, les Égyptiens rapportent du bois de construction, de l'encens et des pierres précieuses. Herkhouf ramène même un danseur nain, en souvenir de son 4e et dernier voyage en Afrique. Il l'offre au jeune pharaon Pépi II, qui n'a alors que 8 ans et qui est ravi de ce cadeau.

Le règne le plus long

Le règne de Pépi II est le plus long de toute l'histoire des pharaons : 94 ans ! Sous ce roi, la situation intérieure du royaume se dégrade à grande vitesse. En vieillissant, le pharaon devient gâteux et totalement incompétent.

LES LAMENTATIONS D'IPOU-OUR

Un papyrus rapporte qu'un sage nommé Ipou-our rendit visite au vieux roi dans son palais, pour l'alerter de la dégradation de la situation en Égypte : partout le pays était en proie à la révolte, le peuple s'était soulevé contre les fonctionnaires, la terre n'était plus mise en culture. Tout n'était plus que désordre. Mais le roi, qui avait déjà presque 100 ans, était trop faible pour réagir avec énergie. Il resta sourd aux lamentations d'Ipou-our. Quand il finit par mourir, dans son lit, l'Égypte était un pays en pleine décadence.

ATTENTION RIEN NE VA PLUS !

« Le Nil déborde, dit le sage Ipou-our au vieux roi, et pourtant on ne laboure plus. Chacun affirme ne plus savoir ce qui adviendra dans le pays. Le rire a disparu, c'est la tristesse et les lamentations qui parcourent l'Égypte. »

Ipou-our se lamente...

Le temps des révolutions

À la fin du règne de Pépi II commence une période de troubles et de révoltes que les historiens appellent « première période intermédiaire ». La crise dure 300 ans, elle est politique et sociale mais se traduit aussi par une décadence de l'art et de ses techniques.

C'est la pagaille !

Les successeurs de Pépi II sont des roitelets faibles, incapables de se faire respecter et de redresser le pays. Mérenrê II succède à son père ; il n'est sans doute plus tout jeune et règne seulement quelques années. À sa mort, c'est sa femme Nitocris qui monte sur le trône, car il n'y a pas d'héritier masculin. Au même moment le Delta et la côte nord de l'Égypte sont envahis par des Bédouins venus d'Asie.

NITOCRIS, PREMIÈRE PHARAONNE

Elle est la première femme à régner seule sur l'Égypte. Sans doute fille de Pépi II, elle monta sur le trône à la mort de Mérenrê II, son frère et époux.
Elle gouverna l'Égypte en temps de crise, mais ne parvint pas à empêcher la décomposition de son royaume.

Personne n'y croit plus !

Après avoir été gouvernés par le gâteux Pépi II et le faible Mérenrê II, les Égyptiens n'arrivent plus à croire que leur pharaon est un dieu tout-puissant qui règne sur la terre par la volonté des dieux. Ils font davantage confiance aux gouverneurs locaux, plus proches d'eux et qui savaient s'en faire aimer.

L'Égypte en morceaux

L'Égypte était divisée en plusieurs régions qu'on appelait les nomes. Ils étaient sans doute au nombre de 38 à cette époque (22 en Haute-Égypte et 16 en Basse-Égypte). Un nomarque, c'est-à-dire un « chef de nome », maître de l'administration locale, commandait chacun d'entre eux. Depuis le début de la VIe dynastie, les nomarques se succédaient de père en fils. À la mort de Nitocris, ils deviennent de petits rois locaux, et l'Égypte se retrouve morcelée en nombreux États indépendants.

Henenou et sa femme : les corps sont trop schématiques et les jambes trop maigres !

Décadence artistique

Les stèles de la première période intermédiaire sont facilement reconnaissables à leur mauvaise qualité artistique. On est très loin des chefs-d'œuvre des époques précédentes. Le canon traditionnel n'est plus respecté. Certaines sculptures semblent même grotesques à cause de l'extrême maladresse des artistes.

La dynastie qui n'existe pas !

L'historien égyptien Manéthon, qui écrivit en grec au IIIe siècle avant J.-C., appelle VIIe dynastie la période qui commence à la mort de Nitocris. En fait, cette dynastie n'existe pas puisque l'Égypte ressemblait alors à une mosaïque sans unité.

Le canon égyptien

On appelle canon l'ensemble des règles et des proportions que doivent suivre les artistes pour représenter le corps humain. Le canon égyptien dans la peinture et les reliefs veut qu'on montre les épaules et l'œil de face alors que le visage et le bassin sont de profil.

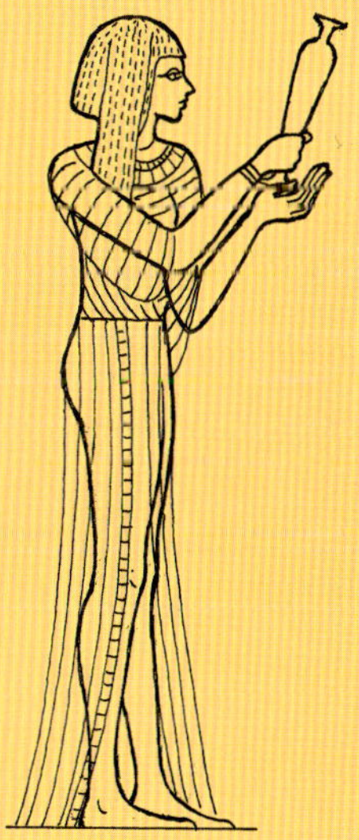

L'unité retrouvée

Mentouhotep

Bientôt de plus grands États se constituent : Khéti parvient à se tailler vers 2222 un petit royaume qui domine la moyenne Égypte. Un peu plus tard, les Antef étendent leur pouvoir autour de Thèbes, jusqu'à ce que le dernier d'entre eux, Mentouhotep, réunifie le royaume vers 2060.

Les Khéti

Khéti Ier, nomarque d'Héracléopolis, se proclame roi en moyenne Égypte vers 2222. L'un de ses fils, Khéti III, réussit à chasser les Bédouins qui occupaient le nord du pays depuis la fin de la VIe dynastie. C'est un roi intelligent et sage : il laisse le trône en héritage à son fils Mérikarê, ainsi qu'une longue liste de conseils écrits spécialement à son intention. Il lui recommande notamment de rester en paix avec le sud de l'Égypte dirigé par les Antef. Ce conseil ne sera pas suivi.

Les Antef

Autour de Thèbes et dans le sud de l'Égypte apparaît un petit royaume dominé par la famille des Antef, originaire d'Ermant. Les 2 royaumes, antef et khéti, se livrent une guerre acharnée. Finalement, après 20 ans de règne, Mérikarê est vaincu et destitué par Mentouhotep, fils d'Antef III et deuxième réunificateur de l'Égypte après Narmer.

Archers nubiens de l'armée égyptienne.

IL SE CROIT LE PLUS FORT !
Sur la paroi d'un temple édifié par Mentouhotep à Gebelein, le roi est représenté en train de massacrer ses ennemis. « Le pharaon a mis de l'ordre dans le sud et dans le nord, dans les pays étrangers et en Égypte », dit l'inscription.

Le temple funéraire de Mentouhotep à Deir el-Bahari.

Mentouhotep le réunificateur

Le règne de Mentouhotep dure environ 40 ans. Pendant ces années, le pharaon installe son autorité dans le pays et réorganise l'administration du royaume, limitant considérablement l'autonomie des nomarques au profit de l'autorité centrale. Les fonctionnaires peuvent maintenant être mutés et sont soumis à un strict contrôle de la part du pharaon. Mentouhotep restaure les frontières de l'Ancien Empire ; il occupe notamment la Nubie jusqu'à la 2e cataracte. Il reprend aussi la politique d'expéditions commerciales de ses prédécesseurs de la VIe dynastie vers la mer Rouge et le pays de Pount.

Mentouhotep le bâtisseur

Le pharaon de l'Égypte réunifiée fait élever de nombreux monuments à la gloire de son règne et de sa personne. Le plus célèbre est le temple funéraire du pharaon à Deir el-Bahari, près de Thèbes, sur la rive occidentale du Nil. On y a retrouvé une statue en calcaire peint qui représente Mentouhotep assis sur son trône : il porte le manteau du jubilé ou fête *Sed* ; sa peau noire et ses bras croisés symbolisent la mort et la résurrection du pharaon confondu avec le dieu Osiris.

Le royaume de Mentouhotep.

MONTOU, DIEU D'ERMANT
Mentouhotep veut dire « Montou est en paix ». Montou était un dieu guerrier adoré à Ermant (Hermonthis en grec), ville d'origine des Antef. Ce nom convient très bien au pharaon qui fut à la fois un soldat et un pacificateur de l'Égypte.

Le grand Sésostris

Sésostris III

C'est sans doute un coup d'État qui met fin à la XIe dynastie. Amenemhat Ier renverse le dernier Mentouhotep et fonde la XIIe dynastie. Sous son descendant Sésostris III, l'Égypte connaît un extraordinaire rayonnement.

Amon remplace Montou

Le dieu de Thèbes, Amon « le caché », prend une importance considérable sous la XIIe dynastie, alors qu'il était à peine mentionné sous l'Ancien Empire. Ce dieu du ciel, coiffé d'un casque surmonté de 2 hautes plumes, devient la principale divinité de l'Égypte. Il remplace Montou comme protecteur de la dynastie. Identifié à Rê, le soleil adoré à Héliopolis, il prend le nom d'Amon-Rê. C'est sous cette forme composée que son culte se diffuse largement, notamment en Basse-Égypte.

Amon

Le retour à Memphis

Les Mentouhotep résidaient le plus souvent à Thèbes. Amenemhat Ier (2000-1970), qui se veut le continuateur des pharaons de l'Ancien Empire, rétablit la capitale du royaume à Memphis, d'où il est plus facile de gouverner l'ensemble du pays. Toujours pour renouer avec ses glorieux prédécesseurs, il se fait édifier une pyramide, au sud de la ville.

Sésostris Ier

Amenemhat est assassiné en 1970, sans doute par une conspiration qui avait pris naissance dans le harem royal. Son fils Sésostris Ier (1970-1936), qui était alors en campagne en Libye, revient en hâte à Memphis pour prendre le pouvoir et rétablir l'ordre. Son règne dure 34 ans : il agrandit le royaume en occupant la Nubie jusqu'à la 3e cataracte. Il y construit de puissantes forteresses pour défendre les mines d'or qu'il exploite au profit de l'Égypte.

L'assassinat d'Amenemhat Ier.

Sésostris Ier

Une des forteresses de Sésostris III en Nubie.

Sésostris III le conquérant

Le plus grand souverain de la XIIe dynastie est Sésostris III (1887-1850). Il resta célèbre de nombreux siècles après sa mort, tant son règne avait été glorieux. Grâce à 4 grandes campagnes militaires, il amasse un impressionnant butin. Il pénètre en Palestine jusqu'à Sichem, l'actuelle Naplouse. Il consolide aussi ses possessions en Nubie. Jamais le territoire des pharaons n'avait été aussi étendu. Sésostris III règne maintenant sur un véritable empire. Il protège ses territoires au moyen d'un ensemble complexe de fortifications à l'est et au sud. Du coup, la tranquillité du royaume semble assurée pour quelque temps.

C'est aussi un vrai dictateur !

Sésostris III est un souverain absolu qui ne partage le pouvoir avec personne. Pour tout contrôler personnellement, il va jusqu'à supprimer la charge de nomarque. Il soumet aussi les nobles et les fonctionnaires à des contrôles permanents. Sur une stèle qui commémore sa 2e expédition en Nubie, le pharaon proclame : « J'ai reculé ma frontière au-delà de celles de mes pères et j'ai agrandi mon héritage ; ce que mon esprit conçoit, mon bras le réalise. »

LES FORTERESSES DE SÉSOSTRIS

Quatorze forteresses furent édifiées par Sésostris III sur des îles et des promontoires de Nubie, entre la 1re et la 3e cataracte du Nil. Entièrement construites en briques de terre crue, elles obéissaient toutes au même plan : fossés larges et profonds, murailles crénelées de 6 à 10 m de haut et de 4 à 8 m d'épaisseur, renforcées par des bastions.

IL SE PREND POUR UN DIEU !

Le pharaon oblige les Nubiens qu'il a vaincus à l'adorer comme un dieu dans un temple spécial construit à Semneh, près de la 2e cataracte.

Richesse et prospérité

LE « LABYRINTHE »
Amenemhat III fait construire un somptueux palais à Hawara, dans le Fayoum. Cette résidence au milieu d'un luxuriant jardin a aujourd'hui disparu. Mais l'historien grec Hérodote l'a visitée au Vᵉ siècle av. J.-C. Il la compare à un labyrinthe à cause de ses 3 000 pièces disposées sur 2 étages, sans compter les caves.

Sous la XIIᵉ dynastie, l'Égypte connaît une longue période de paix et de prospérité. La production agricole est accrue grâce à l'exploitation de territoires nouveaux, comme le Fayoum, et les échanges commerciaux se développent à grande échelle.

L'oasis du Fayoum.

Sobek, le crocodile.

L'exploitation du Fayoum

Au sud de Memphis se trouve l'oasis du Fayoum ; en fait c'est un lac, appelé Moéris, alimenté par un bras du Nil. La région était très fertile mais on ne l'avait jusqu'alors que peu exploitée. Les pharaons de la XIIᵉ dynastie, désireux d'augmenter la production agricole de l'Égypte, mettent en valeur cette région nouvelle. L'oasis se couvre alors de champs resplendissants et de vergers luxuriants.
Pour accroître la surface cultivable, on assèche des marais au moyen de barrages ; pour améliorer le rendement, on irrigue grâce à un ingénieux système de canaux.

LA VILLE DU CROCODILE
Un grand temple en l'honneur du dieu crocodile Sobek est édifié par Amenemhat III à Shedet, la capitale du Fayoum.
Les Grecs nommèrent cette ville Crocodilopolis, c'est-à-dire « la ville du crocodile ».

Le palais de Cnossos, en Crète.

Un commerce florissant

Les pharaons de la XIIe dynastie établissent aussi des liens amicaux et commerciaux à grande échelle avec l'Afrique noire, le Proche-Orient et la mer Égée. Des expéditions sont régulièrement envoyées au pays de Pount, ainsi qu'à Byblos et en Crète. Les navires égyptiens rapportent de nombreuses richesses.

Le royaume d'Égypte sous la XIIe dynastie.

La Crète minoenne

La Crète est une île de la Méditerranée, au sud de la Grèce et au nord de l'Égypte. Elle connaît une brillante civilisation appelée minoenne, du nom du légendaire roi Minos. On a découvert dans les palais crétois, notamment à Cnossos, de nombreux objets importés d'Égypte (statuettes, scarabées...). Inversement, on a retrouvé sur les bords du Nil des vases crétois reconnaissables à leurs décors marins polychromes. La poterie minoenne était très appréciée en Égypte.

LES PHÉNICIENS

Ce peuple de marchands habite la côte du Proche-Orient (l'actuel Liban). Leur principale cité, Byblos, connaît un remarquable essor à l'époque de la XIIe dynastie. Les princes phéniciens, en contact avec le pharaon, reçoivent de nombreux bijoux d'or en échange du bois de cèdre qu'ils lui fournissent. L'Égypte exerce alors une forte influence : les Phéniciens s'habillent à la mode égyptienne et se font enterrer dans des sarcophages.

Ruines de Byblos, en Phénicie.

Fresque représentant des dauphins, au palais de Cnossos en Crète.

Thèbes

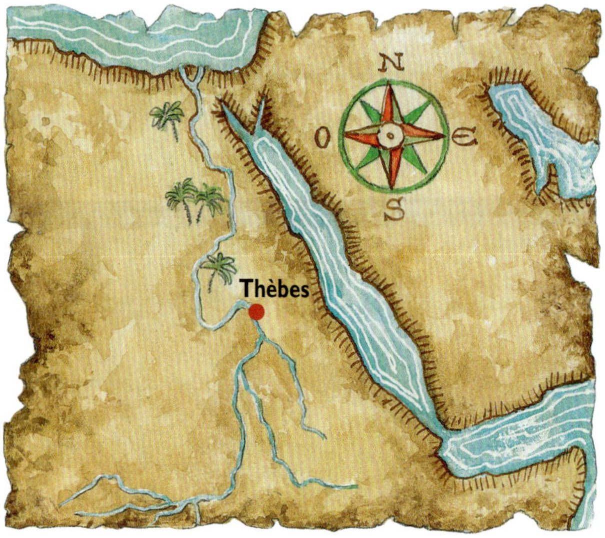

Vers 1580 av. J.-C., l'Égypte est réunifiée par le pharaon Ahmosis qui chasse les envahisseurs hyksôs. Il transfère la capitale à Thèbes, au sud du pays. Pendant 500 ans, au cours du Nouvel Empire, la terre des pharaons va connaître les pages les plus glorieuses de son histoire, notamment sous les règnes de la reine Hatshepsout, du conquérant Thoutmosis III ou encore de Ramsès II le mégalomane.

Les envahisseurs sont là !

Des Sémites

On appelle Sémites les peuples du Proche-Orient, comme les Phéniciens, les Hébreux et les Arabes, qui parlaient des langues sémitiques.
Les noms des chefs hyksôs inscrits sur de petits scarabées en calcaire prouvent leur appartenance à ce groupe. On lit par exemple le nom de « Yakoub » qu'on ne peut s'empêcher de rapprocher du « Jacob » de la Bible.

Scarabée hyksôs.

De vrais barbares !

Les sources antiques décrivent une conquête d'une rare violence. Les Hyksôs rasent les temples, incendient les villes, et égorgent des familles entières. Des siècles après l'invasion, on parlait encore de l'horreur de leurs crimes.

L'invasion des Hyksôs, peuple sémitique venu d'Asie, plonge l'Égypte dans la confusion et l'obscurité pendant près de 2 siècles (vers 1785-1580).

La valse des roitelets

À la chute du Moyen Empire, une trentaine de pharaons, au règne parfois très court, se succèdent. Ils forment les XIIIe et XIVe dynasties (vers 1785-1680). Leur légitimité est probablement très contestée. Certains étaient sans doute de véritables usurpateurs. Ils tentent de faire oublier leur faiblesse en choisissant des noms prestigieux comme Sésostris et Amenemhat, pour affirmer leur continuité avec la XIIe dynastie.

Un déclin rapide

Le fondateur de la XIIIe dynastie, Sobekhotep Ier, possède encore une autorité étendue à tout le pays. L'un de ses successeurs, Khendjer, a même les moyens de se faire édifier la dernière des pyramides de Saqqarah. Mais les pharaons suivants sont incapables de résister à l'invasion des Hyksôs. Ils perdent tout pouvoir sur la population.
Repoussés au sud, les pharaons indigènes se regroupent autour de Thèbes où ils vont devenir les vassaux de l'envahisseur.

Les Hyksôs

Le terme grec « *Hyksôs* » est une déformation de l'égyptien « *Héka-khasout* » qui signifie « chef des pays étrangers ». Il désigne pour l'essentiel des nomades sémites venus de Syrie, de Palestine et d'Arabie au cours d'un vaste mouvement de migrations qui touche toute l'Asie. Les Hyksôs envahissent le Delta par vagues successives à partir de 1750 environ. Ils connaissent de rapides succès militaires car ils disposent de chars de combat et de chevaux, alors inconnus dans la vallée du Nil.

Grâce à leurs chars et leurs chevaux, les Hyksôs écrasent facilement les Égyptiens et n'hésitent pas à massacrer, piller, incendier...

Avaris et les pharaons hyksôs

Les Hyksôs finissent par fonder la ville d'Avaris dans le Delta. Ils s'y installent et en font leur capitale. Leurs rois sont répartis en 2 dynasties : la XVe et la XVIe vers 1730-1580. Ils imitent les pharaons en se faisant représenter dans les mêmes poses que leurs prédécesseurs égyptiens et en inscrivant leurs noms dans des cartouches. L'un d'eux, Khian, parvient à étendre son autorité sur la Haute-Égypte et Thèbes qui doit lui payer un lourd tribut.

Et ils adorent le dieu Seth !

Déjà peu sympathiques aux yeux des Égyptiens en raison de la violence de leur invasion, les Hyksôs aggravent leur cas en développant à Avaris le culte de Seth, dieu égyptien du mal et de la méchanceté, assassin d'Osiris et ennemi d'Horus.

Seth, dieu de la guerre. Ce n'est pas par hasard que les Hyksôs l'adorent.

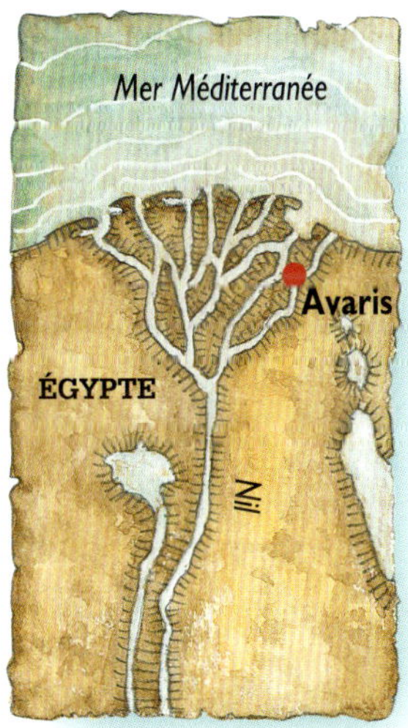

Ahmosis le héros

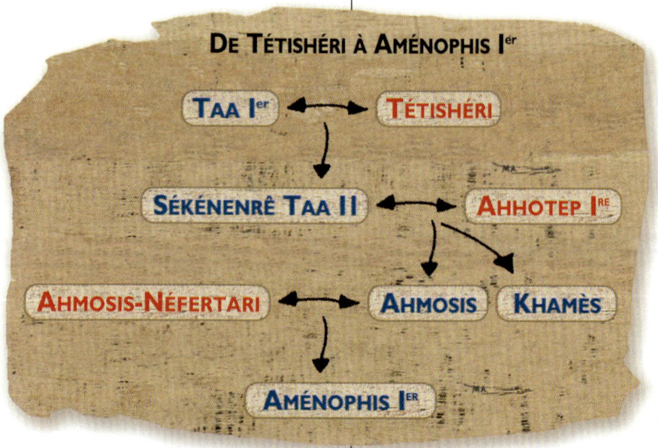

Sékénenrê Taa II, farouche adversaire des Hyksôs.

La momie de Sékénenrê Taa II

La momie du pharaon a été retrouvée par les archéologues. Elle montre qu'il est mort de blessures reçues à la tête, au cours de la bataille contre les Hyksôs. L'issue du combat a cependant été favorable aux Égyptiens puisqu'ils ont pu ramasser le corps de leur roi.

Le roi du Sud Ahmosis chasse les Hyksôs, après 200 ans d'occupation, et rétablit l'autorité pharaonique sur l'ensemble du territoire égyptien. C'est le début de la XVIIIe dynastie et du Nouvel Empire.

La reconquête

Les rois du Sud finissent par rejeter la suzeraineté des Hyksôs. Ils refusent de continuer à payer le tribut et se soulèvent contre la dynastie qui règne à Avaris. Le pharaon de Thèbes Sékénenrê Taa II engage une lutte sans merci contre ses anciens maîtres ; il est tué au combat. Son successeur, Khamès, poursuit la lutte jusque dans le Delta, mais il meurt à son tour avant d'avoir pu terminer sa tâche. C'est finalement son frère Ahmosis qui lui succède et réussit à prendre Avaris. Le vainqueur chasse définitivement les Hyksôs d'Égypte.

Ahmosis, vainqueur des Hyksôs.

L'amiral Ahmosis

La « libération » de l'Égypte par Ahmosis nous est racontée par une inscription funéraire dont l'auteur est l'amiral du pharaon qui s'appelait Ahmosis comme son maître. « Ainsi Sa Majesté triompha des Asiatiques », conclut le fidèle officier à la fin de son récit.

Thèbes, ville d'Amon et nouvelle capitale

Le 3e réunificateur de l'Égypte est trop attaché à sa ville natale de Thèbes pour aller s'installer à Memphis, dans le nord du pays. Il garde donc la ville sainte d'Amon comme capitale du royaume. Il y fait restaurer les temples et construit même de nouveaux sanctuaires comme pour témoigner au dieu sa reconnaissance pour les heureux événements survenus au début de son règne. Après la victoire sur les Hyksôs, l'Égypte connaît en effet une rapide prospérité.

Le grand temple d'Amon à Karnak (Thèbes).

La reine Ahmosis-Néfertari supervise les travaux de ses architectes.

AMÉNOPHIS Ier (1558-1530)

Aménophis Ier, fils d'Ahmosis, poursuit l'œuvre de son père. Il a laissé de nombreux témoignages de sa dévotion à Amon : beaucoup de blocs de pierre du temple de Karnak sont marqués de son cartouche.

Le rôle des reines

Plusieurs reines jouèrent un rôle politique important au début du Nouvel Empire. Ainsi le pharaon Ahmosis rendit hommage, par des statues et des inscriptions triomphales, à sa grand-mère Tétishéri et à sa mère Ahhotep qui avaient participé activement à la lutte contre les Hyksôs. Les 2 reines sont officiellement associées à la libération du royaume et présentées un peu comme des « Jeanne d'Arc » égyptiennes.

LA REINE AHMOSIS

Ahmosis-Néfertari, sœur et épouse du pharaon, laissa longtemps un excellent souvenir dans le cœur des Égyptiens. Elle fut divinisée au début de la XVIIIe dynastie et on lui rendit un culte jusqu'à l'époque des derniers Ramsès.

Hatshepsout la pharaonne

Hatshepsout

Après la mort d'Aménophis Ier, la XVIIIe dynastie connaît plusieurs crises de succession en raison de l'absence d'héritiers mâles légitimes. Ces problèmes vont notamment conduire sur le trône une reine à la très forte personnalité : Hatshepsout.

Des problèmes de succession à répétition

Aménophis Ier n'avait eu qu'une fille légitime de sa grande épouse Ahhotep II, la princesse Ahmosis. C'est donc un fils bâtard, né de la concubine Senseneb, qui monte sur le trône : Thoutmosis Ier (1530-1520). Pour légitimer son pouvoir, il épouse sa demi-sœur Ahmosis qui lui apporte en dot les droits à la couronne. Mais à la mort de Thoutmosis Ier, le problème de la succession se pose à nouveau : il n'y a pas d'héritier mâle, seulement 2 filles dont l'aînée se nomme Hatshepsout.

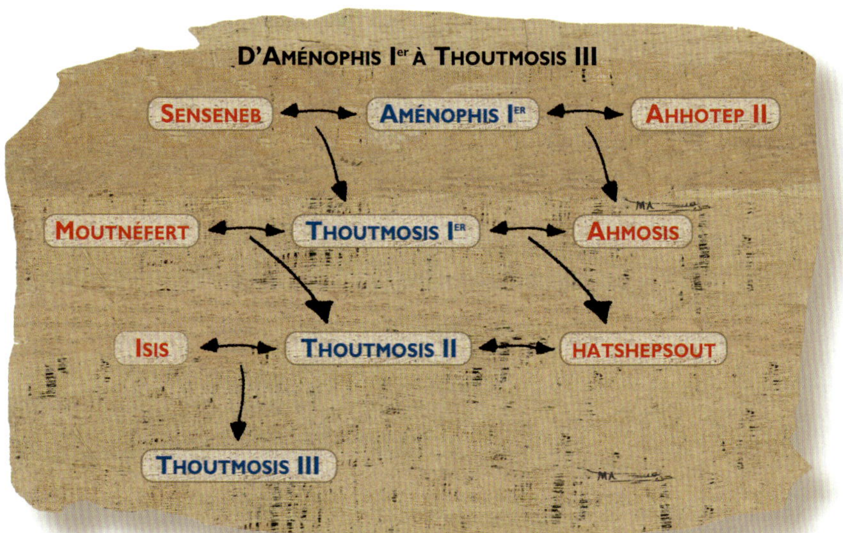

Des révoltes écrasées par le pharaon

Même s'il est vrai qu'Hatshepsout s'est activement occupée de politique, Thoutmosis II a néanmoins dû quitter au moins 2 fois son palais pour aller écraser des révoltes en Nubie et en Syrie.

Un roi faible et une épouse énergique

Hatshepsout épouse un bâtard que son père avait eu de la concubine Moutnéfert : Thoutmosis II (1520-1505). On le représente souvent comme un roi sans grande énergie qui préfère passer son temps à faire la fête avec les femmes de son harem plutôt qu'à s'occuper de l'administration du pays. Pendant ce temps, Hatshepsout, qui est au contraire une jeune fille vive et ambitieuse, devait régler les affaires politiques. Certains historiens pensent qu'elle avait peut-être conclu un accord avec son demi-frère et mari : elle lui aurait offert sa légitimité et son titre de pharaon en échange de sa propre participation au gouvernement de l'Égypte.

Pointe de l'obélisque d'Hatshepsout à Karnak.

Les Thoutmosis : tous des bâtards !

À la mort de Thoutmosis II, en 1505, le problème de sa succession se pose, pour la 3e fois, exactement dans les mêmes termes que 15 ans plus tôt. Thoutmosis II n'avait pour fils qu'un bâtard – encore un ! – né d'une danseuse nommée Isis : Thoutmosis III. Logiquement, c'était ce jeune prince qui devait monter sur le trône. C'est ce qui arriva dans un premier temps.

La régente Hatshepsout

Comme le nouveau pharaon n'est qu'un enfant, Hatshepsout dirige le royaume en tant que régente ; en réalité, c'est bien elle qui exerce le pouvoir. Mais Thoutmosis III grandit et sa belle-mère ne veut pas renoncer à son autorité sans partage. Elle fait placer le jeune pharaon en résidence surveillée dans le temple d'Amon à Karnak.

22 ANS DE RÈGNE FÉMININ

Hatshepsout règne pendant 22 ans (1505-1484). C'est une époque de paix : jamais la reine n'a dû mener une expédition militaire. En revanche, elle développe les échanges commerciaux et envoie ses navires au pays de Pount, d'où ils reviennent chargés d'encens et de produits africains.

L'une des expéditions organisées par la reine Hatshepsout au pays de Pount.

Thoutmosis le conquérant

Thoutmosis III

Thoutmosis III est sans nul doute le plus grand des pharaons. C'est un bâtisseur de temples et un conquérant. Sous son règne, l'Égypte est à l'apogée de sa puissance : elle domine un empire qui va de la 4e cataracte du Nil aux rives de l'Euphrate.

Une belle-mère détestée

Après la mort d'Hatshepsout, Thoutmosis III se retrouve enfin seul maître de l'Égypte. Mais sa haine envers sa belle-mère n'est pas apaisée. Il la fait enterrer dans le tombeau qu'elle avait préparé, pour ne pas inquiéter ses partisans encore nombreux. Mais quelques années plus tard, alors que son autorité est solidement établie, il donne libre cours à sa vengeance personnelle. Il fait détruire les statues de la reine, martèle les bas-reliefs qui la représentent et brise ses sphinx.

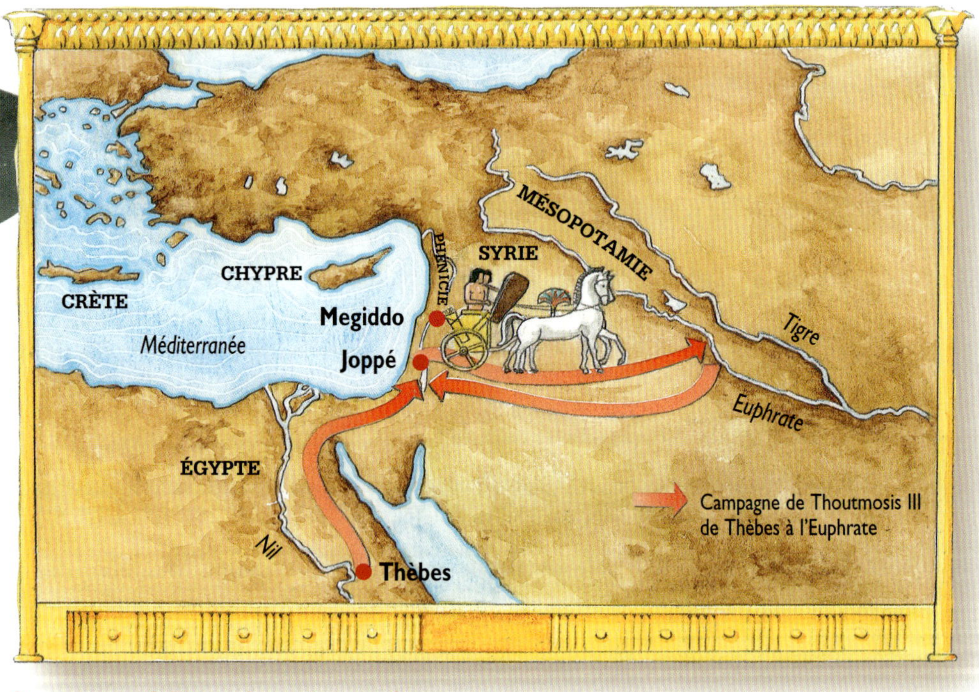

Thoutmosis III en campagne au Proche-Orient.

LA PIRE DES PUNITIONS

Dans les inscriptions, Thoutmosis III fait gommer le nom d'Hatshepsout et met le sien à la place. Hatshepsout disparaît aussi de la liste officielle des pharaons d'Égypte. Il veut infliger à la reine la pire des punitions pour les Égyptiens : l'oubli.

Le grand Empire égyptien

Thoutmosis III conduit 17 expéditions militaires en 20 ans. Il attaque le royaume du Mitanni, en Syrie. En Asie, il étend son empire de la Phénicie jusqu'à l'Euphrate, dans l'actuel Irak. Les Mitanniens, vaincus, doivent lui payer un lourd tribut et lui livrer plusieurs de leurs princes comme otages. Thoutmosis III mène aussi une expédition en Nubie et descend sa frontière méridionale jusqu'à la 4e cataracte. Jamais le territoire dominé par l'Égypte n'avait été aussi vaste. Le pays des pharaons a atteint l'apogée de sa puissance.

La prise de Joppé

Thoutmosis réussit à prendre Joppé, l'actuelle Jaffa, par la ruse. Les Égyptiens, comme plus tard les Grecs devant Troie, se retirent, abandonnant 500 sacs qui cachaient des soldats. Croyant qu'il s'agissait de cadeaux, les habitants de Joppé les font transporter dans leur ville…

Un immense butin

Les victoires de Thoutmosis ont pour conséquence l'arrivée en Égypte de nombreuses richesses ramenées par le conquérant : de l'or, du bois précieux, des esclaves, hommes et femmes, des troupeaux et des chevaux.

De grands monuments

Thoutmosis utilise ces richesses pour payer la construction de grands monuments. Il agrandit le temple d'Amon à Karnak, ajoutant un 6e pylône et fait édifier l'akh-menou ou « salle des fêtes » du sanctuaire. Les bas-reliefs et les inscriptions y chantent la gloire du pharaon : ici Thoutmosis massacre des ennemis, là on voit défiler des captifs aux poings liés derrière le dos… Mais c'est la décoration des parois de l'akh-menou qui est la plus originale : on y voit tous les animaux et toutes les plantes de l'Empire.

Chasse aux éléphants

Au bord de l'Euphrate, Thoutmosis s'amuse à chasser un troupeau de 120 éléphants. Il échappe de peu à la charge d'un gros pachyderme dont la trompe est tranchée par un officier égyptien.

L'exploit de Megiddo

D'après les inscriptions que le roi fait graver à Karnak, c'est la bataille de Megiddo, en Syrie, qui est la plus grande victoire de son règne. Le pharaon, debout sur son char doré, ressemblant à un dieu, se serait lui-même lancé au milieu des troupes ennemies, faisant ainsi preuve du plus grand courage.

Vive la paix !

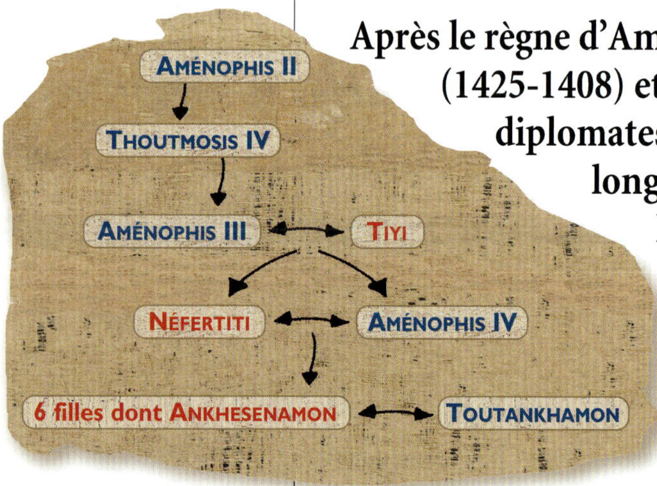

Après le règne d'Aménophis II, sous Thoutmosis IV (1425-1408) et Aménophis III (1408-1372), rois plus diplomates que guerriers, l'Égypte connaît une longue période de paix et de prospérité. Les pharaons en profitent pour construire et agrandir de nombreux temples.

D'Aménophis II à Thoutmosis IV

Fils et successeur de Thoutmosis III, Aménophis II conserve intact l'empire hérité de son père, en réprimant un soulèvement des Syriens. Après sa victoire, il fait massacrer les 7 chefs qui avaient mené la révolte contre son autorité. Thoutmosis IV, son fils, maintient le calme dans son royaume en envoyant l'armée inspecter les possessions d'Asie et de Nubie.

Amoureux de sa femme

Ses nombreuses femmes ne l'empêchent pas de tomber amoureux de Tiyi dont il fait sa reine et première épouse.
À ce titre, Tiyi régnait aussi sur les autres épouses du harem.

Gare aux Hittites !

Mais un nouvel ennemi fait son apparition en Asie : les Hittites, peuple originaire d'Anatolie, la Turquie actuelle.
Le danger pousse Égyptiens et Mitanniens à s'entendre. Ils signent un traité d'alliance et Thoutmosis IV épouse une princesse syrienne.
Son fils et successeur Aménophis III est sans doute le fils de cette reine orientale.

Aménophis III, le plus pacifique des pharaons

Aménophis III prolonge l'alliance conclue par son père en envoyant des soldats au secours des Mitanniens attaqués par les Hittites. Mais à part cette expédition, qu'il ne guide d'ailleurs pas lui-même, le pharaon s'intéresse peu à la politique extérieure. Il préfère se réfugier dans le somptueux palais qu'il s'est fait bâtir à Malgatta, près de Thèbes. Là, il mène une vie paisible, entouré des très nombreuses femmes de toutes nationalités qui composent son harem.

Aménophis III et Tiyi

Dans ce groupe monumental, le pharaon et la reine ont la même importance, ce qui en dit long sur l'influence de Tiyi.

Le bâtisseur de Louxor

Aménophis III hérite du goût de ses prédécesseurs pour les grands monuments. Depuis le Delta jusqu'au Soudan actuel, il couvre la vallée du Nil de nombreux sanctuaires. Mais le plus beau temple qu'il fait construire est sans doute celui de Louxor, chef-d'œuvre de l'architecture universelle.
Sur la rive occidentale de Thèbes, Aménophis édifie son temple funéraire, aujourd'hui disparu. Seuls subsistent les 2 colosses du pharaon assis sur son trône, qui précédaient l'entrée. Aujourd'hui, leurs silhouettes mystérieuses et solitaires dominent la plaine thébaine.

Correspondance

On a retrouvé plusieurs des lettres écrites sur des tablettes d'argile et échangées entre le pharaon et les rois de l'Asie. Elles suivent toutes des règles précises de politesse : on dit bonjour au roi, à ses femmes et ses fils ; on espère qu'ils sont tous en bonne santé et on s'excuse d'envoyer des cadeaux puisqu'ils ne manquent de rien !

Les colosses dits de Memnon représentent Aménophis III.

Colonnes de la cour d'Aménophis III à Louxor.

LE ROI DE BABYLONE

Ce roi veut absolument se marier avec une Égyptienne. Dans une lettre envoyée à Aménophis III, il demande au pharaon de lui accorder la main de l'une de ses filles ; mais si ce n'est pas possible, ajoute-t-il, il est prêt à se contenter de n'importe quelle belle Égyptienne déguisée en princesse !

Les réformes d'Akhnaton

Aménophis IV succède à son père Aménophis III en 1372. Après quelques années de règne, il engage son royaume dans une sorte de révolution religieuse qui visait à instaurer le culte d'un nouveau dieu : le disque solaire Aton.

Un nouveau culte bien séduisant

Aménophis III s'était laissé séduire, à la fin de sa vie, par le culte d'Aton, un dieu représenté de manière symbolique par un simple disque solaire pourvu de nombreux rayons, et non sous une forme humaine ou animale. Aton connaît un certain succès chez les nobles du palais royal, sans doute parce qu'il semble encourager la liberté des mœurs, les plaisirs simples et la douceur de vivre. Mais les prêtres d'Amon voient d'un très mauvais œil l'apparition de cette nouvelle religion ; ils ont peur de perdre leur autorité. Ils finissent par entrer en conflit avec Aménophis IV, appelé désormais Akhnaton.

Avec des burins, on martèle le nom d'Amon afin de faire définitivement disparaître toute trace du dieu.

Amon persécuté

Le pharaon réagit violemment à l'hostilité du clergé d'Amon ; il fait fermer les anciens temples et disperse les prêtres. Il va jusqu'à persécuter le dieu en faisant effacer partout le nom d'Amon, y compris dans les cartouches de ses prédécesseurs.

« L'Horizon d'Aton »

Akhnaton abandonne Thèbes et fonde Akhetaton, « l'Horizon d'Aton », aujourd'hui Amarna en moyenne Égypte. Le pharaon y séjourne avec son épouse Néfertiti, dans un magnifique palais entouré de luxuriants jardins. Il y fait construire un grand temple consacré à Aton où, accompagné de Néfertiti, il adore son dieu, le disque solaire, dans une cour en plein air et ensoleillée. Les rayons du soleil devaient caresser l'autel sacré. On a retrouvé le texte des hymnes composés par Akhnaton en l'honneur d'Aton. La langue est simple et courante. Aton est célébré comme le seul dieu, créateur de la terre, des hommes et des animaux ; c'est pourquoi on a pu dire que la religion d'Akhnaton était monothéiste.

Aknaton, Néfertiti et 3 de leurs filles font des offrandes au dieu Aton.

L'art amarnien

Les représentations qu'on a retrouvées d'Akhnaton, Néfertiti et leurs 6 filles sont très étonnantes. Elles n'ont rien à voir avec les œuvres des époques précédentes. On voit la famille royale dans des poses très simples et naturelles. Akhnaton embrasse une de ses filles. Une autre dévore un canard grillé, alors qu'auparavant on ne montrait jamais des hommes ou des femmes en train de manger. On voit aussi la reine qui tend une fleur à son époux.

Aménophis devient Akhnaton

Le pharaon lui-même change de nom : Aménophis, qui veut dire « Amon est en paix », ne lui convient plus ; il choisit le nom d'Akhnaton, c'est-à-dire « Il plaît à Aton ».

Attention aux Hittites !

Pendant qu'Akhnaton se consacre à son dieu, les Hittites menacent les possessions de l'Égypte en Asie. Les alliés de l'Égypte, comme le Mitanni, envoient des lettres au pharaon pour lui demander de réagir au plus vite. Mais le pharaon reste sourd à leurs appels.

Des caricatures

Certaines sculptures, à force de vouloir rompre avec le passé, finissent par ressembler à des caricatures : les crânes des princesses sont très allongés ; la mâchoire d'Akhnaton fait penser à un cheval ; son ventre gras paraît se déverser par-dessus sa ceinture.

Akhnaton

Toutankhamon le pantin

Toutankhamon chassant.

Le plus connu des pharaons égyptiens, en raison du fabuleux trésor découvert dans son tombeau en 1922, n'est en fait qu'un petit roi faible et facilement influençable.

Toutankhamon

Un enfant de 9 ans

Akhnaton et son gendre Smenkharê meurent tous les 2 presque en même temps. Malgré son jeune âge, Toutankhaton monte alors sur le trône. C'est un enfant à peine âgé de 9 ans. Sans doute pour légitimer son accession au trône, il épouse Ankhesenpaaton, fille de Néfertiti et d'Akhnaton.

Ces objets ont été retrouvés dans la tombe du jeune pharaon.

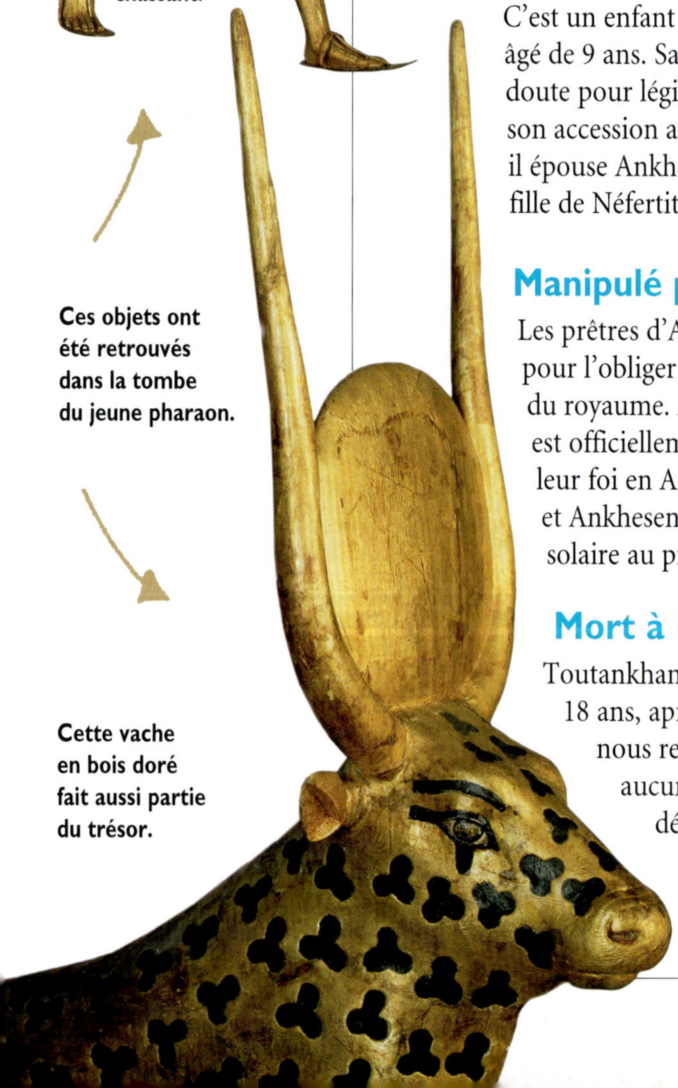

Cette vache en bois doré fait aussi partie du trésor.

Manipulé par les prêtres

Les prêtres d'Amon profitent de la faiblesse du nouveau pharaon pour l'obliger à venir s'installer à Thèbes qui redevient la capitale du royaume. Akhetaton-Amarna, la ville d'Akhnaton et de Néfertiti, est officiellement abandonnée. Le roi et la reine renient aussi leur foi en Aton et changent leurs noms en Toutankhamon et Ankhesenamon pour faire disparaître le nom du disque solaire au profit du dieu thébain.

Mort à 18 ans

Toutankhamon meurt très jeune (en 1345), âgé d'environ 18 ans, après seulement 9 ans de règne. Sa momie nous renseigne sur l'âge de sa mort, mais ne donne aucune information sur les causes de son décès. Sa veuve, tout aussi jeune que lui, épouse alors en secondes noces Aï, un vieux prêtre qui avait été autrefois un fidèle conseiller de son père Akhnaton.

Après l'enfant-roi, le vieillard couronné

Le vieux pharaon se charge des funérailles de Toutankhamon. Mais il semble qu'il ait commis une grave trahison : il n'aurait pas fait enterrer le jeune pharaon dans la tombe que celui-ci avait fait aménager. Aï aurait au contraire déposé la momie et le trésor de Toutankhamon dans un petit tombeau initialement prévu pour lui-même.
En tout cas, on sait que le vieillard n'hésita pas à usurper des statues du jeune roi défunt.

Gros plan sur un fauteuil trouvé dans la tombe.

Le général Horemheb

Le règne d'Aï dure seulement 4 ans (1345-1341). À sa mort, le général Horemheb s'empare du pouvoir. Ce soldat dirigeait les affaires militaires de l'Égypte depuis le règne d'Akhnaton.

Aton persécuté

Pendant son règne de 27 ans (1341-1314), Horemheb décide d'éliminer les derniers adorateurs d'Aton. Il interdit leur religion et se met à les persécuter. La persécution ne frappe pas seulement les gens mais aussi les monuments : Akhetaton-Amarna est détruite et rasée ; partout on efface les noms d'Akhnaton, Néfertiti, Smenkharê, et même ceux de Toutankhamon et Aï. Horemheb fait officiellement commencer son règne à la mort d'Aménophis III.

Le voleur volé

Le traître Aï fut puni par les pilleurs de tombes qui dérobèrent son trésor et saccagèrent sa tombe alors que le caveau où il avait fait enterrer Toutankhamon resta intact jusqu'au début du XXe siècle.

Blake et Mortimer

Dans son célèbre album de BD *Le Secret de la grande pyramide*, Edgar P. Jacobs imagine que des fidèles d'Aton ont réussi à échapper à la persécution d'Horemheb et à cacher dans un lieu secret le fabuleux trésor d'Akhnaton.

Les vases canopes contenaient les viscères du pharaon.

Ramsès II : guerre et paix

Statue colossale de Ramsès II à Louxor.

Au début de son règne, Ramsès II doit affronter les Hittites qui menacent les territoires orientaux dominés par l'Égypte. Après une guerre sans vainqueur, le pharaon a la sagesse de conclure un traité de paix avec son ennemi.

Séthi, le militaire

Horemheb n'a pas d'enfants ; il offre sa succession à un militaire comme lui, Ramsès Ier, fondateur de la XIXe dynastie. Déjà âgé, ce pharaon meurt après 2 ans de règne. Son fils Séthi Ier, soldat de carrière et ancien vizir d'Horemheb, lui succède. Il reprend la politique impérialiste des pharaons de la XVIIIe dynastie et réussit à occuper la Palestine et une partie de la Phénicie. Mais les Hittites qui contrôlent le nord de la Syrie menacent constamment les frontières de l'Empire égyptien. À la mort de Séthi Ier, le pouvoir revient à son fils Ramsès II.

Peut mieux faire !

Ramsès cherche à conserver les territoires conquis par son père. Il envoie des expéditions au Soudan et en Libye pour impressionner les populations qui vivent aux frontières du sud et de l'ouest. Mais en Asie, le roi des Hittites Mouwattali forme une coalition avec d'autres peuples du Proche-Orient pour attaquer l'Égypte. Ramsès doit intervenir. Il part aussitôt en expédition. La bataille a lieu près de Qadesh, une forteresse hittite sur les bords de l'Oronte en Syrie. Le pharaon se bat courageusement mais n'arrive pas à prendre la ville. Il n'y a pas de vainqueur.

Ramsès II tirant à l'arc depuis son char.

La paix avec les Hittites

Après la bataille de Qadesh, les Égyptiens continuent à guerroyer en Syrie pendant plusieurs années, sans remporter de véritables succès. Ramsès se rend compte qu'il serait plus avantageux pour lui de cesser les hostilités. Il cherche une solution diplomatique pour résoudre le conflit et prend contact avec son adversaire, le nouveau roi hittite Hattousil III. Tous 2 finissent par se rencontrer et signer la paix. Ramsès reçoit même en prime 2 jeunes princesses hittites qu'il installe dans son harem ; l'une d'elles, Maâthornéférourê, devient même grande épouse royale. C'est le début d'une longue période de prospérité pour l'Égypte.

LE POÈME DE PENTAOUR

Un texte hiéroglyphique, appelé poème de Pentaour, raconte les principaux moments de la bataille de Qadesh. Pris en embuscade par le roi hittite Mouwattali, Ramsès se jette dans la mêlée. Abandonné de tous, il supplie le dieu Amon de lui venir en aide et se bat avec courage jusqu'à l'arrivée d'une troupe de secours. C'est une œuvre très belle, pleine de force et d'humanité, si bien qu'on a parfois l'impression de lire l'*Iliade* d'Homère. Son auteur est malheureusement inconnu : Pentaour n'était que le scribe chargé de recopier le texte.

La bataille de Qadesh : il n'y a pas eu de vainqueur, contrairement à ce que Ramsès II a voulu faire croire !

RAMSÈS, HOMME ET DIEU

Ramsès II se considère à la fois comme un homme et un dieu. Il en possède les 2 natures. Cette croyance donne lieu à d'étonnantes représentations : on voit sur des stèles Ramsès II humain se rendant un culte à lui-même, en tant que dieu.

« Vive moi ! »

Pendant son long règne de 66 ans, Ramsès II devient l'un des pharaons les plus célèbres grâce aux monuments grandioses édifiés à sa gloire en Égypte et en Nubie.

Colosse de Ramsès II dans la grande cour du temple de Karnak ; à ses pieds, la princesse Bentanat, sa fille.

Il est génial !

Les inscriptions de tous ces monuments sont presque entièrement consacrées à l'éloge des mérites du pharaon. Il s'agit de pure propagande : déjà, enfant, Ramsès était un surdoué, nous disent les textes ; ensuite, devenu pharaon, c'est un roi génial qui fait le bonheur de son peuple. Il est puissant, courageux, diplomate, récompense ses soldats, s'inquiète du bien-être de ses ouvriers.

Mégalomane !

Ramsès II profite de la paix conclue avec les Hittites pour faire construire de remarquables monuments comme le temple funéraire de Thèbes, le Ramesseum, et le sanctuaire souterrain d'Abou Simbel dont les salles sont creusées dans le rocher jusqu'à une profondeur de 55 m. Aujourd'hui encore, en visitant ces monuments à la gloire du pharaon, on est fasciné par la puissance provocante du souverain qui les a fait construire.

Voleur de monuments…

En plus des nouveaux temples qu'il fait élever à grands frais, témoignages grandioses de son règne, Ramsès passe aussi les 40 dernières années de sa vie à faire graver son nom sur les monuments de ses prédécesseurs. Parfois, sous prétexte d'une restauration, il s'attribue un monument ancien, et fait effacer les noms de nombreux pharaons pour les remplacer par ses propres cartouches. C'est pourquoi on lit aujourd'hui le nom de Ramsès sur quasiment tous les monuments d'Égypte et de Nubie.

MA MAJESTÉ

Quand un Égyptien s'adressait à Ramsès, il disait « Sa Majesté ». Quand le pharaon parlait de lui-même, il employait la même expression, mais à la 1re personne, c'est-à-dire « Ma Majesté ».

Des centaines de femmes

Comme les autres pharaons, Ramsès II eut de nombreuses femmes dans son harem, mais il en éleva plusieurs en même temps à la dignité de grande épouse royale. On lui en connaît 8 en tout, parmi lesquelles la belle Néfertari, Isetnofret et Maâthornéférourê, fille du Hittite Hattousil III. Les 4 dernières furent ses propres filles : Nebettaouy, Méritamon, Bentanat et Hénoutmirê. Toutes ces femmes donnèrent à Ramsès des centaines d'enfants.

L'entrée du temple d'Abou Simbel est gardée par 4 statues colossales du pharaon, taillées dans le roc et hautes de 20 m.

Néfertari

Ramsès II fait creuser, dans la Vallée des Reines, pour sa grande épouse Néfertari, un tombeau décoré de magnifiques peintures. Sur les parois des salles successives, aujourd'hui fermées au public, se déroulent des scènes multicolores : on y voit la reine, belle et séduisante, coiffée d'une lourde perruque noire surmontée d'un vautour d'or aux ailes déployées, symbole de la déesse Mout.

Néfertari, grande épouse royale de Ramsès II.

UN PRO DE LA PROPAGANDE !

Les inscriptions hiéroglyphiques transforment en grande victoire le semi-échec du pharaon devant Qadesh. Le texte va jusqu'à raconter que Ramsès II, tout seul, a mis en fuite 2 500 ennemis et a détruit leurs chars.

Les Ramsès

Sur la cuve du sarcophage de Ramsès III, une représentation de la déesse Isis.

Neuf Ramsès succèdent à Ramsès II. Parmi eux, seul Ramsès III (1198-1166) est un grand pharaon. Il est le vainqueur des ennemis de l'Égypte appelés « Peuples de la mer ».

De Mineptah à Sethnakht

Mineptah, fils de Ramsès II, succède à son père (1235-1224). Il parvient à conserver son héritage et la puissance de l'Égypte. Mais après sa mort, le royaume connaît une grave crise de succession. Des usurpateurs prennent le pouvoir. Parmi eux se trouve Iarsou, un Syrien, qui est le premier pharaon d'origine non égyptienne depuis les Hyksôs. Sethnakht, un noble, finit par le renverser. Il fonde la XXe dynastie (1200-1085) et rétablit la stabilité du royaume.

Philistins et Shardanes

Les Philistins et les Shardanes font partie des « Peuples de la mer ». Après leur défaite, les premiers s'installent au Proche-Orient et donnent leur nom à la Palestine. Le nom de la Sardaigne a pour origine les seconds qui voguèrent vers les îles de la Méditerranée occidentale.

Ramsès III

Ramsès III, fils de Sethnakht, est associé au trône par son père. Il lui succède 2 ans plus tard. L'Égypte est alors menacée par de nombreux ennemis. À l'ouest, les tribus berbères de Libye attaquent la vallée du Nil. Le pharaon les repousse avec succès. D'autres envahisseurs, venus cette fois du nord par la mer, tentent de débarquer sur les côtes de l'Égypte. On les appelle les « Peuples de la mer » ; il s'agit d'un ensemble d'Européens, partis notamment de Grèce et de Crète ; certains sont appelés Achéens, d'autres Philistins et Shardanes. Ramsès III les écrase tous et détruit leur flotte en un grand carnage.

Temple de Médinet-Habou ; présentation du roi (situé ici entre Horus et Thot) au dieu Amon.

MÉDINET-HABOU

Les bas-reliefs du temple funéraire de Médinet-Habou, près de Thèbes, racontent l'éclatante victoire remportée par Ramsès III sur tous ses ennemis. Les sculpteurs ont très précisément reproduit les navires et l'armement des envahisseurs. On reconnaît des tenues et des armes alors utilisées en Grèce.

Oushebti de Ramsès IV.

Le complot du harem

Ramsès III meurt victime d'un complot ourdi par une de ses femmes, Tii. Jalouse des autres épouses, elle voulait assassiner son mari pour faire monter sur le trône son fils Pentaour à la place de Ramsès IV, l'héritier désigné par le pharaon. Ramsès III est donc assassiné, mais le complot est découvert ; Tii est arrêtée et sans doute exécutée. Ramsès IV monte sur le trône comme prévu.

Les Ramessides

Les derniers Ramsès, de Ramsès IV à Ramsès XI, sont des pharaons de plus en plus faibles. Le complot du harem a discrédité leur dynastie et plongé l'Égypte dans la décadence. Seuls les prêtres se portent bien ; ils récupèrent même à leur profit toute l'autorité perdue par les Ramsès. Le grand prêtre d'Amon à Thèbes, Hérihor, devient plus puissant que le pharaon. À la mort de Ramsès XI, le dernier des Ramsès, il n'hésite pas à se proclamer lui-même pharaon. Au même moment, le vizir Smendès se couronne roi à Tanis, dans le Delta. L'Égypte se retrouve donc à nouveau divisée en 2 royaumes.

IL COPIE RAMSÈS II JUSQU'AU BOUT

Ramsès III veut tellement imiter Ramsès II qu'il donne à ses enfants, et dans le même ordre de naissance, les noms autrefois portés par les fils de Ramsès II.

Les pharaons de Tanis

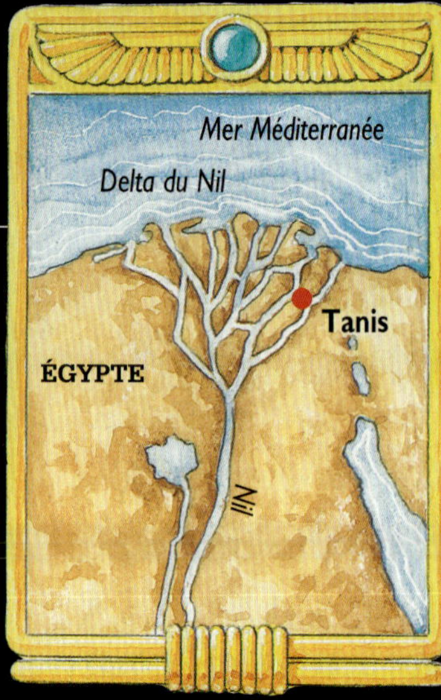

Merci Pinedjem !

Pinedjem a laissé un bon souvenir en faisant restaurer les momies des rois du Nouvel Empire qui avaient été arrachées à leurs tombeaux par des pillards. Il les fit ensuite placer dans une cachette, à Deir el-Bahari, où les archéologues contemporains ont retrouvé les corps de Séthi Ier, Ramsès II et Ramsès III.

L'Égypte des XXIe et XXIIe dynasties (vers 1085-730) est faible et divisée. L'art ne connaît cependant aucune décadence comme en témoignent les trésors découverts à Tanis.

Pharaons de Tanis et pharaons de Thèbes

Le vizir Smendès, imitant le grand prêtre thébain Hérihor, se proclame pharaon dans le nord du pays. Tanis, ville du Delta, qui n'est autre que l'ancienne Avaris des Hyksôs rebaptisée, devient la capitale de sa dynastie. Pour légitimer son trône, il épouse Tentimen, fille de Ramsès XI. Les 2 royaumes de l'Égypte à nouveau divisée ne sont pas en guerre. Les 2 dynasties parallèles parviennent même souvent à s'entendre et cherchent à s'unir par des mariages entre leurs 2 familles.

Pinedjem Ier trahi par son fils

Pinedjem Ier, petit-fils à la fois d'Hérihor et de Smendès, règne pendant quelques années sur tout le pays. Mais la réunification est de courte durée car il est trahi par son propre fils Menkheperrê, nommé grand prêtre à Thèbes, qui prend le titre royal contre son père. La division entre Thèbes et Tanis réapparaît donc aussitôt.

Les ruines de Tanis ont été fouillées par l'archéologue Pierre Montet.

Le temple d'Amon de Tanis

Les pharaons des XXIe et XXIIe dynasties se consacrent à l'édification de grands monuments à Tanis. Un temple est dédié au dieu Amon. Il était précédé d'un immense portail, d'obélisques et de colosses pharaoniques.

Masque en or de Sheshonq III.

Sheshonq le Libyen

Sheshonq, un général libyen installé en Égypte, chef d'une troupe de mercenaires, renverse le dernier pharaon de la XXIe dynastie par un coup d'État militaire. Il se proclame lui-même pharaon et fonde la XXIIe dynastie dite « libyenne ». Il veut restaurer l'emprise de l'Égypte sur la Palestine où il pille Jérusalem et le temple des Juifs. Il en rapporte un butin considérable à Bubastis, la nouvelle capitale. Contrairement à leurs prédécesseurs de la XXIe dynastie, les rois libyens entrent en conflit avec les Thébains. Ils font sans cesse pression sur le clergé pour imposer des personnes de leur famille aux postes importants, ce qui provoque des révoltes presque permanentes.

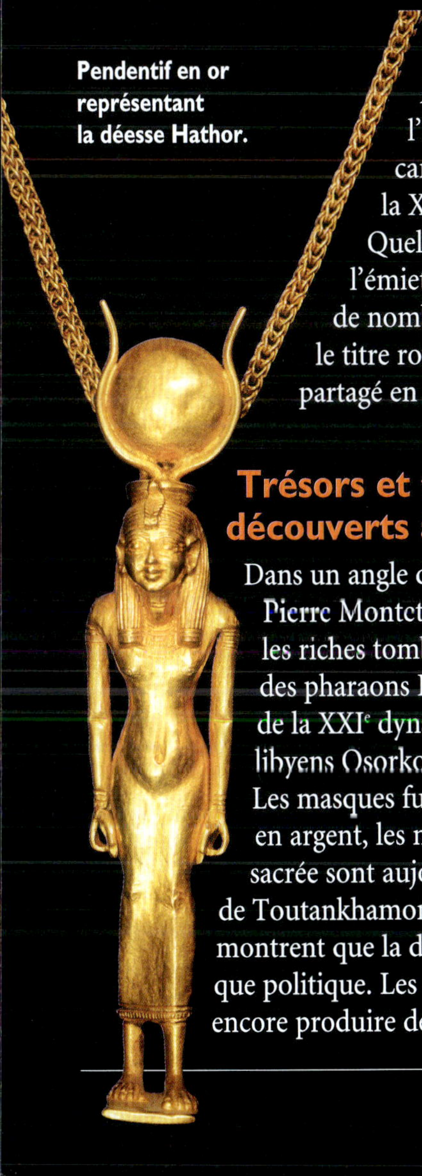

Pendentif en or représentant la déesse Hathor.

Un vrai puzzle

À partir de 817 environ, l'Égypte est divisée en 3 car une nouvelle dynastie, la XXIIIe, s'installe à Tanis. Quelque temps plus tard, l'émiettement se poursuit : de nombreux princes prennent le titre royal et le pays se retrouve partagé en plusieurs fiefs.

Trésors et tombeaux découverts à Tanis

Dans un angle du temple, l'égyptologue Pierre Montet a découvert, en 1940, les riches tombeaux, encore intacts, des pharaons Psousennès et Aménémopé de la XXIe dynastie ainsi que ceux des rois libyens Osorkon II et Sheshonq III. Les masques funéraires en or, les cercueils en argent, les nombreux bijoux et la vaisselle sacrée sont aujourd'hui exposés à côté des trésors de Toutankhamon au Musée du Caire. Ces trésors montrent que la décadence de l'Égypte n'était que politique. Les orfèvres et les artistes savaient encore produire des chefs-d'œuvre.

Sheshonq à Jérusalem

Sheshonq, appelé Shishaq, est cité dans la Bible : « Shishaq, roi d'Égypte, s'empara des trésors de la Maison de l'Éternel (le grand temple des Juifs). Il prit tout. Il prit les boucliers d'or de Salomon. »

Ce magnifique pectoral appartenait à l'un des pharaons de Tanis.

Des pharaons noirs

Tête du roi Taharqua.

L'Égypte est réunifiée au cours de la XXVe dynastie (751-656) par des pharaons originaires de Napata, au Soudan actuel. Mais les Assyriens qui envahissent le royaume finissent par les repousser au sud de Thèbes.

Taharqua représenté en sphinx.

Des Africains « égyptianisés »

Un petit royaume s'est constitué autour de Napata au Soudan, ou pays de Koush, au début du VIIIe siècle avant J.-C. Les rois de la région étaient des Africains très influencés par la culture égyptienne. Ils adoraient le dieu Amon dans un grand temple qui s'élevait au pied du djebel Barkal, la montagne sacrée du dieu, près de Napata.

Les Assyriens

Au VIIe siècle av. J.-C., les Assyriens dont la capitale, Assour, se trouve dans le nord de l'Irak actuel, sont à l'apogée de leur puissance. C'est un peuple de puissants guerriers qui ont une réputation de grande cruauté. Leur empire domine le Proche et le Moyen-Orient.

Piankhi, roi de Koush, conquérant de l'Égypte

Quand Piankhi monte sur le trône de Koush en 751, l'Égypte est plus faible que jamais. Il en profite pour s'emparer de Thèbes et de Memphis. Son fils et successeur Shabaka achève la conquête de l'Égypte en occupant le Delta ; puis il s'installe à Tanis. Après les pharaons libyens, ce sont des rois noirs qui gouvernent l'Égypte.

Taharqua faisant une offrande au faucon Horus.

Les temples de Taharqa

Le pharaon Taharqa, second fils de Piankhi et successeur de Shabaka (689-663), est le plus grand personnage de la XXVe dynastie. Il laisse son nom sur de nombreuses constructions, notamment à Thèbes. Il fait agrandir le temple d'Amon à Napata. Un second sanctuaire, en forme de grotte, est creusé dans le rocher du djebel Barkal.

L'agitateur puni

Taharqa veut pousser les peuples de l'Orient à se révolter contre la domination des Assyriens. C'est une très mauvaise idée car le seul résultat qu'il obtient est de déclencher contre lui la haine d'Assarhadon, roi d'Assyrie. Pour se venger, celui-ci envoie ses redoutables guerriers s'emparer de Memphis. Taharqa prend la fuite, mais ses femmes et ses enfants tombent entre les mains de l'ennemi. On ne sait pas ce qui leur est arrivé mais on imagine qu'ils n'ont pas dû survivre bien longtemps.

Le royaume de Méroé

La dynastie de Piankhi et Taharqa continue à régner au Soudan pendant 1 000 ans, jusque dans les années 350 après J.-C., quand le royaume de Koush est conquis par le roi éthiopien Ezana. La capitale des pharaons soudanais est d'abord située à Napata, comme à l'époque de Piankhi. Elle est ensuite remplacée par Méroé, plus au sud, au IIIe siècle avant J.-C. On a retrouvé les ruines de ces 2 capitales, avec notamment de petites pyramides royales qui semblent renouer avec l'Ancien Empire égyptien. On a également découvert les temples funéraires des rois koushites ainsi que leur luxueux palais de Méroé où une piscine avait été aménagée.

Comme leurs prédécesseurs de l'Ancien Empire, les pharaons de Méroé se firent construire des pyramides.

LA FUITE VERS LE SUD

Vaincu, Taharqa meurt en 663. Son neveu et successeur Tanoutamon (663-656), poursuivi par les Assyriens, doit se réfugier à Napata et renoncer à toutes ses possessions égyptiennes. Ses successeurs ne quitteront plus le Soudan.

Napata puis Méroé furent les 2 capitales successives des rois koushites.

LA LANGUE MÉROÏTIQUE

Malgré la forte influence de l'Égypte dans l'architecture et l'art, la langue officielle du royaume de Méroé n'est plus l'égyptien, mais une langue africaine qu'on appelle le méroïtique. Cependant, elle s'écrit au moyen de signes inspirés des hiéroglyphes.

La renaissance saïte

L'Égypte saïte.

En 663, Psammétique, prince de Saïs dans le Delta, chasse les Assyriens d'Égypte. Il fonde la XXVIe dynastie (663-525) qui assure au royaume une période de grandeur grâce, notamment, à l'appui des Grecs.

Psammétique (663-609)

Le prince de Saïs Psammétique enrôle dans son armée de nombreux mercenaires grecs ; grâce à eux, il pourchasse les Assyriens jusqu'en Palestine et parvient à restaurer la grandeur et l'indépendance de l'Égypte en 10 ans de lutte. Après sa victoire, il décide de rester à Saïs, qui devient la capitale du royaume, mais il envoie sa fille Nitocris à Thèbes pour y régner sur le temple d'Amon comme divine adoratrice du dieu.

Naucratis

Le pharaon fait construire une colonie pour y installer les Grecs et leurs familles : Naucratis, au nord-ouest du delta du Nil. De nombreux marchands viennent les rejoindre et développent d'intenses relations commerciales avec la Méditerranée.

Le premier canal de Suez

Le pharaon Nékao II (609-594) succède à Psammétique. Il fait creuser un canal – ancêtre du canal de Suez – entre la Méditerranée et la mer Rouge, afin de faciliter les échanges. Il finance également une mission d'exploration menée par des marins phéniciens le long des côtes de l'Afrique.

Le port fluvial de Naucratis, plaque tournante des échanges entre l'Égypte et la Méditerranée.

Amasis l'usurpateur

Amasis n'appartient pas à la famille de Psammétique. C'est un général qui prend le pouvoir par la force, après un coup d'État qui lui permet de renverser le pharaon légitime Apriès. D'après l'historien grec Hérodote, il aurait pris possession de l'île de Chypre en Méditerranée orientale. Il conclut aussi une alliance avec les peuples grecs en lutte contre les Perses, notamment les Lydiens et les Spartiates.

Fantassin grec.

L'occupation perse (525-404)

Le roi des Perses Cambyse, fils de Cyrus, envahit l'Égypte en 525 ; l'ancien pays des pharaons devient une province du grand Empire perse. Cambyse laisse un très mauvais souvenir aux habitants de la vallée du Nil : il pille le pays, maltraite la population et saccage les temples. Les Égyptiens se révoltent plusieurs fois contre les Perses, mais sans succès. Enfin, en 404, Amyrtée, un prince de Saïs, descendant des rois de la XXVIe dynastie, parvient à chasser les envahisseurs.

Archers du roi de Perse Darius Ier.

Nectanébo, le dernier pharaon égyptien

Amyrtée est le seul pharaon de la XXVIIIe dynastie. Les rois de la XXIXe dynastie (398-378) s'allient aux Spartiates pour lutter contre les Perses. Nectanébo Ier fonde ensuite la XXXe dynastie ; durant son règne (378-361), il restaure de nombreux temples. Son petit-neveu Nectanébo II est le dernier pharaon indigène (359-341). Il est renversé par les Perses qui parviennent à reprendre l'Égypte en 341.

Partie d'un pilier portant la titulature royale de Nectanébo Ier.

Les mercenaires grecs

L'armée n'est plus nationale sous la XXVIe dynastie. Les Égyptiens sont remplacés par de nombreux soldats grecs payés par le pharaon. Dans la flotte, l'armée de terre et la police, les mercenaires assurent la sécurité du royaume.

Les Perses

L'empire des Perses, peuple originaire d'Iran, remplace en Asie, au milieu du VIe siècle av. J.-C., la puissance qui était celle des Assyriens un siècle plus tôt. Les nouveaux maîtres de l'Orient menacent à la fois les Égyptiens et les Grecs ; ce qui pousse ces 2 peuples à se rapprocher pour lutter contre l'ennemi commun.

Les Lydiens

Les Lydiens, peuple d'Asie Mineure vivant sur la côte ouest de la Turquie actuelle, sont attaqués par le roi des Perses Cyrus vers 546 av. J.-C. Leur roi, le très célèbre et très riche Crésus, est vaincu ; il meurt sur le bûcher.

Les Spartiates

Les Spartiates sont les citoyens d'une des principales cités de la Grèce : Sparte. C'était la capitale d'un puissant État militaire.

Alexandrie

L'Égypte connaît une période de rayonnement politique et culturel sous la dynastie des Ptolémées, pharaons d'origine grecque qui règnent à Alexandrie, la nouvelle capitale du royaume. C'est là, entre le fameux phare et la Grande Bibliothèque, que Cléopâtre, dernière reine d'Égypte, séduisit Jules César et Marc Antoine avant de se donner la mort.

La fondation d'Alexandrie

Monnaie d'Alexandre le Grand : il est coiffé de la dépouille d'un lion.

Le conquérant macédonien Alexandre le Grand s'empare de l'Égypte en 332 ; il met fin à la seconde domination perse et fonde une ville qui porte son nom.

Alexandre le Macédonien

Alexandre est né à Pella en Macédoine, royaume du nord de la Grèce, en 356. Aux côtés de son père, Philippe II, il combat en Grèce centrale pour y étendre l'influence macédonienne. En 336, il succède à son père et, en 334, se lance à la conquête de l'immense Empire perse. Il remporte victoire sur victoire : l'Asie Mineure (Turquie actuelle), la Syrie, la Phénicie (Liban) et la Palestine sont conquises en 2 ans à peine.

Le libérateur

Depuis la Palestine, Alexandre pénètre en Égypte à l'automne 332. Les Perses du gouverneur Mazacès déposent aussitôt les armes ; ils ne veulent pas résister au Macédonien car ils savent que les Égyptiens sont prêts à le soutenir et l'acclament comme un libérateur.

Itinéraire d'Alexandre le Grand.

Le taureau Apis

Apis était le nom d'un taureau vivant, élevé dans le temple de Ptah, à Memphis. On ne le considérait pas exactement comme un dieu, mais comme l'incarnation animale de la puissance du dieu Ptah. À sa mort, les prêtres choisissaient un autre taureau pour le remplacer.

Statue d'un taureau Apis.

Respectueux des traditions

Les Égyptiens ne seront pas déçus : Alexandre, par calcul politique, affiche partout le plus grand respect pour les dieux égyptiens et les traditions locales. De passage à Memphis, il visite le temple du dieu Ptah et offre un sacrifice au taureau Apis. Il se fait aussi couronner pharaon par les prêtres de Memphis en suivant les rites traditionnels.

Les cornes de bélier

Pour montrer qu'il est le fils d'Amon, Alexandre se fait représenter officiellement avec des cornes de bélier (animal d'Amon) sur la tête.

Les ports d'Alexandrie

Alexandre veut laisser une marque de son passage en Égypte : il fonde une ville sur la côte méditerranéenne, au nord-ouest du Delta. Ayant repéré une petite île, appelée Pharos, à environ 1 km au large de la côte, il demande à ses architectes de la relier au continent en construisant une chaussée artificielle, l'Heptastade. Cela permet l'aménagement de 2 ports : un de chaque côté de la chaussée.

La construction d'Alexandrie dura de nombreuses années : les travaux ne furent terminés qu'à la fin du règne de Ptolémée Ier (305-283).

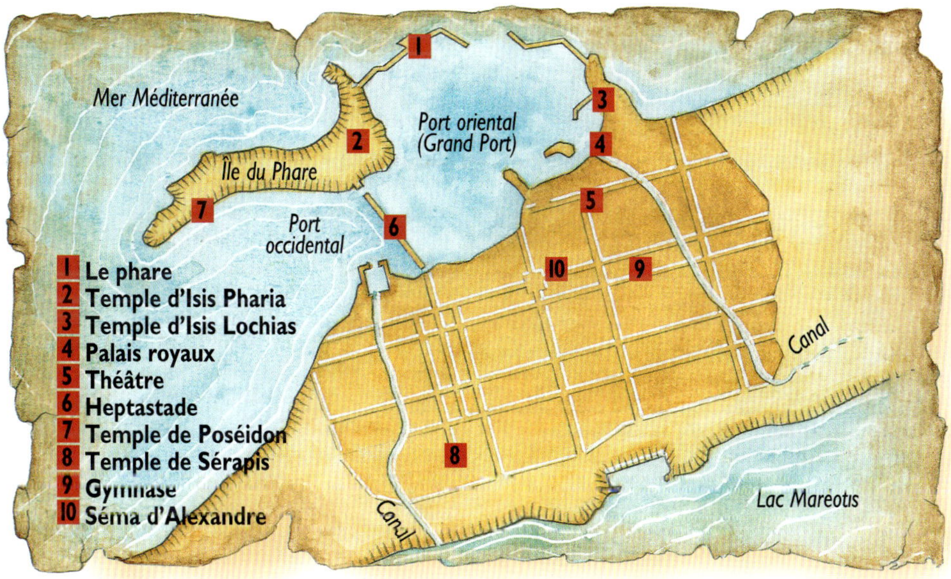

Plan d'Alexandrie.

UN PLAN EN DAMIER

Le principal architecte de la ville se nomme Deinocratès de Rhodes. Il aménage des rues qui se coupent toutes à angle droit ; vue du ciel, la ville ressemble à un damier. De puissantes murailles dotées de portes monumentales entourent Alexandrie pour la protéger.

L'oracle d'Amon

Alexandre part ensuite dans le désert de Libye pour visiter un sanctuaire du dieu Amon situé au milieu d'une oasis aujourd'hui appelée Siwah. On racontait qu'Amon lui-même répondait aux questions de ses visiteurs. Alexandre l'interroge sur ses conquêtes à venir. Le dieu lui aurait répondu que son empire serait immense, mais, surtout, il lui aurait révélé, que lui, Amon, était son véritable père. Alexandre commence alors à se prendre pour un dieu. Il quitte l'Égypte au printemps 331 pour poursuivre ses conquêtes orientales.

L'HEPTASTADE

Hepta veut dire 7 en grec et le « stade » est une unité de mesure équivalent à 150 m environ ; la chaussée artificielle faisait donc un peu plus de 1 km de long.

Le phare d'Alexandrie

QUE RESTE-T-IL DU PHARE D'ALEXANDRIE ?

Il ne reste plus grand-chose du phare : son emplacement fut occupé par un fort au Moyen Âge. Quelques blocs de pierre lui appartenant ont été repérés sous l'eau par des plongeurs sous-marins.

LA TOUR DE PHAROS

Le mot « phare » vient du nom de l'île reliée au continent par l'Heptastade et sur laquelle l'édifice a été construit : l'île Pharos.

Alexandrie devient au IIIe siècle le centre commercial et culturel de la Méditerranée orientale et du Proche-Orient. Son phare, considéré comme l'une des merveilles du monde, est le symbole de ce rayonnement.

Une merveille du monde

Le phare d'Alexandrie était le monument le plus célèbre de la ville, considéré comme l'une des Sept Merveilles du monde, au même titre que la pyramide de Kheops. C'était une tour à 3 étages haute de 120 m environ. Elle était construite en pierres calcaires et décorée extérieurement de plaques en marbre blanc qui lui donnaient un aspect brillant. La lumière qui se dégageait du feu qui brûlait en permanence au sommet pouvait être visible à 185 km au large par temps clair. Le phare indiquait aux navires l'entrée des 2 ports d'Alexandrie.

Rusé Sostrate !

L'architecte Sostrate aurait fait graver son nom sur le phare ; mais pour ne pas choquer ses contemporains, il aurait fait recouvrir les lettres d'une couche de plâtre afin qu'elle ne s'effrite et ne tombe que bien après sa mort.
À ce moment-là, pensait-il, plus personne ne serait choqué de lire son nom sur le monument… et il aurait gagné une célébrité immortelle !

Le phare se dresse avec majesté à l'entrée du Grand Port d'Alexandrie.

Alexandrie : auditorium d'époque romaine.

Les quartiers de la ville

Alexandrie était une très grande ville atteignant sans doute 500 000 habitants au Ier siècle av. J-C. D'origines et de conditions sociales très variées, ils se répartissaient dans divers quartiers. Les Égyptiens et les populations les plus pauvres vivaient à Rhakotis, au sud-ouest de la ville. Les Grecs et les riches de toutes les communautés résidaient à Néapolis, au centre, et dans le Broukhion, quartier résidentiel du bord de mer. À l'ouest, se trouvait le quartier juif, appelé le Delta.

Le palais

Le palais des Ptolémées, rois d'origine macédonienne qui succèdent à Alexandre en Égypte, était en fait un véritable quartier. On y trouvait de nombreuses et luxueuses résidences, de merveilleux jardins, les casernes de la garde royale et même un petit port privé où mouillait la flotte particulière des rois.

Le marché du monde

Alexandrie avec ses 2 ports devient la plaque tournante du commerce en Méditerranée orientale. On y trouve tous les produits du monde alors connu. La ville est le point d'aboutissement et de départ de nombreuses routes commerciales vers l'Afrique, l'Asie et l'Europe.

MERVEILLEUSES CANALISATIONS

La ville était alimentée en eau par un canal qui la reliait à une branche du Nil. Un système de conduites souterraines permettait d'approvisionner les maisons des particuliers. Quand le général romain Jules César arriva à Alexandrie en 47 av. J.-C., il fut frappé par l'ingéniosité de ce système.

Des monuments célèbres

Les sarcophages d'Alexandre

Le corps d'Alexandre le Grand fut embaumé puis placé dans un sarcophage en or, comme autrefois Toutankhamon. Mais un de ses successeurs en Égypte, sans doute le roi Ptolémée X, le fit fondre pour récupérer le métal précieux. On mit alors la momie du fondateur d'Alexandrie dans un nouveau cercueil de cristal de roche.

Le Musée

Les Ptolémées sont les mécènes des sciences et de la culture. Ils créent le Musée d'Alexandrie. Ancêtre de notre CNRS, c'est un centre de recherches où des poètes et des savants sont hébergés aux frais de l'État pour mener leurs recherches.

En plus du phare, Alexandrie était célèbre pour ses monuments : le tombeau d'Alexandre le Grand, la Grande Bibliothèque et le temple de Sérapis.

Papyrus.

Le tombeau d'Alexandre le Grand

Au centre de Néapolis s'élevait le Séma, ou tombeau d'Alexandre le Grand. Le conquérant macédonien était considéré comme un dieu depuis sa visite à l'oasis d'Amon. C'est pourquoi on édifia son tombeau dans la ville elle-même et non pas en dehors des murailles, dans la nécropole, comme pour le commun des mortels. Malgré les recherches menées par de nombreux archéologues, le Séma n'a pas été retrouvé.

La Grande Bibliothèque

Une grande bibliothèque, la première du genre, fut aménagée à côté du Musée dont elle dépendait. On y trouvait d'innombrables ouvrages transcrits sur des rouleaux de papyrus. Toute la littérature et la philosophie grecques étaient disponibles, mais aussi la Bible et des textes égyptiens traduits en grec.

Le temple de Sérapis

Le plus grand temple d'Alexandrie était consacré au dieu Sérapis. On l'appelait aussi le Serapeion ou Serapeum. Il s'élevait sur une colline artificielle au sud du quartier de Rhakotis. D'importants restes du monument ont été découverts, mais ils rendent difficilement compte de l'apparence antique du temple. Quelques monnaies frappées à Alexandrie nous montrent un temple de type grec avec des colonnes à chapiteaux corinthiens. Mais 2 obélisques égyptiens s'élevaient aussi devant le monument. À l'image d'Alexandrie, le Serapeion était donc à la fois grec et égyptien.

Une ville cosmopolite

De nombreux temples dédiés à diverses divinités tant égyptiennes que grecques et orientales s'élevaient à Alexandrie. On comptait aussi plusieurs temples juifs ou synagogues. Alexandrie était une ville cosmopolite : on pouvait y rencontrer presque tous les peuples.

Ératosthène, ami de Ptolémée III

Le plus célèbre des savants du Musée fut sans doute Ératosthène. À la fois philosophe, mathématicien et astronome, il se vit confier par Ptolémée III le calcul de la circonférence de la Terre qu'il parvint à évaluer correctement !

Une dédicace bilingue

La dédicace du Serapeion a été retrouvée en 1943. Elle est écrite aussi bien en grec qu'en égyptien et traduit bien le caractère syncrétique du sanctuaire.

Les pharaons grecs

Ptolémée II

Après la mort d'Alexandre le Grand en 323, le général macédonien Ptolémée devient gouverneur d'Égypte. En 305, il se proclame roi et fonde la dynastie des Ptolémées.

Ptolémée administre l'Égypte

Ptolémée est un ancien général et un compagnon d'Alexandre le Grand qui l'appréciait pour sa sagesse et sa bravoure. À la mort de son maître, il reçoit le gouvernement de la province d'Égypte et s'installe à Alexandrie. Il réorganise l'administration du pays et l'exploitation de ses richesses sur le modèle pharaonique : toutes les productions sont contrôlées par des agents de l'État et taxées.

La momie d'Alexandre le Grand

Alexandre est mort à Babylone, en Irak actuel, en 323. Un convoi funèbre devait ramener la dépouille du conquérant en Macédoine pour l'enterrer avec le reste de sa famille. Mais Ptolémée, qui a soudoyé l'officier chargé du convoi, parvient à détourner le corps vers Alexandrie. Il y fait édifier le Séma, à la fois temple et tombeau, pour y exposer la momie d'Alexandre. Le conquérant est officiellement divinisé. Le frère de Ptolémée, Ménélas, est nommé prêtre ; il est spécialement chargé du culte du nouveau dieu.

L'EMPIRE DE PTOLÉMÉE Ier

Sous le règne de Ptolémée Ier (305-283), Alexandrie devient la capitale d'un grand et puissant empire. Ptolémée ne domine pas que l'Égypte mais aussi la Cyrénaïque (la Libye orientale), la Palestine, Chypre et plusieurs îles grecques de la mer Égée, notamment les Cyclades. Sous la direction de son roi d'origine grecque, l'Égypte devient à nouveau une puissance impérialiste comme à l'époque des grands pharaons du Nouvel Empire.

L'arrivée du cercueil d'Alexandre au Séma.

L'invention de Sérapis

Ptolémée crée un autre dieu : Sérapis. Ses principales fonctions sont celles du dieu des morts égyptien, Osiris : il promet à ses fidèles la renaissance dans l'au-delà. Son nom provient de la contraction d'Osiris et d'Apis, le taureau adoré à Memphis. Enfin, sa représentation est d'inspiration grecque : Sérapis est barbu, coiffé d'une longue chevelure comme Zeus, le maître du panthéon grec. Ptolémée voulait certainement unifier religieusement son royaume grâce au culte de ce dieu syncrétique.

Sérapis.

Ptolémée « qui aime sa sœur »

Ptolémée II (283-246) succède à son père Ptolémée Ier. Le nouveau roi renoue avec les pratiques incestueuses des anciens pharaons : il épouse sa propre sœur Arsinoé II. On le surnomme en grec le « philadelphe », c'est-à-dire « celui qui aime sa sœur ». Le roi et la reine proclament aussi qu'ils sont des dieux vivants et exigent qu'on leur rende un culte dans un temple spécialement construit pour eux à Alexandrie : le temple des dieux « Frère et Sœur ».

Ptolémée II et Arsinoé II, se font diviniser.

Le syncrétisme gréco-égyptien

Le syncrétisme est le mélange d'éléments provenant de diverses cultures. À l'époque des Ptolémées, c'est surtout dans la religion qu'on remarque cette tendance.
Sérapis, par exemple, est un dieu syncrétique car ses fonctions sont égyptiennes alors que son image est grecque.

Il y a tout en Égypte

Hérondas, poète grec contemporain de Ptolémée II et d'Arsinoé II, vante les richesses de l'Égypte : « Tout ce qui existe sur terre, il y a tout en Égypte : fortune, salles de gymnastique, puissance, ciel bleu, gloire, spectacles, philosophes, or, beaux garçons, temple des dieux "Frère et Sœur", un excellent roi, le Musée, du vin, tous les biens que l'on peut désirer et une profusion de femmes. »

Ptolémée III (246-221)

Ptolémée III, fils de Ptolémée II, perd le contrôle des îles grecques, mais assure à l'Égypte, par sa sagesse, une longue période de paix et de prospérité.

Des « tarés » dangereux

Ptolémée IV

Les derniers Ptolémées, de Ptolémée IV (221-203) à Ptolémée XII (80-51), sont des rois faibles et incompétents, parfois même tarés de naissance en raison des mariages incestueux de leurs parents.

Ptolémée IV le débauché

Ptolémée IV, fils et successeur de Ptolémée III, épouse sa sœur Arsinoé III. Il ne s'intéresse pas aux affaires politiques. D'après l'historien grec Polybe, il préfère passer ses journées et ses nuits à manger, boire et faire la fête dans son luxueux palais en compagnie de jeunes filles et garçons. Il finit par devenir immensément gros et ne sort plus de chez lui. Il abandonne l'administration de son royaume à son ministre Sosibios.

Sosibios, l'ennemi du peuple

Sosibios profite de l'inactivité de Ptolémée IV pour exploiter le pays sans scrupules. Il augmente les impôts des paysans, provoquant de nombreuses révoltes contre le pouvoir. L'armée royale n'arrive pas à écraser tous les révoltés qui transforment leur lutte en une guérilla des campagnes.

La pierre de Rosette

La très célèbre pierre de Rosette, qui a permis à J.-F. Champollion de déchiffrer les hiéroglyphes, reproduit le texte, en égyptien et en grec, d'un décret de Ptolémée V. Le roi apparaît comme le pharaon légitime du pays : il écrase ses ennemis mais sait faire preuve d'indulgence. Il amnistie les soldats égyptiens déserteurs qui sont passés du côté de la guérilla. Il allège certains impôts et fait de nombreux cadeaux aux prêtres égyptiens.

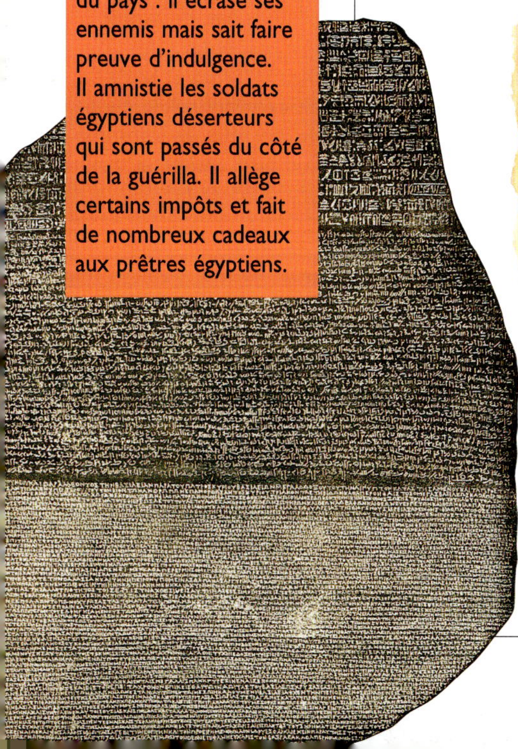

La pierre de Rosette.

Une orgie chez Ptolémée IV.

Ptolémée V l'enfant

Ptolémée V est le fils de Ptolémée IV et de sa sœur-épouse Arsinoé III. Il n'a que 6 ans quand il monte sur le trône, mais ses ministres réussissent à mettre fin à la guérilla égyptienne par la négociation et des concessions.

La signature du concordat.

Les prêtres, alliés tout-puissants des Ptolémées

Ptolémée V et ses ministres signent un véritable concordat avec le clergé égyptien. En échange d'une totale autonomie et de nombreux avantages financiers, privilèges divers et exemptions d'impôts, les prêtres deviennent les alliés du pouvoir. Ils assureront le maintien de l'ordre et empêcheront les révoltes locales.

Les grands temples ptolémaïques

Jamais depuis le Nouvel Empire, le clergé n'a été aussi riche que sous les derniers Ptolémées. La grande activité architecturale des règnes de Ptolémée VI à Ptolémée XII en témoigne. De nombreux temples sont édifiés du nord au sud de l'Égypte. Nombreux sont ceux qui sont encore visibles aujourd'hui, comme le temple d'Horus à Edfou, sans doute le mieux conservé de tous, et le temple d'Isis à Philae, certainement le plus charmant car il est construit sur une île du Nil.

Le temple d'Isis à Philae.

Un concordat entre le pharaon et les prêtres

On appelle concordat une convention conclue entre un État souverain et les représentants de l'Église. Ce concordat a défini les rapports entre les prêtres et le pouvoir politique incarné par le pharaon.

Le temple d'Horus à Edfou.

Problèmes de famille

Ptolémée VI succède à son père en 181. Il épouse sa sœur Cléopâtre II mais se fâche avec son jeune frère Ptolémée VIII. Un conflit éclate entre les 2 Ptolémées qui finissent par partager le royaume en 2 : l'aîné garde Alexandrie et l'Égypte, tandis que le cadet régnera sur Cyrène et la Libye.

Les derniers Ptolémées et leurs épouses accélèrent la décadence de leur royaume en raison de leurs incessants conflits familiaux.

À la mort de Ptolémée VI, Ptolémée VIII revient de Cyrène et prend Alexandrie où il s'installe. Il épouse sa sœur Cléopâtre II mais fait tuer Ptolémée VII, le fils qu'elle a eu de Ptolémée VI. La reine aura donc été mariée successivement à ses 2 frères. Une reine ne lui suffisant pas, Ptolémée VIII épouse aussi Cléopâtre III, fille de Cléopâtre II et Ptolémée VI. Sur les bas-reliefs des temples, on voit souvent le pharaon suivi des 2 Cléopâtre.

C'est la terreur !

Ptolémée VIII est un monstre immoral et violent qui fait régner la terreur à Alexandrie et en Égypte. D'après l'historien latin Justin, le peuple épouvanté avait quitté Alexandrie qui était devenue une ville presque déserte.

« Le Boudin »

Ptolémée VIII devint tellement gros qu'on l'appela « *Physcon* » ; c'est-à-dire « le Boudin ».

Cléopâtre III succède à son oncle et époux en 116. Elle veut régner sur l'Égypte en maîtresse absolue et prive son fils Ptolémée IX de toute autorité réelle. Les Égyptiens la détestent et la surnomment « la vermine ». De son côté, la reine se fait officiellement appeler « la déesse bienfaitrice » et la « salvatrice de son peuple ». Elle affirme qu'elle est la réincarnation sur terre de la déesse Isis. Rarement la propagande aura été autant coupée de la réalité.

Des prêtres pour lui rendre un culte

Quatre prêtresses et un prêtre sont nommés par Cléopâtre III spécialement pour lui rendre un culte. Des statues et des images de la reine en déesse sont placées dans tout le royaume : elle apparaît vêtue de la robe d'Isis et coiffée de longues boucles ondulées, en tire-bouchon, comme la déesse égyptienne.

En 101, Cléopâtre III est assassinée par son fils Ptolémée X. Lui-même est chassé et tué par les Alexandrins en 88 pour avoir fait fondre le sarcophage en or d'Alexandre dans le Séma d'Alexandrie.

Ptolémée XI, fils de Ptolémée IX, tue sa cousine et femme Bérénice III en 80, avant d'être lui-même assassiné par des proches. Après tous ces meurtres, il n'y a plus d'héritier légitime.

Un bâtard de Ptolémée IX, Ptolémée XII dit « Aulète » ou « le Flûtiste », monte alors sur le trône. Lui-même n'échappe pas aux problèmes familiaux de ses prédécesseurs : il entre en conflit avec sa sœur-épouse Cléopâtre VI et fait tuer sa propre fille Bérénice IV.

À sa mort, en 51, il laisse son trône à son jeune fils Ptolémée XIII et à l'ambitieuse Cléopâtre VII. Les 2 héritiers ne tardent pas à se fâcher à leur tour.

Cruelle Cléopâtre

La grande Cléopâtre n'échappera pas à la tradition familiale sanguinaire des Ptolémées : elle fera assassiner son petit frère Ptolémée XIV en 44 et sa sœur Arsinoé IV en 41.

La Cléopâtre d'Alexandre Cabanel (1823-1889) : : une reine au charme irrésistible.

Cléopâtre la séductrice

Cléopâtre contre Ptolémée

Ptolémée a beau être jeune, il ne veut pas se laisser faire ; ses ministres le poussent à entrer en guerre contre sa sœur. Cléopâtre décide alors de fuir Alexandrie, et Ptolémée part à sa poursuite à la tête de son armée.

L'Égypte connaît une période de grandeur et d'éclat sous le règne de Cléopâtre, la dernière des Ptolémées. Cette reine intelligente et calculatrice parvient à séduire successivement les généraux romains Jules César et Marc Antoine qui vont servir ses intérêts.

Une jeune fille terriblement ambitieuse

Cléopâtre VII, la célèbre Cléopâtre, n'a que 18 ans quand elle monte sur le trône, en 51. Pour respecter les volontés de son père et suivant la coutume des Ptolémées, elle se marie avec son frère Ptolémée XIII qui n'a que 10 ans. Mais elle rêve de se débarrasser de lui au plus vite et veut régner toute seule.

L'arrivée de Jules César

Le général romain Jules César débarque au même moment en Égypte avec son armée. Ptolémée a peur car le Romain est très puissant. Le roi d'Égypte le reçoit donc avec soumission et respect en espérant qu'il ne le renversera pas de son trône.

Cléopâtre « drague » César

Cléopâtre veut empêcher son frère de négocier avec César. Elle va trouver le Romain et le séduit aussitôt par sa beauté et ses attitudes charmeuses. César ne résiste pas à ces avances et la reine devient sa maîtresse. En échange, il l'aide à se débarrasser de Ptolémée qui s'enfuit et se noie dans le Nil. Grâce à César qu'elle a charmé, elle est parvenue à réaliser son rêve : régner seule sur l'Égypte.

Le petit César

Cléopâtre accouche bientôt d'un garçon appelé Césarion, ou « le petit César ». Avec son bébé, elle va s'installer à Rome en 46. Elle rêve d'offrir à Césarion un immense empire dominant l'Égypte mais aussi l'Empire romain, car l'enfant est l'unique héritier du grand César. Mais l'assassinat de son amant remet en cause ses projets ; elle doit rentrer à Alexandrie.

Jules César.

Cléopâtre et Marc Antoine

Marc Antoine, ancien lieutenant du dictateur, est le successeur de César dans les provinces orientales de l'Empire romain. Cléopâtre décide de le séduire à son tour : elle va lui rendre visite à Tarse, en Cilicie – actuelle Turquie –, vêtue de ses plus somptueux habits. Marc Antoine tombe sous le charme et se laisse entraîner par Cléopâtre au palais d'Alexandrie où il passe l'hiver avec elle.

Cléopâtre et Marc Antoine.

ELLE NE LE LÂCHE PAS D'UNE SEMELLE

Selon l'écrivain grec Plutarque, Cléopâtre ne veut pas laisser Marc Antoine seul un instant : « Elle ne le quittait ni de jour ni de nuit ; elle jouait avec lui, buvait, allait à la chasse et assistait aux exercices militaires. »

RÊVE D'EMPIRE

Cléopâtre se proclame déesse vivante ; elle s'habille comme la déesse Isis lors de toutes ses apparitions publiques et affirme son intention de créer, avec l'aide de Marc Antoine, un grand empire pour son fils Césarion.

L'Égypte romaine

Empereur romain représenté en pharaon.

Octave, rival de Marc Antoine, met fin aux rêves de Cléopâtre. L'Égypte, annexée par les Romains, perd son indépendance. Elle n'est plus qu'une province administrée par Rome.

Octave : « Marc Antoine a perdu la raison »

À Rome, Octave, le neveu de Jules César, accuse Marc Antoine de trahison : l'amant de Cléopâtre a oublié sa patrie dans les bras de sa maîtresse ; pire ! elle l'a rendu fou. Octave déclare la guerre à Cléopâtre, seule responsable.

La bataille d'Actium

Les troupes d'Octave écrasent celles de Marc Antoine à Actium, en Grèce, en 31 av. J.-C. L'année suivante, le vainqueur prend Alexandrie. Antoine et Cléopâtre se suicident. Césarion est tué. C'est la fin du grand rêve de Cléopâtre. En 27 av. J.-C., Octave se proclame empereur et change son nom en Auguste.

La bataille d'Actium.

UNE OCCUPATION MILITAIRE
L'Égypte est occupée par l'armée romaine : 25 000 légionnaires sont installés dans le pays pour surveiller la population et réprimer toute révolte.

La province d'Égypte

L'Égypte devient une province de l'Empire romain. L'exploitation de ses richesses est surveillée de très près par un préfet nommé par l'empereur. Des citoyens romains sont nommés à tous les postes importants. Les impôts des Égyptiens sont très élevés ; de plus, ils doivent s'acquitter de nombreuses corvées.

Révolte contre l'occupation romaine.

Un système d'apartheid

Les Romains mettent en place en Égypte un système fondé sur la ségrégation raciale : les Égyptiens paient de très lourds impôts alors que les citoyens romains, souvent très riches, ne paient rien du tout. Les mariages entre Romains et Égyptiennes ou Égyptiens et Romaines sont interdits par la loi. Si un Romain a quand même un enfant avec une Égyptienne, celui-ci est systématiquement considéré comme égyptien.

De violentes révoltes

La vie en Égypte devient vite intolérable et de nombreuses révoltes populaires éclatent contre les Romains. Le plus souvent, elles sont réprimées très violemment et se concluent par d'énormes massacres.

Une amélioration au IIIe siècle

Les Romains finissent par adoucir un peu leur domination. En 212, l'empereur Caracalla accorde la citoyenneté romaine à tous les hommes de l'Empire ; mais les paysans égyptiens restent cependant majoritairement des exclus.

Les prêtres sous haute surveillance

Auguste confisque les biens du clergé, sauf quelques petites parcelles de terre, et met fin au concordat établi autrefois entre les Ptolémées et les représentants de la religion égyptienne. Les temples perdent leur indépendance et sont placés sous la surveillance de Rome.

Des cannibales

En 172-173, un prêtre nommé Isidôros soulève les Égyptiens contre l'administration romaine. Il est rejoint par de nombreux paysans pauvres, d'où le nom de révolte « des gardiens de vaches » qu'on donne au soulèvement. Les Romains capturés sont tués et dévorés au cours de repas communs.

Les derniers temples

Quelques travaux sont réalisés dans les temples égyptiens, notamment à Philae et Kom Ombo. Sur les bas-reliefs sculptés à cette époque, on voit les empereurs romains représentés comme des pharaons dans les poses traditionnelles et accompagnés de cartouches qui transcrivent en égyptien leurs noms latins.

Kiosque de Trajan à Philae.

Le judaïsme alexandrin

Alexandre le Grand, protecteur des Juifs.

Attirés par le rayonnement d'Alexandrie, de nombreux Juifs quittent la Palestine pour aller s'installer en Égypte. Ils y développent une civilisation originale.

Alexandre le Grand et les Juifs

Sur la route de l'Égypte, le grand conquérant macédonien traverse la Palestine en 332. Il montre le plus grand respect pour les traditions juives et incorpore de nombreux Juifs dans son armée. Après la prise de l'Égypte, le conquérant les installe à Alexandrie, ville qu'il vient de fonder.

La Bible d'Alexandrie

Des savants juifs participent aux travaux de la bibliothèque d'Alexandrie, grand centre culturel créé par les Ptolémées. Ptolémée II leur confie la traduction en grec de la Bible. C'est la première fois que ce livre est rendu accessible à un large public ; on l'appelle Bible d'Alexandrie ou Bible des Septante à cause des 70 traducteurs nommés par le roi.

Soldats des Ptolémées

Après la mort d'Alexandre, Ptolémée devient le maître de l'Égypte ; il agrandit son territoire en annexant la Palestine. La domination de l'Égypte dans cette région va durer une centaine d'années, jusqu'en 200. Les rois d'Égypte entretiennent de bonnes relations avec les Juifs qui sont nombreux à émigrer à Alexandrie.
Ils servent dans l'armée comme soldats et officiers mais aussi dans l'administration du royaume.

Intérieur de la bibliothèque d'Alexandrie.

Le temple de Léontopolis.

Ils oublient la langue de leurs ancêtres

Si les Juifs d'Égypte continuent à pratiquer leur culte suivant leurs anciennes coutumes, en revanche ils oublient rapidement l'usage de la langue de leurs ancêtres : l'hébreu, langue liturgique, et l'araméen, langue parlée par le peuple. Désormais, ils ne s'expriment plus qu'en grec.

Le temple de Léontopolis

En 200, la Palestine passe sous le contrôle des Séleucides, ennemis des Ptolémées en Asie. Un roi de cette dynastie, Antiochos IV, s'empare des trésors de Jérusalem et persécute les Juifs. Pour y échapper, beaucoup de Juifs fuient en Égypte sous la direction de leur grand prêtre Onias IV. Ptolémée VI leur donne l'autorisation de construire un nouveau temple, reproduisant celui de Jérusalem, à Léontopolis dans le delta du Nil.

Une synagogue actuelle d'Alexandrie.

Un gouvernement spécial

Les Juifs d'Alexandrie, au nombre de 100 000 environ, étaient régis par un gouvernement spécial composé des anciens de la communauté ; il permettait aux Juifs de vivre suivant leurs traditions. Son chef, appelé l'ethnarque par les Grecs, était chargé de représenter les Juifs auprès du roi.

Philon

Philon est le plus grand des écrivains juifs d'Alexandrie. Il écrivit une œuvre philosophique considérable en grec. Sa pensée est une sorte de pont entre les cultures juive et grecque ; elle a aussi beaucoup influencé les premiers chrétiens, nombreux à Alexandrie.

Chrétiens d'Égypte

L'évangéliste Marc aurait fondé la première Église à Alexandrie au milieu du Ier siècle ; mais il faut attendre le IIIe siècle pour que les communautés chrétiennes prennent réellement de l'importance en Égypte.

Les patriarches d'Alexandrie

Le premier évêque, ou patriarche d'Alexandrie, attesté historiquement est Démétrios (180-232). C'était le chef de la communauté chrétienne. Les évêques les plus célèbres sont Athanase (328-373) et Cyrille (412-444).

Tissu copte décoré d'un personnage dansant. Les chrétiens d'Égypte ont produit de très belles tapisseries.

Le Christ accompagné du saint égyptien Ménas.

Philosophes et penseurs chrétiens

Alexandrie devient un centre de réflexion sur la doctrine du Christ ; une école chrétienne, le didascalée, est fondée par le philosophe Pantène vers 180. De grands intellectuels s'y illustrent comme Clément d'Alexandrie et Origène.

Moines et ermites

Certains chrétiens refusent de vivre parmi les hommes ; ils préfèrent se retirer dans le désert où ils pensent pouvoir plus facilement se rapprocher de Dieu. On les appelle les ermites du grec *érêmos* qui veut dire « désert ». Le plus célèbre fut saint Antoine.

La Tentation de saint Antoine

Même dans le désert, l'ermite n'est pas à l'abri des tentations provoquées par le diable. Dans son roman *La Tentation de saint Antoine*, Flaubert raconte que le saint vit défiler sous ses yeux des images de tous les plaisirs du monde auxquels il avait renoncé.

Église copte d'aujourd'hui.

SAINT MARC

Marc est avec Jean, Luc et Matthieu l'un des 4 évangélistes. Il est l'auteur du 2e Évangile et passe pour le fondateur de l'Église d'Alexandrie. Ses reliques ont été transportées à Venise, en Italie.

LES COPTES ET LEUR LANGUE

Les chrétiens d'Égypte sont appelés coptes. Ils sont environ 7 millions aujourd'hui. Leur chef est toujours le patriarche d'Alexandrie. Ils pratiquent leur culte dans la langue copte issue de l'égyptien et écrite dans un alphabet dérivé du grec.

Persécutions

Les chrétiens furent souvent persécutés par les empereurs romains jusqu'à ce qu'en 313 Constantin promulgue son fameux édit de tolérance accordant la liberté des cultes dans l'Empire. Mais rapidement, les anciens persécutés se transformèrent à leur tour en bourreaux.

La fermeture des temples

En 383, l'empereur chrétien Théodose ordonne la fermeture des temples et interdit l'ancienne religion égyptienne. De nombreux temples sont détruits ; d'autres sont transformés en églises. Les derniers hiéroglyphes connus furent gravés en 394. Le christianisme a donc achevé de tuer la civilisation égyptienne depuis longtemps en décadence. La bibliothèque d'Alexandrie disparaît à la même époque.

Détail d'une tapisserie copte : un poisson.

Fanatiques et hérétiques

Aux IVe et Ve siècles, les chrétiens sont désunis et déchirés par d'incessantes querelles religieuses. De nombreux courants s'opposent : chacun accuse les autres de ne pas respecter l'enseignement du Christ et les qualifie d'hérétiques. Le patriarche Athanase est destitué 3 fois en raison de cette véritable guerre de religion entre chrétiens.

Le pharaon

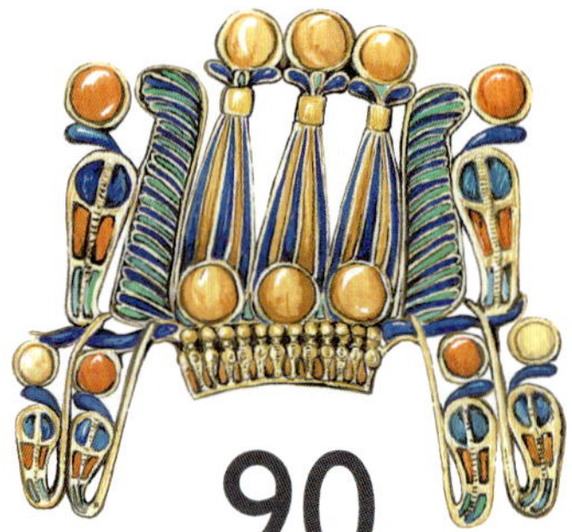

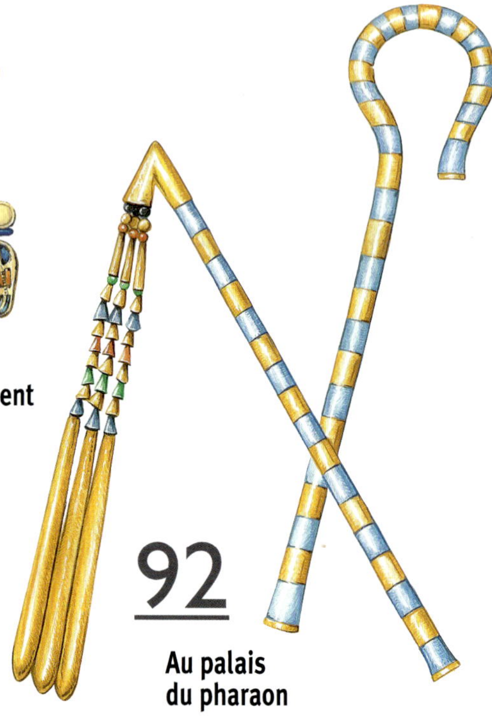

Le pharaon est le maître absolu de l'Égypte ; tout lui appartient : la terre et les hommes. On le considère comme un dieu vivant, incarnation sur terre d'Horus. Au Nouvel Empire, c'est aussi un grand chef militaire qui, debout sur son char, part à l'assaut des ennemis du royaume et mène ses troupes à la victoire.

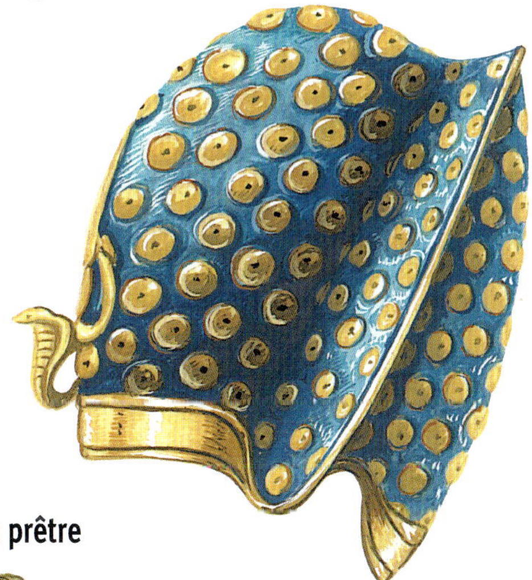

Le pharaon enfant

Le pharaon est un personnage exceptionnel. Il n'est pas né comme les autres enfants ; son origine est divine. Il reçoit une éducation qui le prépare à son futur métier.

Tête du jeune Toutankhamon, émergeant d'une fleur de lotus.

L'origine divine du pharaon

Des prêtres et théologiens inventent des mythes racontant la prétendue origine divine du pharaon. Il s'agit de pure propagande, le plus souvent commandée par le roi lui-même, pour se mettre en valeur. Un des exemples les plus célèbres est celui de la reine Hatshepsout qui proclame sur les murs des temples que son vrai père n'est autre que le dieu Amon en personne : il aurait pris l'apparence de son père Thoutmosis Ier pour entrer dans le lit de sa mère Ahmosis.

Le dieu potier Khnoum modèle le futur pharaon.

Interdit aux moins de 16 ans !

Le récit de la conception d'Hatshepsout est rempli de détails croustillants : la reine Ahmosis, réveillée par l'odeur d'Amon, se met à rire et le dieu, surexcité, s'unit à elle !

La « fabrication » du pharaon

Les bas-reliefs qui accompagnent les textes sur l'origine divine du pharaon nous montrent très précisément comment on imaginait sa création.
Le dieu potier à tête de bélier, Khnoum, modèle l'enfant et son âme, le ka, sur un tour, de la même manière qu'on fabrique un vase. Puis la déesse Heket, la compagne du potier, donne à l'enfant le souffle de la vie.

L'accouchement

Neuf mois plus tard, la reine accouche en présence de nombreux dieux : Amon le père, bien sûr, et la plupart des grands dieux de Haute et Basse-Égypte. On lui donne un nom de naissance qui sera précédé du titre de « fils du soleil » quand il deviendra pharaon.

« Écoute ce que te dit ton père ! »

Le jeune prince est sans doute élevé avec ses nombreux frères et sœurs dans le harem. C'est parfois son père – le vrai ! – qui lui explique les tâches du pharaon et lui donne de nombreux conseils. On a conservé les enseignements de Khéti III (Xe dynastie) à son fils Mérikarê.

Éducation militaire

L'éducation physique est extrêmement importante au Moyen et au Nouvel Empire. Le prince apprend à conduire un char, à s'occuper de ses chevaux ; il s'entraîne au tir à l'arc et à la course. Souvent, il accompagne son père à la chasse et à la guerre.

ALLAITÉ PAR HATHOR

La déesse Hathor devient la nourrice du jeune pharaon ; elle est souvent assistée par le dieu du Nil. Tous 2 incarnent la fécondité et la fertilité.
Des représentations nous montrent le jeune pharaon sous le ventre de la vache Hathor en train de téter le lait de ses mamelles.

La vache Hathor allaitant le jeune pharaon.

UN PARFAIT GUERRIER À 18 ANS

« À 18 ans, le prince avait atteint la plénitude de sa force. Il avait appris tous les travaux de Montou (le dieu de la guerre). »
C'est ce que dit une stèle d'Aménophis III provenant de Gizeh.

Séance de tir à l'arc sur des autruches.

ÉDUCATION SEXUELLE

Séthi Ier envoie très tôt de belles jeunes filles faire l'éducation sexuelle de son fils, comme nous le dit une inscription d'Abydos.

Les 5 noms du pharaon

Le pharaon Séthi Ier et la déesse Hathor (XIXe dynastie).

La titulature pharaonique est l'ensemble des 5 titres que porte un pharaon. Ils introduisent les différents noms du pharaon. Cette titulature est progressivement passée de 1 à 5 noms entre la Ire et la Ve dynastie.

Le nom d'Horus

Sous la Ire dynastie, le nom du pharaon est inscrit dans un cadre rectangulaire appelé *serekh*, dont la partie inférieure est décorée d'une représentation stylisée de la façade du palais royal. Au sommet du *serekh* est perché un faucon, image du dieu Horus et titre officiel du pharaon.

Le nom des « 2 maîtresses »

Un 2e nom était placé sous la protection de 2 déesses, appelées les 2 maîtresses (*nebti* en égyptien) : il s'agit de Nekhbet, déesse vautour de Haute-Égypte, et d'Ouadjit, déesse serpent de Basse-Égypte. Ces 2 maîtresses sont un souvenir de la division de l'Égypte en 2 royaumes avant l'unification par l'Horus Narmer.

« Celui du roseau et de l'abeille »

Le 3e nom de la titulature pharaonique fait aussi référence à la division de l'Égypte avant Narmer. Le roseau, *nesout*, représente la Haute-Égypte, tandis que l'abeille, *bit*, renvoie aux ruches de Basse-Égypte. C'étaient les symboles du sud et du nord du royaume.

L'« Horus d'or »

Le fondateur de la IIIe dynastie, Djoser, ajoute à la titulature royale un 4e nom appelé « Horus d'or », car il est précédé par une représentation du faucon Horus et du hiéroglyphe servant à écrire l'or. Sa signification reste mystérieuse.

Le nom de « fils du soleil »

Les pharaons de la Ve dynastie étaient originaires d'On, Héliopolis en grec, où l'on adorait le dieu du soleil Rê. Les 3 premiers rois de cette dynastie prétendent que leur père n'est autre que le dieu lui-même. Ils introduisent dans leur titulature un 5e nom précédé du titre de « fils du soleil ».

Horus

Fils d'Osiris et d'Isis, Horus est le dieu de la monarchie. Tout pharaon s'identifie à lui et tout roi d'Égypte est un nouvel Horus.

La titulature d'Aménophis III

Pour les Égyptiens, le nom était une partie intégrante de l'être ; aussi prêtait-on une grande attention au choix des noms, et tout particulièrement à ceux portés par le pharaon : leur signification, leur interprétation traduisaient le programme « politique », la volonté profonde du souverain.

1 

L'Horus, taureau puissant qui apparaît radieux avec Maât.

2 

Le *nebti* qui établit les lois et apaise le double pays

3 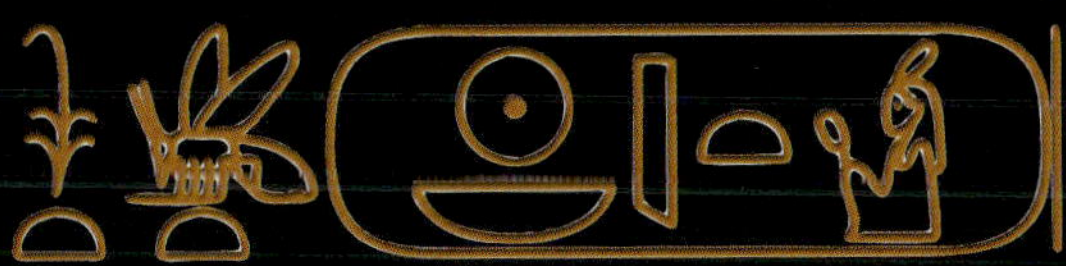

Celui du roseau et de l'abeille, le « seigneur de la concorde universelle ».

4 

L'Horus d'or à la grande puissance qui terrasse les Asiatiques.

5 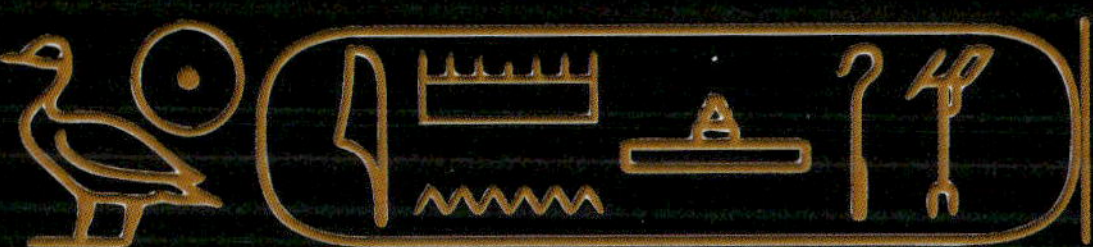

Le fils de Rê, souverain de Thèbes.

LES CARTOUCHES

Le 3e nom, « celui du roseau et de l'abeille », et aussi le 5e, celui de « fils du soleil », sont inscrits dans un cartouche, c'est-à-dire une boucle de forme ovale avec un nœud à la base. Il représente le monde qui appartient au pharaon.

ET PHARAON ?

Le nom « pharaon » nous vient de la Bible ; c'est ainsi que les anciens Hébreux appelaient le roi d'Égypte. Ils ont, en fait, retranscrit le terme égyptien *Per-aa* qui signifie la « Grande Maison » et désigne le palais du pharaon. L'idée du grand palais est étroitement liée à la personne qui y vit ; ainsi, on finit par en donner le nom à son occupant, le pharaon.

Les 3e et 5e noms du pharaon Thoutmosis III (XVIIIe dynastie).

Les couronnes du pharaon

L'URÆUS

Un cobra femelle est visible à l'avant de nombreuses couronnes, juste au-dessus du front du pharaon.
Cette dame serpent protégeait le roi contre ses ennemis. C'était une déesse aux noms divers, personnification de l'œil brûlant du dieu du soleil Rê.

Vautour.

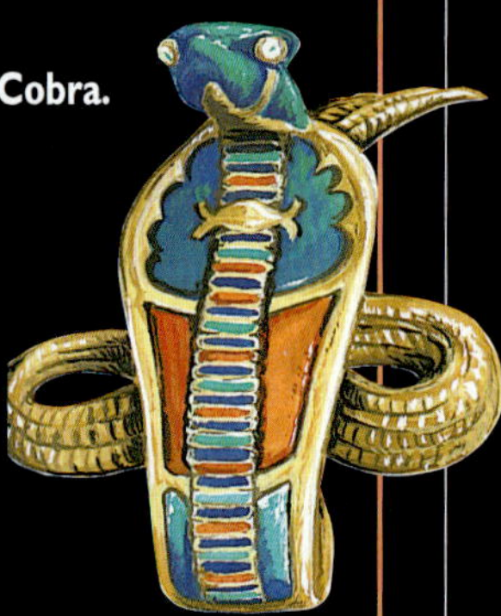

Cobra.

LE VAUTOUR ET LE COBRA

Une tête de vautour, image de la déesse Nekhbet de Haute-Égypte, accompagne parfois le cobra qui représente alors l'emblème d'Ouadjit, déesse du nord du pays.

Le pharaon porte plusieurs couronnes selon les occasions. Sur les mêmes monuments, il est représenté tantôt avec l'une, tantôt avec l'autre.

Aménophis III : sa coiffe est ornée du cobra.

La couronne rouge

Couronne rouge.

La couronne rouge, en égyptien *decheret*, est un casque pourvu d'une barre à l'arrière et d'un ruban métallique en forme de spirale à l'avant. Elle symbolise la Basse-Égypte.

La couronne blanche

C'est un haut bonnet, appelé *hedjet* en égyptien, terminé par une sorte de boule. Il symbolise la Haute-Égypte.

Couronne blanche.

Pschent.

Le pschent

Le pschent est une couronne double, constituée de la couronne blanche et de la couronne rouge imbriquées l'une dans l'autre. Il symbolise la réunion de la Haute et de la Basse-Égypte.

Le *khepresh*

Le pharaon du Nouvel Empire porte aussi très souvent le casque bleu décoré de pois circulaires appelé *khepresh*. Ce couvre-chef est porté par le pharaon lorsqu'il est debout sur son char, à la tête de ses armées au combat ; c'est également une couronne d'apparat.

Khepresh.

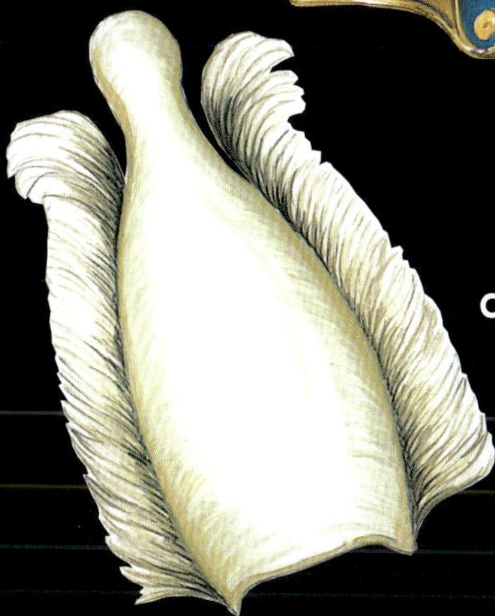

Couronne *atef*.

La couronne *atef*

La couronne *atef* est habituellement portée par le dieu Osiris, mais il arrive que le pharaon s'en coiffe lors de certaines cérémonies religieuses. Elle a la forme d'une couronne de Haute-Égypte à laquelle sont accrochées 2 plumes d'autruche. Elle est parfois surmontée d'un disque solaire ; 2 cornes horizontales de bélier peuvent, en outre, être fixées en bas.

La couronne *hemhemet*

La couronne *hemhemet* est composée de trois *atef* juxtaposées au-dessus de cornes de béliers. Cette couronne très compliquée peut aussi comporter des disques solaires ailés et des scarabées.

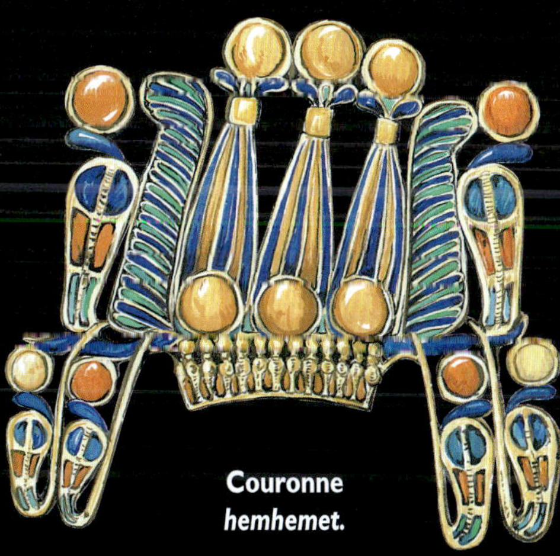

Couronne *hemhemet*.

LE CULTE DES COURONNES

On prêtait aux couronnes pharaoniques rouge et blanche une puissance magique redoutable. C'est pourquoi un culte leur était rendu. On chantait même des hymnes en leur honneur et on les appelait les « 2 magiciennes ».

LE DIADÈME DE TOUTANKHAMON

On a découvert, sur la momie de Toutankhamon, un magnifique diadème orné du serpent et du vautour, emblèmes du nord et du sud de l'Égypte. Il a la forme d'un bandeau en or incrusté de pierres précieuses (cornaline turquoise, obsidienne). Deux rubans droits pendent à l'arrière ; tandis que 2 autres, pourvus d'uræus à leurs extrémités, partent sur les côtés.

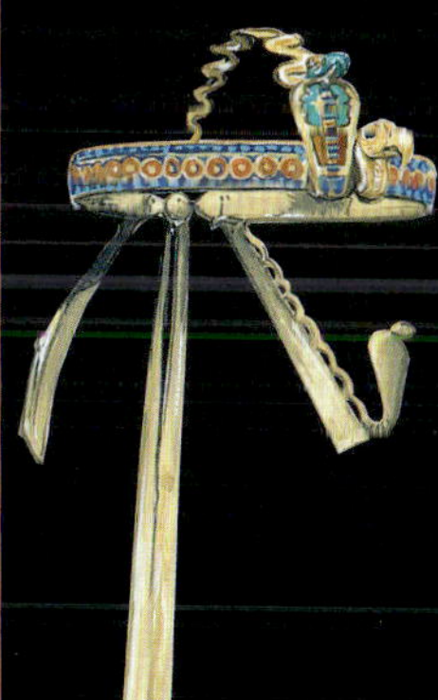

La garde-robe du pharaon

Sceptre *ouas.*

En plus de toutes ses couronnes, le pharaon possède de nombreux attributs et insignes de son autorité et de sa puissance, qu'il partage avec les dieux.

Le sceptre *ouas*

Le pharaon tient parfois un drôle de bâton, le sceptre *ouas*, dont l'extrémité est ornée d'une tête d'animal stylisée. C'est certainement la représentation du terrifiant dieu Seth. Le sceptre *ouas* est le symbole de la toute-puissance du pharaon.

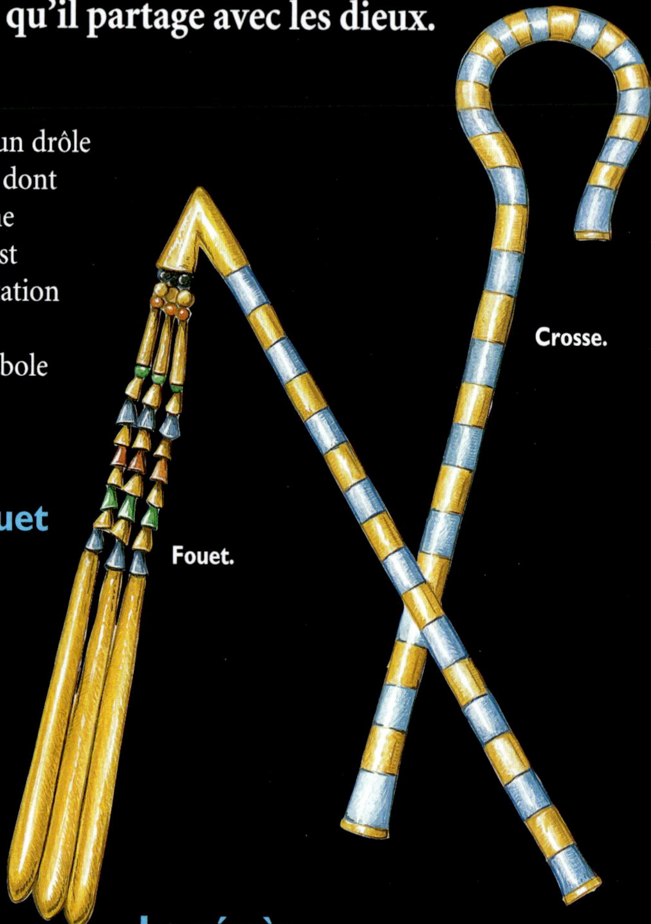

Fouet.

Crosse.

La crosse et le fouet

Le pharaon tient souvent croisés sur sa poitrine un bâton recourbé, ou crosse, appelé *héka*, et un fouet. Ces 2 instruments traduisent son autorité sur le peuple.

Une fausse barbe

Une fausse barbe est souvent attachée au menton du pharaon par des sangles reliées à sa couronne. C'est plus qu'un symbole divin : on lui rend parfois hommage comme à une divinité à part entière.

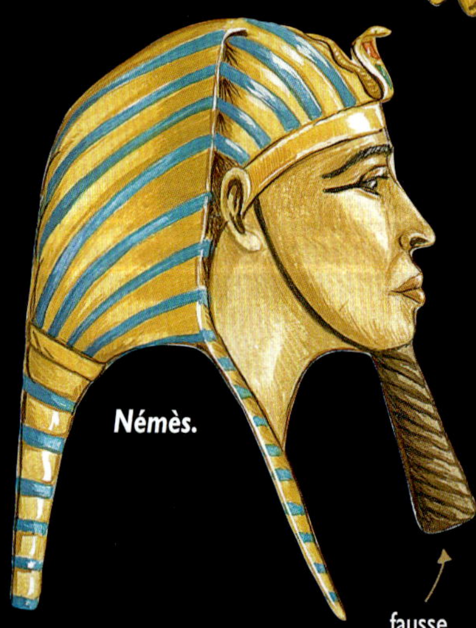

Némès.

Le *némès*

Le *némès* est un voile à rayures qui enveloppe les cheveux et retombe en 2 pans de chaque côté du visage. Il est noué à l'arrière de la tête.

Le pagne royal

Le pharaon porte un pagne souvent magnifique. C'est un morceau d'étoffe de lin blanc, noué autour de la taille, qui descend jusqu'aux genoux. Il est retenu par une large ceinture dorée, richement décorée et incrustée de pierres précieuses.

De plus en plus élégant

Le pagne royal connaît une évolution au Nouvel Empire ; il s'allonge, il devient parfois bouffant ; ses plis se multiplient. Surtout à partir d'Aménophis III, le pharaon recherche davantage d'élégance dans sa tenue. Il ajoute parfois un voile transparent par-dessus son pagne. Cette tenue est reprise ensuite par les Ramsès.

Sandales de Toutankhamon.

Les sandales du pharaon

Le pharaon porte des sandales en bois et en cuir très simples, constituées d'une semelle plate et de 2 lanières croisées. Les sandales de Toutankhamon sont plaquées d'or ; des ennemis de l'Égypte, africains et asiatiques, sont peints sur la semelle intérieure pour que le pharaon les écrase symboliquement à chacun de ses pas.

UNE QUEUE D'ANIMAL À LA CEINTURE

Une queue d'animal est parfois accrochée à l'arrière du pagne du pharaon. C'est un symbole, remontant à l'époque préhistorique, qui traduit la puissance bestiale du pharaon au combat.

Queue d'animal.

PLEIN DE BIJOUX !

Lors des cérémonies, le pharaon est couvert de bijoux d'or et de pierres précieuses : des bracelets, de lourds colliers et même des boucles d'oreilles ; son aspect devait être magnifique et brillant ; il devait ressembler à un dieu.

Le couronnement

Programme des cérémonies

Les Annales de l'Ancien Empire donnent des indications précises sur les principales étapes des cérémonies du couronnement : « Apparition du roi du Sud ; apparition du roi du Nord ; union des 2 terres ; course autour des murailles. »

Présentation des insignes

Une étape des cérémonies du couronnement est consacrée à la présentation au pharaon, par des prêtres, des insignes de sa puissance : la crosse et le fouet, la couronne *atef*, le *khepresh*, des pectoraux et des bijoux.

Cérémonie de la lance.

Le couronnement du pharaon comporte plusieurs cérémonies qui font référence aux 2 régions de l'Égypte, le « double pays ».

Une double couronne

Le pharaon est le roi de Haute et de Basse-Égypte. On retrouve ces 2 régions dans la cérémonie d'intronisation du souverain. Celui-ci se montre 2 fois à son peuple au sommet d'une estrade où est placé le trône. La première fois, il est coiffé de la couronne blanche du Sud et, la seconde fois, de la couronne rouge du Nord. Ensuite, il se montre couronné du pschent, combinaison des 2 couronnes précédentes. Cette cérémonie est appelée « union des 2 terres » dans les Annales de l'Ancien Empire.

La cérémonie de la lance

Au cours de la cérémonie suivante, le pharaon enfonce une lance dans la terre. Des plantes de Haute et Basse-Égypte, le lys et le papyrus, y étaient fixées, symbolisant la réunion du « double pays », grâce à l'action du pharaon.

Cérémonie d'intronisation du nouveau pharaon.

Le roi court

À la fin des cérémonies du couronnement, le nouveau pharaon, coiffé du pschent, se met à courir, sans doute autour des murailles de son palais. Cette épreuve sportive devait prouver au peuple que le souverain possédait les qualités physiques nécessaires à l'exercice du pouvoir.

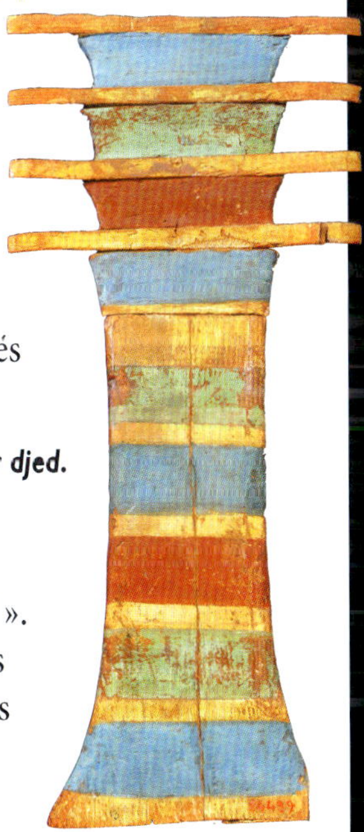

Un pilier *djed*.

Le choix des noms

À partir du couronnement, le nom de naissance du prince est inscrit dans le cartouche précédé du titre de « fils du soleil ». Les 4 autres sont choisis au même moment : ce sont des noms de couronnement. Celui du « roseau et de l'abeille » est le plus couramment utilisé, comme le montrent les lettres royales de la XVIIIe dynastie.

« Jours heureux »

Un texte relatant le couronnement de Ramsès IV évoque les « jours heureux » qui suivirent la cérémonie d'intronisation. Le nouveau pharaon avait fait distribuer des vêtements et des repas aux pauvres ; des condamnés avaient été graciés et libérés.

Le jubilé

L'épreuve de la course était régulièrement répétée pendant le règne du pharaon ; elle devait avoir lieu au moins tous les 30 ans mais, souvent, on la célébrait à des intervalles plus brefs. C'était une sorte de jubilé royal appelé fête « *Sed* ». Elle devait montrer au peuple que le roi était encore en forme pour assurer ses fonctions. Mais les vieux pharaons, comme Pépi II, devaient en fait s'abstenir de ce rite.

Le pilier *djed*

Au moment de la fête *Sed*, le pharaon commençait par dresser un pilier *djed* en tirant lui-même sur la corde, parfois aidé de quelques serviteurs. Ce fétiche, en forme de tronc d'arbre, symbolisait la stabilité du royaume.

Au palais du pharaon

UNE RICHE DÉCORATION

Les palais étaient construits en briques de terre et en bois ; il en reste peu de chose malgré leur taille impressionnante. La décoration intérieure était d'une grande beauté : des peintures multicolores tapissaient les murs ; on a aussi retrouvé des carreaux de faïence.

Le pharaon réside en son palais. Il y réunit chaque jour son conseil, reçoit des visiteurs et exerce son métier de roi.

Anciens palais et nouvelles demeures

Une fois intronisé, le pharaon choisit souvent de s'installer dans le palais de son père, dans la capitale du royaume. Mais certains grands pharaons font construire de nouvelles résidences : Aménophis III à Malgatta, sur la rive gauche de Thèbes, Akhnaton à Akhetaton, Ramsès II à Pi-Ramsès et Ramsès III à Medinet Habou.

Le métier de pharaon

Le pharaon réunit chaque jour ses proches conseillers. Il écoute leurs rapports, lit les lettres reçues, notamment des princes étrangers, et dicte ses réponses. Des archives nous ont révélé certaines des lettres envoyées au pharaon par les rois d'Asie. Ensuite, le pharaon reçoit des visiteurs : des fonctionnaires, des ingénieurs, des architectes responsables de projets de construction. Il accueille aussi les chefs d'expéditions qui reviennent des mines et des carrières du désert ou encore les commandants des navires de retour de voyages en Méditerranée ou en Afrique. Quand il est satisfait, il remercie ses sujets et leur offre de somptueux cadeaux.

Une étiquette rigoureuse

On n'aborde pas le pharaon sans avoir rempli un certain nombre d'obligations. Le visiteur reçu en audience devait commencer par baiser le sol devant son maître en signe de soumission absolue. Si le roi éprouvait de la sympathie pour lui, il l'autorisait exceptionnellement à lui baiser le pied. Le visiteur devait attendre que le pharaon lui donne l'ordre de se relever. Il pouvait alors s'exprimer mais devait obligatoirement commencer son discours par des propos élogieux et vanter la grandeur et les mérites de son maître. Si le pharaon était pressé, il lui demandait d'abréger et d'en venir aux faits.

« La Grande Maison »

L'expression *Per-aa*, « la Grande Maison », sert à désigner le palais. Elle est à l'origine du mot pharaon dans la Bible ; ce qui montre bien l'importance de la demeure royale.

Le balcon d'apparition

Les palais disposaient d'un balcon où le pharaon et sa famille se montraient au peuple. De ce balcon, le maître de l'Égypte pouvait distribuer des récompenses à ses fonctionnaires méritants.

Coffre à vêtements de Toutankhamon.

Sinouhé l'émotif

Sinouhé, héros d'un célèbre conte égyptien du Moyen Empire, est si impressionné par le pharaon assis sur son trône en or qu'il s'évanouit. Un officier doit le ranimer pour qu'il puisse parler au pharaon.

Les occupations royales

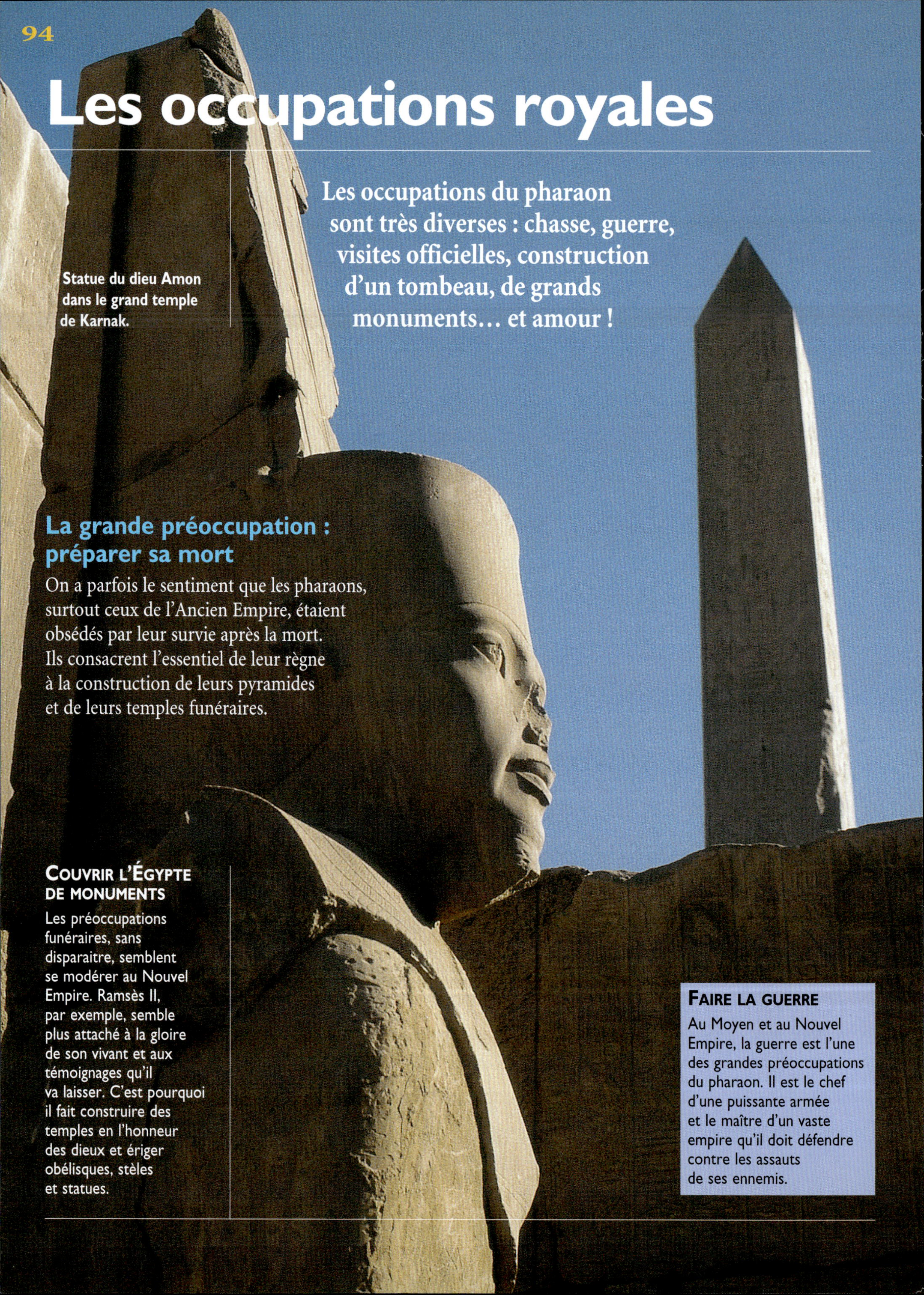

Statue du dieu Amon dans le grand temple de Karnak.

Les occupations du pharaon sont très diverses : chasse, guerre, visites officielles, construction d'un tombeau, de grands monuments… et amour !

La grande préoccupation : préparer sa mort

On a parfois le sentiment que les pharaons, surtout ceux de l'Ancien Empire, étaient obsédés par leur survie après la mort. Ils consacrent l'essentiel de leur règne à la construction de leurs pyramides et de leurs temples funéraires.

Couvrir l'Égypte de monuments

Les préoccupations funéraires, sans disparaitre, semblent se modérer au Nouvel Empire. Ramsès II, par exemple, semble plus attaché à la gloire de son vivant et aux témoignages qu'il va laisser. C'est pourquoi il fait construire des temples en l'honneur des dieux et ériger obélisques, stèles et statues.

Faire la guerre

Au Moyen et au Nouvel Empire, la guerre est l'une des grandes préoccupations du pharaon. Il est le chef d'une puissante armée et le maître d'un vaste empire qu'il doit défendre contre les assauts de ses ennemis.

La chasse

La chasse est un des grands plaisirs du pharaon ; à pied ou sur son char, il tue de ses flèches des quantités de lions, gazelles, antilopes et taureaux sauvages. Au Nouvel Empire, il va parfois chasser le lion ou l'éléphant en Asie.

La reine Ankhesenamon masse avec de l'huile les épaules de son frère et époux Toutankhamon.

Faire des enfants

Le pharaon doit aussi assurer sa succession et donner de nombreux fils à sa grande épouse. Mais il a aussi des enfants avec les autres femmes de son harem. Bien qu'ils soient considérés comme des bâtards, ils peuvent monter sur le trône lorsque le pharaon meurt sans héritier légitime. Ainsi, Thoutmosis III est le fils de Thoutmosis II et d'une danseuse.

S'amuser

Selon ses goûts, le pharaon passe du temps à se distraire avec les femmes de son harem. Il joue avec elles à des jeux de société comme une sorte de jeu de l'oie. Il admire les plus belles, qui dansent dévêtues devant lui ou bien jouent à la balle.

Les visites officielles

Des inscriptions commémorent les visites officielles du pharaon dans son royaume. Depuis son palais, il descendait ou remontait le Nil dans sa grande barque royale, souvent suivi par la reine et la cour. Lors de ses nombreuses escales, il visitait les temples, honorait les dieux, inaugurait de nouvelles constructions et programmait d'autres chantiers. Il se faisait aussi acclamer par le peuple et distribuait des récompenses à ses plus fidèles sujets.

Un dieu vivant

Ptolémée VI, couronné par Nekhbet et Ouadjit.

Le pharaon est considéré comme un dieu vivant ; ce statut divin justifie son pouvoir absolu à ses propres yeux et à ceux de ses sujets.

Le « dieu bon »

Dans les inscriptions des monuments, le pharaon est souvent qualifié de *Nefer Neter*, c'est-à-dire de « dieu bon ». Les textes prétendent que la nature du pharaon est supérieure à celle des hommes et qu'il possède toutes les qualités imaginables. Il s'agit bien sûr d'inscriptions officielles commandées par le roi lui-même et ses proches. Mais la propagande vantant les mérites du pharaon était tellement diffusée et présente partout qu'on peut penser que le peuple, dans son ensemble, y croyait réellement.

Un Horus incarné

Parmi les dieux de l'Égypte, c'est Horus, fils d'Isis et d'Osiris, souvent représenté sous la forme d'un faucon, qui est le protecteur de la monarchie. Chaque pharaon s'identifie donc à ce dieu et se considère comme sa réincarnation terrestre. Horus est d'ailleurs le premier titre du pharaon.

UN DIEU À PART ENTIÈRE

Parfois, le pharaon se considère comme un dieu à part entière. Sésostris III imposa son culte aux Nubiens. Ramsès II considérait qu'il avait 2 natures : l'une humaine, l'autre divine. En tant qu'homme, il lui arrivait ainsi de rendre hommage à sa propre divinité.

Le pharaon Séthi Ier fait une offrande à Isis et Osiris (XIXe dynastie).

Un art officiel

Le pharaon contrôle les ateliers des artistes : peintres, sculpteurs et architectes. Ils ne sont pas libres de le représenter comme ils le désirent mais doivent se conformer à un ensemble de proportions et de règles à suivre, appelé canon. Suivant ce canon, le roi doit toujours apparaître beau, jeune et musclé. Il est représenté très grand comme les dieux. Parfois, on dirait un géant, car les hommes à côté de lui sont figurés en beaucoup plus petit. Ce canon très strict n'a été modifié, semble-t-il, que par Sésostris III et Akhnaton.

Les artistes travaillent à la gloire du pharaon.

Un Osiris après sa mort

À sa mort, le pharaon se confond avec Osiris, le dieu des morts. Il est considéré comme immortel et on croit qu'il continue à vivre dans l'au-delà. Son tombeau, qu'il s'agisse d'une pyramide ou d'un hypogée, doit faciliter l'ascension de son âme. La sépulture est considérée comme une sorte de tremplin vers l'autre monde.

Des attributs divins

Le pharaon partage avec les dieux le droit de porter certains attributs divins : la fausse barbe, le pschent, les couronnes *atef* et *hemhemet*.

Le pharaon prêtre

Shabaka, sauveur du papyrus sacré

En visite au temple de Ptah à Memphis, le pharaon Shabaka (XXVe dynastie) découvre que des vers se sont attaqués à un papyrus sacré racontant la création du monde et les exploits d'Horus. Aussitôt, il ordonne de graver ce qui reste du texte sur un bloc de granit afin de le conserver pour les générations suivantes.

Respecte tes dieux comme tes parents !

La piété du pharaon envers les dieux rappelle le respect, cher aux Égyptiens, d'un fils envers ses parents. Le pharaon partage avec les dieux leur nature surhumaine, mais il leur est soumis.

En tant que dieu vivant, le roi joue également un rôle prépondérant dans le déroulement des fêtes religieuses en l'honneur des grandes divinités. Il se charge aussi du culte funéraire de ses prédécesseurs.

Un pharaon très pieux

Les bas-reliefs des temples nous montrent le pharaon répétant sans cesse les mêmes gestes d'adoration envers les dieux de l'Égypte. Il est le principal prêtre du royaume ; il offre de l'encens, des libations et de la nourriture aux statues divines. Il fait construire de nouveaux sanctuaires et restaure les anciens temples. Il ordonne aussi de recopier les textes sacrés pour qu'ils ne soient jamais oubliés. Pendant tout son règne, le pharaon est le défenseur de la religion égyptienne.

Le culte funéraire

Le pharaon se charge des funérailles de son prédécesseur. Il prend aussi des dispositions pour que soit assuré le culte funéraire des anciens souverains. Une stèle de Pépi Ier (VIe dynastie) montre que, sous son règne, les pyramides de la IVe dynastie étaient encore entretenues. D'autres stèles révèlent que le culte de certains pharaons de l'Ancien Empire était encore pratiqué au Moyen Empire.

Le pharaon et les prêtres

Au Nouvel Empire, le pharaon ménage ses relations avec le puissant clergé d'Amon à Thèbes. Son chef, le grand prêtre, joue un rôle déterminant quand se pose le problème de la succession du roi défunt. Hatshepsout s'installe sur le trône avec le soutien du grand prêtre qui la fait passer pour la fille naturelle du dieu Amon. Après elle, Touthmosis III, Toutankhamon et Horemheb deviennent pharaons grâce à l'appui du clergé thébain. Enfin, à la mort de Ramsès XI, les grands prêtres de la XXIe dynastie n'hésiteront pas à prendre eux-mêmes la titulature royale.

Le rite de l'ouverture de la bouche

Sur une peinture murale du tombeau de Toutankhamon, on voit le nouveau pharaon Aï en train de pratiquer le rite de l'ouverture de la bouche sur la momie du souverain défunt. Par cette action, Aï donne symboliquement un nouveau souffle à son prédécesseur. Il porte le *khepresh* pharaonique ainsi que la peau de léopard du haut clergé : il est à la fois pharaon et prêtre.

Le pharaon brûle de l'encens et fait des offrandes aux dieux. À gauche, on reconnaît Osiris assis sur son trône. La déesse Isis se tient debout derrière lui.

Le pharaon guerrier

Pharaon du Nouvel Empire, coiffé du *khepresh*.

Le pharaon est aussi le commandant en chef de l'armée égyptienne. Cette fonction, secondaire sous l'Ancien Empire, devient primordiale au Moyen et au Nouvel Empire.

Les pharaons de l'Ancien Empire boycottent l'armée

Le pharaons de l'Ancien Empire partent rarement à la guerre à la tête de leur armée. Ils préfèrent rester dans leur palais et s'adonner à leurs occupations quotidiennes. Les expéditions militaires pour maintenir l'ordre aux frontières du royaume sont confiées à des officiers nommés par la Cour.

La guerre au Moyen Empire

Au Moyen Empire, la guerre devient l'une des principales occupations du pharaon. Mentouhotep (XIe dynastie) lutte victorieusement contre son rival Mérikarê et honore tout particulièrement Montou, dieu de la guerre. Ensuite, le grand pharaon Sésostris III (XIIe dynastie) se constitue par les armes un puissant empire. Le pharaon est le général en chef de l'armée égyptienne qu'il mène au combat et commande personnellement.

Toutankhamon sur son char massacrant des Nubiens.

Les pharaons soldats au Nouvel Empire

C'est le Nouvel Empire qui offre le plus d'exemples de pharaons qui sont aussi de grands soldats : on pense surtout à Thoutmosis III, le plus grand des conquérants égyptiens, mais aussi à Ramsès II, malgré ses succès limités, et à Ramsès III, grand vainqueur des Peuples de la mer coalisés contre l'Égypte. Plusieurs pharaons ont mené une brillante carrière militaire avant de monter sur le trône. Horemheb, Ramsès Ier et Séthi Ier étaient « chefs des archers », c'est-à-dire généraux, sous leurs prédécesseurs.

Un prisonnier attaché.

Les Ptolémées et la guerre

Les premiers Ptolémées, rois d'origine grecque, renouent avec la tradition qui fait du pharaon un chef militaire. Ptolémée Ier repousse héroïquement une tentative d'invasion de l'Égypte par un de ses rivaux en 321 ; à cette occasion, il aurait tranché lui-même la trompe d'un éléphant qui l'attaquait. Ptolémée III (245-221) est un véritable conquérant qui mène son armée jusqu'en Mésopotamie (Irak actuel), comme autrefois le grand Thoutmosis III. Ptolémée IV, enfin, commande personnellement son armée à la bataille de Raphia, en 217 ; mais c'est son seul « exploit » militaire : il passera le reste de sa vie dans le luxe de son palais d'Alexandrie.

« Le souverain des Neuf Arcs »

Le pharaon est souvent appelé « souverain des Neuf Arcs ». Ces « Arcs » représentent en fait les armes de 9 peuples étrangers soumis par le pharaon : Nubiens, Libyens et habitants des oasis occidentales, peuples du Nord et du Proche-Orient. Les « Neuf Arcs » sont souvent représentés sous les pieds du pharaon pour montrer que le monde entier est soumis à son autorité. Ils sont peints sur les semelles intérieures des sandales de Toutankhamon ou encore gravés en relief sur le tabouret où le pharaon reposait ses pieds. Il pouvait ainsi symboliquement fouler aux pieds ses ennemis.

Massacres publics

Le pharaon vainqueur massacre en public les chefs ennemis capturés au combat. Sur de nombreuses représentations, on le voit abattre d'un coup de massue un ou même plusieurs ennemis simultanément, qu'il empoigne tous par les cheveux.

L'armée du pharaon

Les 4 armées de Ramsès

Ramsès II donne des noms de dieux à ses armées : Amon, Rê, Ptah et Seth.

Le décompte des ennemis tués

Pour compter précisément le nombre d'ennemis tués au combat, le pharaon faisait couper la main droite ou le sexe de chaque cadavre.

Avant la XVIIIe dynastie, le pharaon n'a pas d'armée régulière ; des troupes sont recrutées avant les expéditions et démobilisées après. Une puissante armée de métier est créée par les pharaons du Nouvel Empire.

Des armées recrutées pour les grandes occasions

Sous l'Ancien et le Moyen Empire, les pharaons ne disposent pas d'une armée régulière : les seules troupes permanentes sont celles qui assurent la garde du palais et la police. Des hommes étaient recrutés par les gouverneurs des nomes parmi les paysans, pour des opérations ponctuelles. Chaque région pouvait fournir 400 à 600 soldats, ce qui devait faire un total de 20 000 hommes.

Forteresse syrienne exposée aux terribles flèches du pharaon.

L'armée au Nouvel Empire

Une véritable armée de métier est créée sous la XVIIIe dynastie. Sous Horemheb, elle est divisée en 2 grands corps, de 20 000 hommes environ chacun, répartis en garnisons : l'un en Basse-Égypte, l'autre dans le sud du pays. Séthi Ier, quelques années plus tard, possède 3 armées, soit à peu près 60 000 soldats. Ramsès II, son successeur, en crée une quatrième. Avec la garde royale et les troupes étrangères enrôlées comme mercenaires, le pharaon devait alors commander pas loin de 100 000 hommes.

Lance.

Épée.

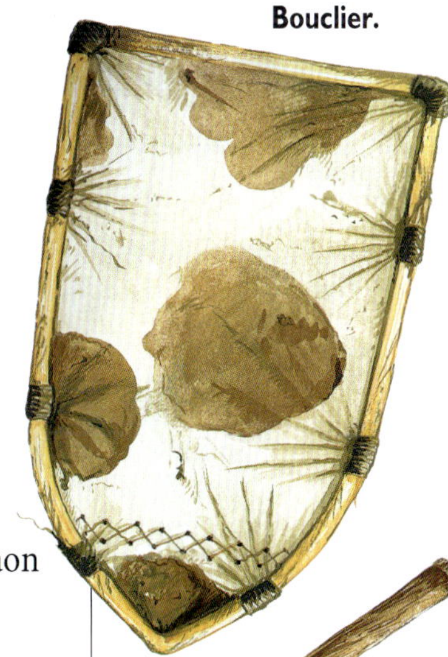

Bouclier.

Les mercenaires

À partir de la XIXe dynastie, le pharaon recrute aussi des soldats étrangers, notamment des Nubiens et des Libyens. Les rois saïtes (XXVIe dynastie) engagent de nombreux Grecs. L'armée perd alors son caractère national. Elle ne le retrouvera qu'à partir de Ptolémée IV.

Ramsès II massacrant les ennemis de l'Égypte en présence du dieu Amon.

Un armement très simple

L'armement des soldats du pharaon est relativement simple : arcs et flèches pour l'infanterie légère ; lances, massues et boucliers en bois et cuir pour l'infanterie lourde. Les pointes étaient en cuivre sous l'Ancien Empire, en bronze à partir du Moyen Empire. Sous les Ramsès, les Égyptiens reprennent parfois les cottes de mailles de leurs ennemis du Proche-Orient. Les armements de fer et les casques sont introduits tardivement et réservés tout d'abord aux mercenaires shardanes puis grecs (XXVIe dynastie). À partir de Ptolémée IV, les Égyptiens incorporés dans l'armée portent la tenue militaire macédonienne : casque en fer, bouclier et longue lance.

Massue.

LA CAVALERIE DES CHARS

Les chars ont été introduits en Égypte par les Hyksôs. Ils sont tirés par 2 chevaux et montés par 2 hommes : l'un se bat, l'autre tient les rênes. Les pharaons du Nouvel Empire possèdent plusieurs escadrons de chars ; c'est la partie la plus redoutable de l'armée égyptienne.

Le char du pharaon au Nouvel Empire.

L'armée des Ptolémées

La dernière grande armée de l'Égypte antique est celle des Ptolémées. Elle était composée de Macédoniens, de Grecs, de Juifs et, à partir de Ptolémée IV, d'Égyptiens. À la bataille de Raphia, en 217, ce souverain aligna environ 70 000 hommes.

Les Égyptiennes

Alors que la plupart des peuples antiques ont exclu les femmes de la société, les Égyptiens les considéraient comme les égales des hommes. Les Égyptiennes avaient leur indépendance. Elles étaient aussi très belles et coquettes.

Les droits des femmes

Contrairement aux autres grandes civilisations de l'Antiquité, l'Égypte pharaonique a accordé aux femmes une place très importante dans la société. Les Égyptiennes avaient notamment le droit de posséder des biens, de choisir leur mari et de divorcer.

L'égalité des sexes

Pour les Égyptiens anciens, la femme est l'égale de l'homme. C'est un statut unique dans le monde antique que l'on peut mettre en relation avec les croyances religieuses des habitants de la vallée du Nil ; ils vénéraient des dieux masculins autant que des déesses et pensaient que la création de l'univers avait nécessité l'intervention d'un principe féminin. L'égalité des sexes reposait aussi plus simplement sur la considération qu'il faut être 2 pour former un couple et avoir des enfants. C'était une évidence au pays des pharaons.

Des femmes indépendantes !

L'Égyptienne n'est pas traitée en éternelle petite fille, en mineure qui doit sans cesse être protégée par son père puis son mari, comme cela se faisait en Mésopotamie, en Grèce et souvent même à Rome. Dès son adolescence, elle peut librement acheter et posséder des biens. À la mort de ses parents, elle reçoit à égalité avec ses frères une part de l'héritage. La même justice et les mêmes peines s'appliquent aux 2 sexes : un papyrus nous rapporte qu'une villageoise et son mari, condamnés pour diffamation, reçurent tous 2 des coups de bâton.

Jeune Égyptienne coiffée de longues boucles (Nouvel Empire).

J'accuse Papa !

Un papyrus juridique du Nouvel Empire nous montre une fille en procès contre son propre père. Il s'était remarié et voulait la priver de sa part d'héritage au profit des enfants qu'il avait eus de sa seconde femme. On ne sait si notre jeune Égyptienne a gagné son procès ; c'est vraisemblable.

« Femme d'affaires » achetant un troupeau.

Un mariage à la campagne.

LA MAÎTRESSE DE LA MAISON

L'épouse est la seule maîtresse légale de la maison. Elle gère elle-même son patrimoine et ses biens propres, tout en prenant des décisions pour la vie du ménage : achat, vente, location de biens, de matériel et d'esclaves. Il lui arrive de signer sous sa seule responsabilité des conventions avec d'autres femmes ou des hommes.

Le mariage

La jeune fille peut choisir son mari à condition de se présenter vierge le jour de son mariage et d'obtenir le consentement de son père. La cérémonie peut alors avoir lieu. C'est une fête qui ne nécessite la présence d'aucune autorité politique ni religieuse : en Égypte, on ne se marie « ni à la mairie, ni à l'église » ; le mariage est une affaire privée et profane. Une fois mariée, l'épouse doit être fidèle à son mari. C'est la seule véritable différence par rapport à son époux qui peut sans risque multiplier les « aventures » avec ses esclaves.

Le divorce

La séparation des époux peut être prononcée à la demande d'un seul des conjoints. Le plus riche des 2 doit alors fournir de l'argent à l'autre ; le montant de cette « pension alimentaire » mensuelle est inscrit dans une convention contresignée par un scribe. Les causes du divorce sont multiples : mésentente et stérilité de la femme notamment. Seul l'adultère de l'épouse est très sévèrement puni. En théorie, la coupable pouvait être jetée aux crocodiles ; mais le plus souvent, on privilégiait les solutions à l'amiable.

L'épouse adultère pouvait être jetée aux crocodiles.

Le culte du corps

Pince à épiler.

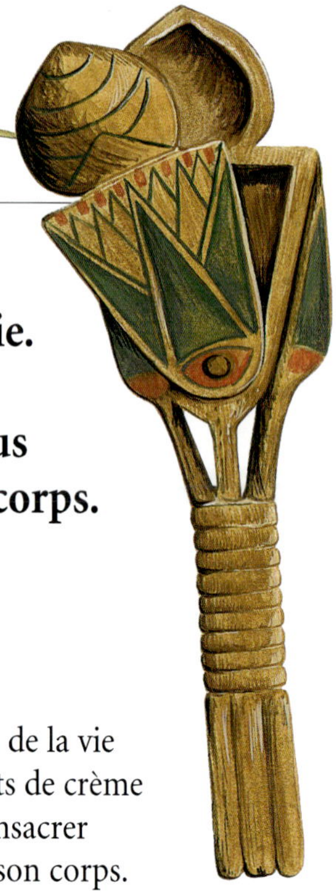

Pot à fard.

Les Égyptiennes étaient réputées dans l'Antiquité pour leur coquetterie. De nombreux témoignages nous montrent qu'elles accordaient la plus grande attention aux soins de leur corps.

Élégante Thébaine vêtue d'une robe ample (Nouvel Empire).

Témoignages archéologiques et papyrus

On peut imaginer la toilette et les soins quotidiens d'une Égyptienne noble à partir des nombreux objets de la vie courante découverts dans les tombeaux : rasoirs, pots de crème et de maquillage, pinces à épiler, etc. Elle devait consacrer beaucoup de temps à la beauté de son visage et de son corps.

Des soins corporels quotidiens

Tous les jours, l'Égyptienne prend un bain et se frotte le corps avec de la cendre et du sel, car le savon n'existe pas encore. Les plus riches sont aidées par des servantes qui les massent et leur versent de l'eau sur la tête. Sortie du bain, la femme enduit sa peau d'huile de lin adoucissante et se rase les jambes et les bras, parfois le sexe et le crâne, avec un couteau métallique ou un silex. Puis, avec une pince à épiler, elle enlève les derniers poils disgracieux notamment les cils et sourcils, trop longs à son goût. Une peau parfaitement lisse relevait d'un idéal autant esthétique qu'hygiénique : c'était le plus sûr moyen d'éliminer les poux et autres parasites.

POUR LA PEAU

Des papyrus donnent la composition de certains cosmétiques et énumèrent leurs effets bénéfiques pour le corps. L'un d'eux mentionne une crème antirides composée de cire, noix et coquillages.

SOINS DENTAIRES

On se frottait les dents avec une tige de roseau enduite de dentifrice à base de racines. Pour que l'haleine soit impeccable, on mâchonnait une pastille parfumée à la cannelle ou à l'encens.

Scène de coiffure.

Tube à khôl.

Épingle.

Belle Égyptienne du Nouvel Empire. Sa longue chevelure bouclée se termine en petites tresses.

Les cheveux

Les riches portaient sur leur crâne rasé des perruques constituées d'au moins 120 000 cheveux naturels. Certaines étaient longues et descendaient très bas dans le dos, alors que d'autres, courtes et arrondies, laissaient les épaules complètement dégagées. Mais, dans tous les cas, c'étaient des coiffures abondantes et volumineuses. Les cheveux, d'un noir profond – sauf quelques exemples de perruques rouges ou jaunes –, étaient toujours bouclés, tressés ou noués en longues nattes ; sur certaines peintures, des femmes nous donnent l'impression d'avoir des serpents sur la tête ! Pour qu'ils sentent bon, on imprégnait les cheveux de parfum, on portait des couronnes de fleurs et, lors des banquets, on plaçait au sommet de sa tête une boule de graisse odoriférante qui fondait lentement et dégoulinait entre les tresses.

Peigne.

Chevelures naturelles

Les femmes qui avaient choisi de conserver leur chevelure naturelle, les plus jeunes et les moins riches – les perruques étaient très chères –, lui accordaient des soins quotidiens : lavage, démêlage, application d'huiles parfumées.

Jeune Égyptienne en train de se maquiller.

Le maquillage

Les Égyptiennes se maquillent surtout les yeux pour rendre leur regard plus intense et langoureux. Le contour des yeux est encerclé de khôl ; une ligne prolonge souvent l'œil en direction des cheveux ; parallèlement, les sourcils sont allongés par un trait de fard. Deux couleurs étaient utilisées, parfois associées : le vert de malachite et le gris sombre de galène. Le rouge à lèvres et les tatouages à base de cendre sont généralement réservés aux prostituées.

La composition des fards

L'analyse des maquillages retrouvés dans les tombes révèle la présence de minerais de plomb comme la galène et la cérusite, mais aussi la laurionite et la phosgénite qui se forment uniquement par oxydation au contact de l'eau. Les Égyptiens possédaient donc un grand savoir en chimie.

Pot à fard en forme de hérisson.

Vêtements et bijoux

Noble thébaine
du Nouvel Empire.

La principale fonction des vêtements et des parures était, non de couvrir le corps de la femme, mais de mettre en valeur ses formes et ses contours. Libres et égales de l'homme, les Égyptiennes pouvaient aussi s'affirmer dans toute la splendeur de leur féminité.

Un idéal de beauté

Les peintures égyptiennes nous montrent des femmes qui n'ont rien à envier aux top models de nos magazines d'aujourd'hui. Sans doute, ces images sont-elles embellies, mais elles nous révèlent un idéal de beauté. Contrairement aux Grecques et aux Romaines, plutôt rondes et potelées, les Égyptiennes rêvaient d'être grandes et sveltes. On appréciait plus que tout les jambes longues, minces et sans mollets, les tailles très fines, les fesses rebondies, les petits seins, les bras graciles et les mains délicates aux doigts effilés.

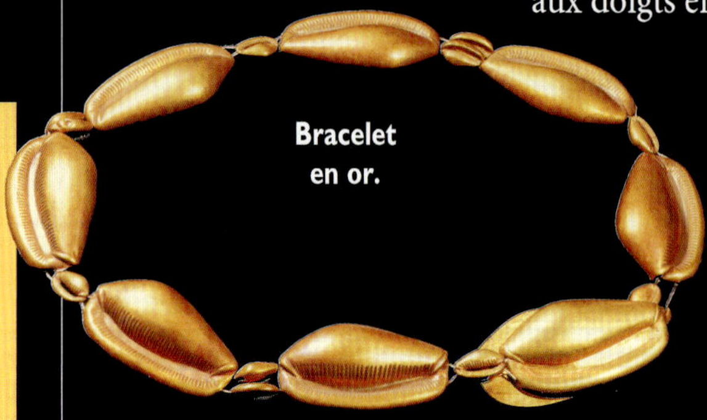

Bracelet
en or.

Statuette
d'une Égyptienne.
On remarque
la finesse de la taille
par opposition
à la rondeur
des cuisses.

Un vrai mythe !

Les images de belles Égyptiennes découvertes à partir du XIXe siècle ont fait rêver de nombreux écrivains et artistes, de Pouchkine à Gautier, en passant par les peintres orientalistes, Klimt, Moreau, et même Gauguin. Dans ces œuvres, l'Égyptienne apparaît comme une femme exotique et sensuelle, parfois cruelle.

Hygiène et sport

L'idéal de beauté des Égyptiennes supposait une véritable hygiène alimentaire, mais aussi quelques exercices réguliers, des danses et des acrobaties, pour conserver au corps toute sa souplesse. Ces pratiques sportives devaient néanmoins se limiter à une simple « remise en forme », car aucun muscle ne devait apparaître, si l'on en juge d'après les peintures.

La robe moulante de l'Ancien Empire

À partir de l'Ancien Empire, le vêtement le plus courant est une robe légère en lin blanc, retenue par 2 bretelles sur les épaules, et descendant de la taille jusqu'aux chevilles. C'était une gaine très fine et moulante ; les femmes devaient sans doute faire de petits pas pour ne pas tomber en marchant. Les seins étaient libres : on ne connaissait pas l'usage du soutien-gorge.

Robe moulante.

Robe plissée.

La robe plissée à manches du Nouvel Empire

Au Nouvel Empire, on voit apparaître d'amples robes plissées, toujours en lin blanc, nouées sous les seins et pourvues de larges manches qui descendent jusqu'aux coudes. Très transparentes et fendues sur toute leur longueur, elles laissent entrevoir les jambes et même le nombril.

Les bijoux

Contrairement aux robes, les bijoux égyptiens sont d'une diversité impressionnante. Les fouilles archéologiques ont révélé de nombreux colliers, parfois très lourds, des bracelets pour les poignets comme pour les chevilles, des bagues, des boucles et des clous d'oreilles. La plupart sont en or ou en argent et sertis de pierres : améthyste, cornaline, jaspe, turquoise, lapis-lazuli. Souvent, la décoration reprenait comme motifs les amulettes et symboles divins les plus célèbres : scarabées, croix de vie, œil de Rê.

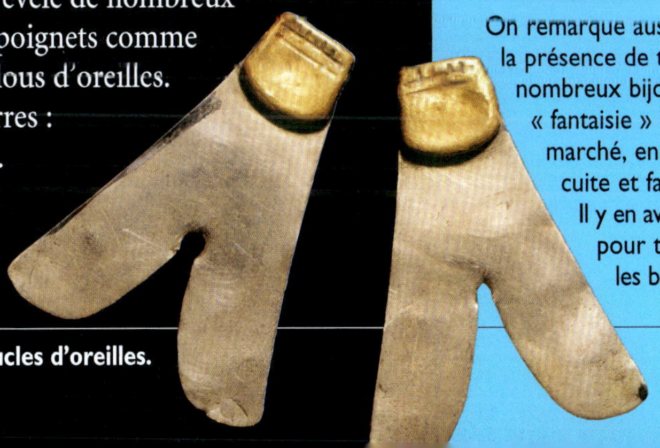

Boucles d'oreilles.

DES ROBES TRÈS « SEXY »

Les tenues vestimentaires des Égyptiennes ne sont pas très variées, mais toutes ont pour effet de mettre en valeur les formes et la féminité de celles qui les portent.

PAS DE CHAUSSURES !

Les Égyptiennes marchaient pieds nus à la maison et portaient des sandales légères pour sortir. Elles ne disposaient pas de nombreux modèles de chaussures, avec toutes sortes de talons et de semelles, comme les femmes d'aujourd'hui.

Bracelet.

DES BIJOUX « FANTAISIE »

On remarque aussi la présence de très nombreux bijoux « fantaisie » bon marché, en terre cuite et faïence. Il y en avait donc pour toutes les bourses !

La reine d'Égypte

La reine ou grande épouse royale est la plus importante des femmes du pharaon. Elle joue un rôle religieux mais parfois aussi politique comme régente de son fils.

Des sœurs épouses

La reine a pour fonction de mettre au monde l'héritier au trône et de transmettre le sang royal qui est aussi considéré comme un sang divin. Pour appliquer ce principe, le pharaon prend souvent pour grande épouse royale l'une de ses sœurs et parfois même l'une de ses filles en secondes noces. Il ne s'agit pas de mariages d'amour : la pratique de l'inceste et des unions consanguines devait constituer la démonstration la plus évidente de la nature divine du roi et de sa famille : les lois humaines ne s'appliquent pas aux dieux qu'ils sont !

La reine prêtresse

La grande épouse royale accompagne son mari à l'occasion de toutes les grandes manifestations religieuses. Elle est considérée comme l'incarnation de la déesse Mout et l'épouse terrestre du dieu Amon. C'est pourquoi, parmi ses titres, elle porte celui d'« épouse du dieu », à partir du début de la XVIIIe dynastie ; ce titre correspond, dans les faits, à la fonction de grande prêtresse du dieu Amon de Thèbes.

Statue de la reine Touy, mère de Ramsès II.

Thoutmosis IV et sa mère, la reine Touia.

Régentes et mères adorées

À la mort du pharaon, la reine devient régente si son fils est en bas âge. Elle peut alors jouer un rôle politique extrêmement important jusqu'à la majorité du jeune roi. C'est ainsi que de nombreux pharaons ont voulu tout spécialement rendre hommage à leur mère. Kheops fait enterrer sa mère Hétephérès à côté de sa propre pyramide à Gizeh ; on y a retrouvé un très riche mobilier aujourd'hui exposé au Musée du Caire. Ahmosis, fondateur de la XVIIIe dynastie, fait ériger une stèle à Karnak pour vanter les mérites de sa mère Ahhotep Ire qui avait assuré la régence et joué un rôle politique, militaire et diplomatique remarquable en des instants très difficiles pour le royaume. Thoutmosis IV se fait représenter aux côtés de sa mère Touia.

La reine Touy, mère de Ramsès II

La reine Touy, grande épouse de Séthi Ier, est la mère de Ramsès II. Comme elle était beaucoup plus jeune que son mari, elle lui survécut au moins 22 ans. Pendant ces années, elle exerça une forte influence sur son fils devenu pharaon ; elle l'incita sans doute à faire la paix avec les Hittites. Le jeune Ramsès lui vouait une véritable vénération : il édifia pour elle un sanctuaire à Thèbes, à côté de son propre temple funéraire. Il lui fit aussi élever de nombreuses statues qui la représentent toujours belle, jeune et souriante.

Des mariages diplomatiques

Le pharaon peut épouser une princesse étrangère, comme Thoutmosis IV qui se marie avec une fille du roi du Mitanni après avoir conclu un traité de paix avec lui. Cette reine orientale est certainement la mère d'Aménophis III.

Des mariages d'amour

Certains pharaons épousent des filles de la noblesse, sans doute par amour, comme Aménophis III séduit par la très belle Tiyi. Mais ces mariages devaient passer pour bien plus provocants que les unions consanguines ou avec des filles de rois étrangers.

Reine du Nouvel Empire coiffée d'une perruque surmontée d'une dépouille de vautour.

Reine de l'Ancien Empire tenant une fleur de lotus.

Des habits de déesse

Le costume des reines au Nouvel Empire est en étroite relation avec leur statut divin : elles portent sur une lourde perruque tressée une dépouille de vautour, emblème de Mout, surmonté de 2 hautes plumes qui imitent les rémiges du rapace. Les images des reines sont toujours d'une très grande beauté : l'épouse du pharaon et du dieu doit à tout moment charmer ses époux, le terrestre et le céleste. Les textes hiéroglyphiques qui accompagnent ces représentations chantent la louange de la reine qualifiée de « merveille » ou encore de « maîtresse de charme ».

La fille d'Amon

Tête de la reine Hatshepsout.

Bas-relief représentant Hatshepsout en pharaon.

La première grande reine d'Égypte fut Hatshepsout. Après avoir écarté du trône son beau-fils Thoutmosis III, elle régna pendant 22 ans (1505-1484).

Un pouvoir exceptionnel

Le pouvoir absolu d'une reine est exceptionnel en Égypte. Il est le plus souvent la conséquence de l'absence d'héritier légitime pour le trône ou du jeune âge du nouveau pharaon. Ces 2 éléments se rejoignent dans le cas d'Hatshepsout. Le pharaon Thoutmosis II, son époux, ne laisse à sa mort qu'un jeune fils bâtard qu'il a eu d'une danseuse de son harem : Thoutmosis III. L'enfant devient officiellement roi, mais, en réalité, c'est sa belle-mère qui dirige le royaume.

Le soutien des prêtres d'Amon

Comme elle ne veut pas renoncer à son pouvoir, Hatshepsout fait enfermer Thoutmosis III dans le temple d'Amon à Karnak, sous la surveillance des prêtres. Le puissant clergé du dieu de Thèbes la soutient. Hapouseneb, le grand prêtre, est un de ses fidèles partisans. En récompense de sa loyauté, elle lui permet de cumuler ses fonctions religieuses avec celles de vizir. C'est Hapouseneb qui conseille à sa souveraine de s'appuyer sur la religion pour affermir son pouvoir.

La reine Hatshespsout et le grand prêtre Hapouseneb.

« Mon papa, c'est Dieu »

Grâce à une légende inventée par les prêtres, Hatshepsout affirme qu'elle est la fille du dieu Amon : son vrai père n'est pas Thoutmosis ; c'est le dieu Amon lui-même qui s'est glissé dans le lit de sa mère Ahmosis pour la féconder.

Le temple funéraire d'Hatshepsout à Deir el-Bahari.

Hatshepsout n'aime pas la guerre

La reine assura 22 ans de paix à l'Égypte ; jamais elle n'a mené une expédition militaire. Elle ne semble pas avoir confiance en son armée. Elle préfère les prêtres et la religion, et surtout le dieu Amon pour lequel elle fait dresser à Thèbes 2 obélisques de 29 m de haut, taillés dans un seul bloc de granit. Elle fait aussi construire en l'honneur de son divin père un sanctuaire qui devait lui servir de temple funéraire où ses descendants pourraient lui rendre un culte après sa mort. On peut toujours admirer ce monument à Deir el-Bahari, sur la rive occidentale du Nil près de Thèbes.

Le temple de Deir el-Bahari

Senmout, architecte et ami de la reine, est chargé des travaux. Il édifie un magnifique sanctuaire constitué de 3 terrasses superposées, orné de sphinx et de statues de la reine. Hatshepsout envoie une expédition maritime au pays de Pount dont les étapes sont racontées sur les bas-reliefs du temple : on voit le départ des marins, leur découverte de l'Afrique sauvage, leur marchandage avec le roi de la contrée et son épouse, puis le retour de la flotte chargée d'encens, d'arbustes exotiques, de singes et de panthères. Les aromates devaient servir au culte d'Amon ; les plantes et les bêtes allaient agrémenter un beau jardin, véritable petit Pount, que Senmout avait aménagé près du temple.

Madame le pharaon

Beaucoup de statues et de représentations d'Hatshepsout cherchent à faire oublier qu'elle était une femme. Elle porte souvent des vêtements masculins et même une barbe postiche.

Senmout, mon amour

Senmout était aussi l'amant d'Hatshepsout. En secret, il fait installer son tombeau sous le temple funéraire de la reine afin que même la mort ne puisse les séparer.

Une histoire d'amour

Le mariage d'Aménophis III et de la reine Tiyi a fait couler beaucoup d'encre. Il s'agit de toute évidence d'un vrai mariage d'amour car la jeune élue du pharaon n'appartenait pas à la famille royale.

Une belle Africaine ?

Tiyi était-elle belle ? Pour répondre à cette question, nous disposons d'une tête assez réaliste de la reine. Dans l'ensemble, le visage a l'air sévère et dominateur ; on devine une légère moue méprisante ; Tiyi ne donne pas l'impression d'avoir envie de plaisanter ! Mais si l'on regarde avec plus d'attention, on remarque aussi qu'elle n'est pas sans charmes : des yeux en amande aux pupilles blanches entourées d'un cercle de khôl, un visage très bronzé et des lèvres pulpeuses d'Africaine. Si on en juge d'après ces caractéristiques, Tiyi devait être une beauté africaine ou métisse.

Statues d'Aménophis III et de la reine Tiyi. Fresque de la tombe d'Amenemonet à Thèbes.

Une forte personnalité

Sur de nombreuses représentations, Tiyi accompagne le roi. L'exemple le plus frappant est un groupe colossal de 7 m de haut, aujourd'hui exposé au Musée du Caire. La reine a exactement les mêmes dimensions que son mari. Certains pensent que c'est la preuve de son ascendant sur Aménophis III qu'on présente volontiers comme un souverain un peu mou et soumis à sa femme. Ce n'est pas impossible.

Fou d'elle !

Aménophis III a de nombreuses femmes dans son harem mais une seule occupe la première place dans la hiérarchie : Tiyi. Elle n'était pourtant pas née dans une famille princière. Certains historiens pensent qu'Aménophis a pu la choisir pour sa grande beauté ou tout simplement parce qu'il en était amoureux.

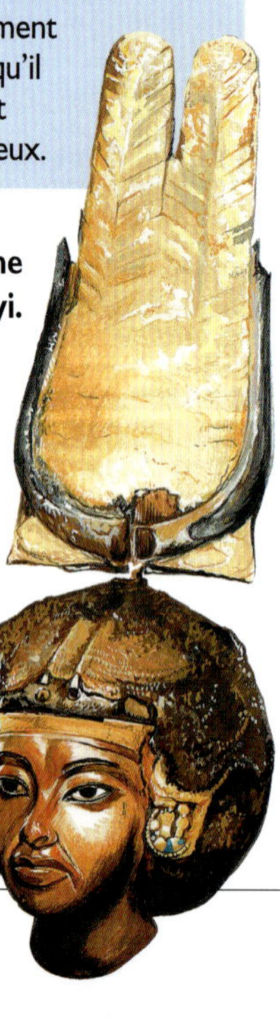

La reine Tiyi.

Mais il la trompe

L'amour n'a pourtant pas empêché Aménophis d'épouser beaucoup d'autres femmes, notamment des princesses étrangères, comme le montrent les archives de son règne. Ainsi Soutarna, roi du Mitanni, lui envoie, entre autres princesses, Gilukhipa, sa propre fille. En tout, le harem royal devait compter plusieurs centaines de femmes secondaires que le pharaon appelle ses « beautés » ou ses « ornements ».

La maîtresse de la « maison des dames »

Toutes les épouses vivent dans une résidence particulière, un harem appelé la « maison des dames ». Tiyi, en tant que grande épouse royale, commande et dirige cette « maison » : elle y reçoit les nouvelles filles envoyées au pharaon par les princes étrangers et les installe dans leurs appartements. Elle supervise les travaux de celles qui ne sont pas occupées au divertissement de son époux. Elles doivent tisser ou fabriquer des objets de toilette. La reine dirige aussi l'éducation des nombreux enfants du pharaon et de toutes les femmes qui vivent dans la « maison ».

La reine Tiyi au cœur de la « maison des dames ».

La belle Néfertiti

L'épouse d'Akhnaton, Néfertiti, était à la fois très belle, comme le montrent les portraits qu'on a conservés d'elle, et très mystique : elle resta fidèle jusqu'au bout à sa foi en Aton.

LE BUSTE DE NÉFERTITI

On a découvert, lors des fouilles d'un atelier de sculpteur à Amarna, un magnifique buste en calcaire peint, aujourd'hui exposé au musée de Berlin. La reine, au beau visage posé sur un long cou gracile, porte une haute couronne bleue et un lourd pectoral d'or incrusté de pierres précieuses. Son nez est fin, ses joues sont délicates, ses yeux cernés de khôl noir, ses lèvres peintes en rouge.

« La belle est venue »

Le nom de Néfertiti veut dire « la belle est venue ». À cause de cette signification, certains historiens ont cru qu'elle était une princesse orientale, peut-être la fille d'un roi du Mitanni.

Pourtant ce nom n'est pas inconnu en Égypte : il fait référence à la déesse Hathor, incarnation de la beauté féminine.

Elle ressemble à Tiyi

En raison du charme très africain des portraits de Néfertiti, qui ressemblent beaucoup à ceux de Tiyi, il paraît vraisemblable qu'elle soit née au bord du Nil ; elle était sans doute la fille de nobles égyptiens, ou peut-être même la sœur ou la demi-sœur d'Akhnaton.

La belle Néfertiti apparaît, comme le pharaon, au balcon du palais royal.

Portrait présumé d'une fille de Néfertiti.

Smenkharê et Méritaton en promenade dans un jardin.

L'associée d'Akhnaton

Néfertiti occupe une place importante aux côtés de son époux qui l'associe à ses réformes. Comme le pharaon, elle apparaît au balcon du palais royal pour saluer le peuple. Comme lui, elle adore Aton représenté sous la forme d'un disque solaire. Les époux présidaient ensemble toutes les cérémonies religieuses.

Officiellement, ils s'aiment

Dans leur intimité, Akhnaton et Néfertiti apparaissent unis, complices et heureux ; du moins si l'on en croit les représentations officielles. Ce sont des parents parfaits : ils jouent avec leurs 6 filles, les bercent et les embrassent.

Séparation et solitude

Pourtant, à la fin de son règne, la reine en désaccord avec Akhnaton et son gendre Smenkharê, refuse de les suivre à Thèbes où ils espèrent se réconcilier avec les prêtres d'Amon. Ainsi, le couple se sépare après 20 ans de vie commune. Néfertiti reste seule à Akhetaton dans un nouveau palais, « le château d'Aton », au nord de la ville. Elle y attend la mort sans jamais renier sa foi absolue pour Aton.

Les filles de Néfertiti

Néfertiti eut 6 filles d'Akhnaton. Deux d'entre elles devinrent reines : Méritaton, mariée à Smenkharê, et Ankhesenpaaton qui changea son nom en Ankhesenamon et épousa Toutankhamon. Maketaton eut moins de chance puisqu'elle mourut encore enfant au palais d'Amarna. On possède plusieurs représentations pleines de charme de ces jeunes princesses.

Un seul dieu, une seule femme

Contrairement à son père qui avait de très nombreuses épouses dans son harem, Akhnaton ne semble pas avoir eu d'autre épouse que Néfertiti. Cet amour pour une seule femme allait peut-être de pair avec sa foi en un seul dieu.

Smenkharê

Après sa rupture avec Néfertiti, Akhnaton partage le trône avec son gendre Smenkharê marié à la princesse Méritaton. Il était sans doute chargé des négociations avec les prêtres d'Amon pour préparer le retour d'Akhnaton à Thèbes.

Cléopâtre la « star »

Marc Antoine, l'ombre de Cléopâtre

Selon l'historien romain Dion Cassius, Marc Antoine « devint l'esclave de l'Égyptienne et consacra tout son temps à son amour. Il semblait avoir perdu la raison comme après des pratiques de sorcellerie. »

Le nez de Cléopâtre

Le nez de Cléopâtre aurait été aussi long que charmant si l'on en croit la tradition. « Le nez de Cléopâtre, s'il eût été plus court, toute la face du monde aurait changé », écrit Pascal.

Elizabeth Taylor dans le rôle de Cléopâtre.

Malgré l'échec de sa tentative de restaurer la grandeur passée de l'Égypte, Cléopâtre est sans doute la plus célèbre et la plus fascinante des reines de l'Antiquité ; elle est devenue un véritable mythe.

Cléopâtre et sa servante Iras.

Pas si belle que ça, mais charmante

Selon les auteurs antiques, Cléopâtre n'était pas extraordinairement belle, mais elle avait beaucoup de charme et il était impossible de lui résister. Elle était parfois douce, parfois dominatrice ; elle parlait de nombreuses langues, pouvait se montrer sérieuse mais aussi plaisanter. En bref, c'était une actrice qui savait jouer tous les rôles.

Irrésistible Cléopâtre !

Les écrivains de l'Antiquité nous dépeignent Cléopâtre comme l'incarnation de la femme fatale qui séduit et détruit les hommes. C'est une magicienne démoniaque qui rend fous ses amants. Le poète latin Lucain nous dépeint sa tenue de façon très vivante : elle porte « des trésors à son cou et dans ses cheveux » ; elle est « maquillée sans mesure » et on voit briller ses seins à travers sa robe de soie.

Une excellente actrice

S'il y a une qualité que Cléopâtre possède à merveille, c'est bien le don de se mettre en scène. Elle revêt sa robe la plus moulante et prend place sur le pont d'un merveilleux bateau pour aller à son rendez-vous avec Marc Antoine, à Tarse. Elle organise de grands spectacles de propagande, autant d'occasions de jouer devant le peuple son rôle de reine divine. En 34, lors d'une cérémonie au gymnase d'Alexandrie, elle s'exhibe à la foule, habillée comme la déesse Isis.

Pour une nuit avec elle !

D'après un biographe latin dont on a perdu le nom, Cléopâtre « était si belle que beaucoup d'hommes achetèrent de leur vie la faveur de passer une nuit avec elle ». Cléopâtre était séduisante mais, de toute évidence, l'auteur exagère pour faire sensation.

Le premier rendez-vous de Cléopâtre et de Marc Antoine à Tarse.

La réalité derrière le voile

Derrière cette poudre aux yeux théâtrale, la réalité est bien différente : l'Égypte connaît de graves difficultés économiques et la pauvreté des paysans s'accroît sans cesse. Cléopâtre n'engage aucune réforme sérieuse pour y remédier. Seuls ses rêves de grandeur et de puissance l'intéressent.

C'est Isis revenue sur terre

Cléopâtre se considère comme une déesse vivante et se fait officiellement appeler « la nouvelle Isis », comme si elle était la réincarnation de la divinité égyptienne revenue sur terre pour le plus grand bonheur de ses sujets. Sur les monnaies qu'elle fait frapper à son effigie, on lit aussi l'expression « la déesse renouvelée », en grec *théa néotéra*.

Divines adoratrices d'Amon

Le pharaon et une adoratrice (bas-relief de Karnak, chapelles osiriennes).

À partir de la XXIe dynastie, le pharaon nomme l'une de ses filles divine adoratrice d'Amon, fonction jusqu'alors remplie par la reine. Astreinte au célibat, elle devient la véritable souveraine de Thèbes.

De véritables reines

La jeune adoratrice, nommée par le pharaon son père, s'installe à Thèbes dans de somptueux appartements attenants au sanctuaire d'Amon dont elle devient ainsi la maîtresse. Lors de son intronisation, elle reçoit le protocole et la titulature royale : ses noms, comme ceux du pharaon, sont inscrits dans 2 cartouches. Elle dédicace les monuments construits ou restaurés sous son règne, se fait représenter avec des vêtements et attributs royaux et même en sphinx, c'est-à-dire avec un corps de lion. Comme une reine, elle est entourée d'un personnel administratif nombreux et fortement hiérarchisé ; elle vit au milieu d'une véritable cour.

Des vierges mariées au seul Amon

Consacrée au dieu Amon dont elle fait office d'épouse terrestre, l'adoratrice doit être vierge quand elle prend ses fonctions et le rester jusqu'à la fin de ses jours. Le dieu n'étant pas moins polygame que le pharaon, notre adoratrice règne également sur le harem divin, de vastes appartements remplis de jeunes beautés entièrement consacrées au plaisir d'Amon et vierges comme leur maîtresse. Avant sa mort, l'adoratrice prend soin d'adopter, parmi les princesses royales proposées par le pharaon, une « fille » qu'elle associe à sa fonction et qui va lui succéder.

D'importantes sources de revenus

L'adoratrice dirige la gestion des domaines agricoles, des différents ateliers d'artisanat, des boulangeries et des brasseries appartenant au temple ; elle s'assure ainsi d'importants revenus en nature : gâteaux, pain, vin, bière, légumes, viande de bœuf et volailles.

Buste en diorite du dieu Amon (Nouvel Empire).

Karomama, fille d'un pharaon libyen (XXII[e] dynastie).

Takoushit, une adoratrice nubienne (XXVe dynastie).

Svelte Karomama et pulpeuse Takoushit !

Karomama et Takoushit sont sans nul doute les 2 adoratrices les plus célèbres grâce à leurs somptueuses statues de bronze incrustées l'une d'or, aujourd'hui au musée du Louvre, et l'autre d'argent, exposée au Musée archéologique d'Athènes. Les 2 vierges portent des robes fourreaux très moulantes qui mettent en valeur leurs formes ; mais alors que Karomama apparaît comme une svelte jeune femme à la taille gracile, Takoushit est beaucoup plus potelée. Les 2 statues semblent s'inspirer de la réalité.

Une seule mission : « réjouir » le dieu

Par leurs grâces ainsi exposées, les adoratrices avaient pour fonction de « réjouir » leur dieu et époux, comme le disent les inscriptions hiéroglyphiques, et d'entretenir sans arrêt sa toute-puissance créatrice nécessaire à l'équilibre cosmique. On croyait que, si elles cessaient de plaire au dieu, le monde allait s'écrouler ! Les bras tendus vers l'avant de Karomama tenaient 2 sistres, instruments de musique, dont les sons participaient au divertissement d'Amon.

Les adoratrices divertissent leur dieu en agitant des sistres devant sa statue.

« SORTIR » AVEC UN DIEU !

Certains bas-reliefs sont moins pudiques que nos 2 statuettes : ils représentent sans équivoque les embrassades et unions mystiques entre le dieu et son épouse terrestre assise sur ses genoux.

Métiers de femmes

Grâce à son statut d'égale de l'homme, l'Égyptienne peut s'adonner librement à de nombreuses activités et à divers métiers en dehors de la maison dont elle est la maîtresse.

Femme scribe de l'Ancien Empire.

Nettoyage et remplissage de cruches de bière.

Divers métiers

Des filles de nobles, sous l'Ancien Empire, exercent un métier. On rencontre des femmes accoucheuses et médecins, intendantes dans les ateliers de filature, les fabriques de perruques et de produits de beauté. Certaines ont des responsabilités administratives, comme les femmes scribes à l'époque des grandes pyramides. Mais on assiste à une régression du nombre de ces emplois féminins pendant tout le Nouvel Empire. La plupart du temps, ces « cadres » femmes dirigent un personnel féminin. Les moins riches travaillent dans des ateliers d'artisanat, des boulangeries et des brasseries de bière.

Madame le vizir

Une stèle provenant d'Abydos, datant de la VIe dynastie, nous révèle qu'une femme nommée Nébet exerça les fonctions de vizir et de conseillère auprès d'un pharaon, sans doute Pépi Ier. Ce cas est exceptionnel. Beaucoup de femmes occupèrent cependant, sous l'Ancien Empire, des postes de hauts fonctionnaires dans toutes les branches de l'administration, sauf l'armée.

Ouvrières extrayant de l'essence de lys pour fabriquer du parfum.

Pleureuses de la tombe de Ramosé à Thèbes (Nouvel Empire).

Un clergé de femmes

C'est le clergé qui offre le plus grand nombre de postes aux femmes actives. Les Égyptiens ont à peu près autant de dieux que de déesses ; il faut donc des prêtres des 2 sexes. Les prêtresses sont consacrées aux grandes divinités féminines, Isis, Hathor et Neith, mais certaines officient également dans les sanctuaires de dieux masculins. Au sommet de la hiérarchie se trouve l'« épouse » ou « divine adoratrice » du dieu. Viennent ensuite les grandes prêtresses qui portent le titre de « servantes » du dieu et dirigent son culte quotidien. Elles participent aussi à l'administration et à la gestion de ses domaines et revenus.

Payées pour pleurer !

Certaines femmes qui font partie du personnel des temples jouent un rôle important lors des enterrements. Pleureuses professionnelles, elles accompagnent les funérailles d'hommes et de femmes mais aussi d'animaux sacrés comme le taureau Apis. D'autres portent des vases pour les libations et des offrandes.

Les dieux s'amusent !

À un niveau inférieur, de nombreuses prêtresses subalternes : chanteuses, joueuses de sistre, flûte, harpe et trompette accompagnent les cérémonies. On croyait que le dieu, comme tout riche mortel, aimait les fêtes et les divertissements ; on ne songeait donc qu'à l'amuser.

Femmes récoltant des lys.

Esclaves et danseuses

Danseuse acrobatique, vêtue d'un court paréo, d'après un *ostracon* du Nouvel Empire.

Si l'Égyptienne libre est bien l'égale de l'homme, les nombreuses esclaves d'origine étrangère n'ont pas ce statut : elles sont réduites à l'état de domestiques et de servantes corvéables à merci.

Femmes captives

La plupart des femmes et filles en servitude sont des Orientales et des Africaines ramenées par le pharaon de ses campagnes au Proche-Orient et en Nubie. Les Annales d'Aménophis II racontent que le roi s'est emparé en Asie de 838 femmes qu'il ramène en Égypte. Les plus jolies de ces Orientales, parées de leurs plus beaux bijoux, seront vendues au profit de la Couronne. Les autres seront cédées à l'administration des temples pour s'y occuper des tâches d'entretien : elles deviendront les femmes de ménage du dieu et des prêtres.

PEU VÊTUES !

Lors des banquets du Nouvel Empire, les belles esclaves nubiennes ou syriennes, chargées de divertir les invités par leurs danses, ne portaient le plus souvent qu'une ceinture et des bijoux.

Des marchands de filles

Beaucoup de filles au Nouvel Empire sont aussi vendues par des marchands d'esclaves qui viennent le plus souvent de Syrie. Ils vendent des filles et aussi des garçons : l'histoire de Joseph vendu par ses frères dans la Bible rappelle cette terrible réalité. Mais le commerce des femmes rapporte beaucoup plus d'argent : à âge égal, une femme coûte au moins 2 fois plus cher qu'un homme ; et les enchères peuvent monter très haut pour une jolie fille. Les riches Égyptiens s'adressent directement à ces marchands étrangers pour acheter leur personnel de maison. Plus rarement, on rencontre des esclaves égyptiennes ; il s'agit de prisonnières de droit commun condamnées à l'esclavage pour payer des dettes qu'elles ne peuvent rembourser autrement.

Marché aux esclaves.

Affectations diverses

Chaque femme esclave est achetée légalement ; elle est officiellement enregistrée avec la mention de son affectation au bureau gouvernemental de chaque nome. Une fois les formalités remplies, elle fait partie des biens du maître, comme la maison, les meubles et les animaux domestiques. Elle est utilisable selon le bon vouloir de son acquéreur et peut même être louée à un voisin ! Les esclaves s'occupent le plus souvent de la cuisine, du nettoyage de la maison et des vêtements ; certaines font du tissage ; d'autres doivent moudre le grain pour assurer la fabrication quotidienne du pain ; quelques-unes enfin s'occupent des enfants de la famille. Les peintures et les bas-reliefs des tombeaux nous montrent aussi de nombreuses jeunes servantes affectées au divertissement de leurs maîtres.

Affranchissement et mariage

Les esclaves sont plus ou moins bien traitées selon le bon vouloir de leurs maîtres. Certaines sont victimes de tous leurs caprices, d'autres peuvent disposer de biens personnels et sont même affranchies après des années de service. Elles peuvent aussi se marier, mais avec le consentement de leur maître.

Musiciennes et musiciens, tombe d'Anena, Vallée des Nobles.

Chanteuses et musiciennes

Des danseuses et acrobates presque nues, de belles chanteuses et musiciennes animaient les soirées des riches familles égyptiennes. Si un invité tombait amoureux de l'une d'elles, il ne pouvait l'aborder avant d'avoir demandé la permission du maître.

Le travail et les hommes

La vie des paysans égyptiens est rythmée par la crue annuelle du Nil qui a lieu en été : c'est après le retrait des eaux que l'on sème tandis qu'on récolte avant le retour de la prochaine inondation. Pendant ce temps, dans les ateliers, les artisans fabriquent de nombreux produits de grande qualité.

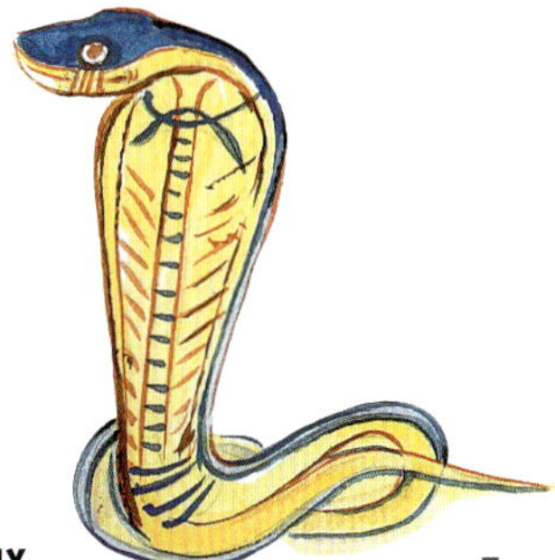

Vue aérienne de la vallée du Nil.

Le Nil

Le Nil.

Le Nil est divinisé sous la forme du dieu Hâpy : son gros ventre déborde, comme le fleuve en crue, et ses 2 gros seins représentent la fertilité.

L'Égypte est « un don du Nil », disait Hérodote ; il n'avait pas tort. En effet, sans le Nil et ses crues qui fertilisent la vallée, le pays ne serait qu'un vaste désert aride.

Le plus grand fleuve africain

Le Nil, long de 6 700 km, est le plus grand fleuve d'Afrique. Il trouve sa source dans le lac Victoria, situé en Afrique équatoriale. Il est nommé « Nil Blanc » au sud du Soudan. À Khartoum, il reçoit le Nil Bleu qui vient des montagnes éthiopiennes. Puis le fleuve traverse la Nubie et l'Égypte pour aller se jeter dans la Méditerranée.

Un fleuve qui n'en fait qu'à sa tête

Le cours du Nil, à l'époque des pharaons, était beaucoup plus chaotique et désordonné qu'aujourd'hui. Aucun barrage ne le retenait et il s'écoulait du sud au nord du pays en faisant parfois des dégâts sur son passage. Sur sa route, au nord de Khartoum, le Nil rencontre 6 barrières de pierre, appelées cataractes. On appelle « 1re cataracte » celle d'Éléphantine, mais c'est la dernière si on descend le cours du fleuve. Le Nil produisait un bruit assourdissant quand il pénétrait entre les roches de granit provoquant parfois d'impressionnantes chutes d'eau.

Le djebel Silsileh

Au nord d'Assouan, le Nil s'écoule dans une vallée étroite jusqu'au djebel Silsileh, en fait 2 falaises très rapprochées qui rétrécissent encore le cours du fleuve sur un peu plus de 1 km. Ensuite, il peut à nouveau s'écouler sans obstacle jusqu'à la mer, décrivant une courbe qui ressemble à un S.

Le Delta

Au nord du djebel Silsileh, la vallée s'élargit régulièrement ; de nombreux bras se détachent du cours principal et irriguent les terres avoisinantes. L'un d'eux s'étend jusqu'au lac Moéris (actuel lac Karoun) dans le Fayoum. Après Memphis, le Nil se divise en plusieurs bras formant le Delta. Deux branches sont plus importantes que les autres : celle de Canope à l'ouest et celle de Péluse à l'est. Beaucoup de bras se détachaient encore de ces 2 branches et arrosaient une vaste région agricole et marécageuse.

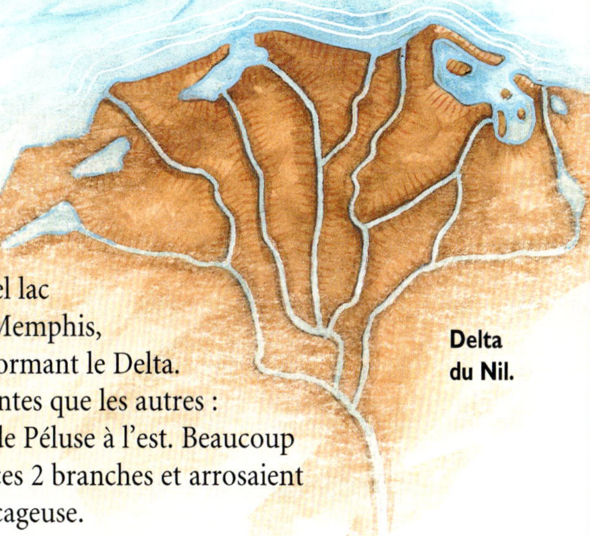

Delta du Nil.

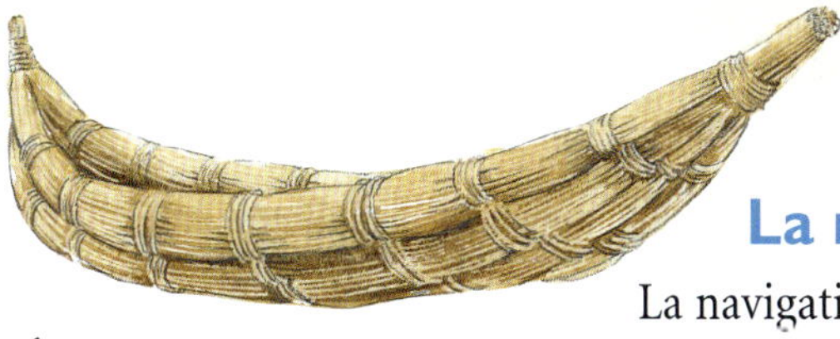

Barque faite de tiges de papyrus.

La navigation sur le Nil

La navigation fluviale joue un très grand rôle en Égypte, pays où l'essentiel de la population vit sur les bords du Nil. On distingue plusieurs types d'embarcations : dans les marais et sur les canaux peu profonds, on utilisait de simples barques, faites de tiges de papyrus liées entre elles, qu'on faisait avancer grâce à de longues perches ; sur le Nil en revanche, on naviguait dans de grands bateaux à voile et à rames. Le fleuve ne se naviguait pas toujours facilement : les pilotes devaient faire très attention aux bancs de sable qui changeaient de place d'une année à l'autre, à cause de la crue.

Bateau à voile et à rames.

Le nilomètre

Les Égyptiens ont fait construire des nilomètres pour mieux surveiller la progression de la crue du Nil. Le niveau constaté par les scribes servait de base pour estimer la récolte à venir et fixer par la même occasion le montant de l'impôt à payer par les paysans.

Quatre mois d'inondation

Le Nil est grossi chaque année au mois de juin par les pluies équatoriales et la fonte des neiges des montagnes d'Éthiopie. Il déborde et recouvre les campagnes de ses eaux. Les villages construits sur de petites hauteurs, protégés par des digues, ressemblent à des îles. Fin septembre, le niveau commence à décroître et les paysans peuvent aller semer les terres gorgées d'eau.

Un calendrier en lien avec le Nil

Les Égyptiens divisaient l'année en 3 saisons en lien étroit avec l'inondation et la vie agricole :
- *pcrit* : « la sortic » des céréales ;
- *chemou* : « la récolte » ;
- *khit* : « l'inondation ».

Le limon fertile

En se retirant, après les 4 mois d'inondation, le Nil déposait sur la terre un limon noir très fertile, composé de roches réduites à l'état de sable très fin.

Olivier.

Le climat et la flore

L'olivier se fait attendre

L'olivier n'apparaît en Égypte qu'au Nouvel Empire. Venu de la Méditerranée, il est néanmoins acclimaté sans difficulté à Thèbes et dans le Fayoum.

La flore de l'Égypte ancienne était très impressionnante car le climat était plus humide qu'aujourd'hui. Parmi la multitude de plantes, 2 sont associées au temps des pharaons : le lotus et le papyrus.

Un climat chaud et humide

Le climat actuel de l'Égypte est à la fois chaud et sec ; il s'est sensiblement modifié depuis l'Antiquité. À l'époque des pyramides, il était beaucoup plus humide, ce qui permettait le développement d'une végétation abondante et luxuriante. Des invasions de puces, de moucherons, de moustiques ou de sauterelles venaient parfois perturber la vie des paysans.

Les plantes alimentaires

Les grains d'orge et de froment réduits en farine servent à la fabrication du pain et au brassage de la bière, aliments de base des anciens Égyptiens. On cultive et mange aussi de la laitue, des oignons, des pastèques, des concombres, de l'ail, des poireaux, des fèves et des lentilles.

Les plantes textiles

Les fibres des tiges de lin sont utilisées pour la confection de tissus. La plupart des vêtements des anciens Égyptiens sont en lin.

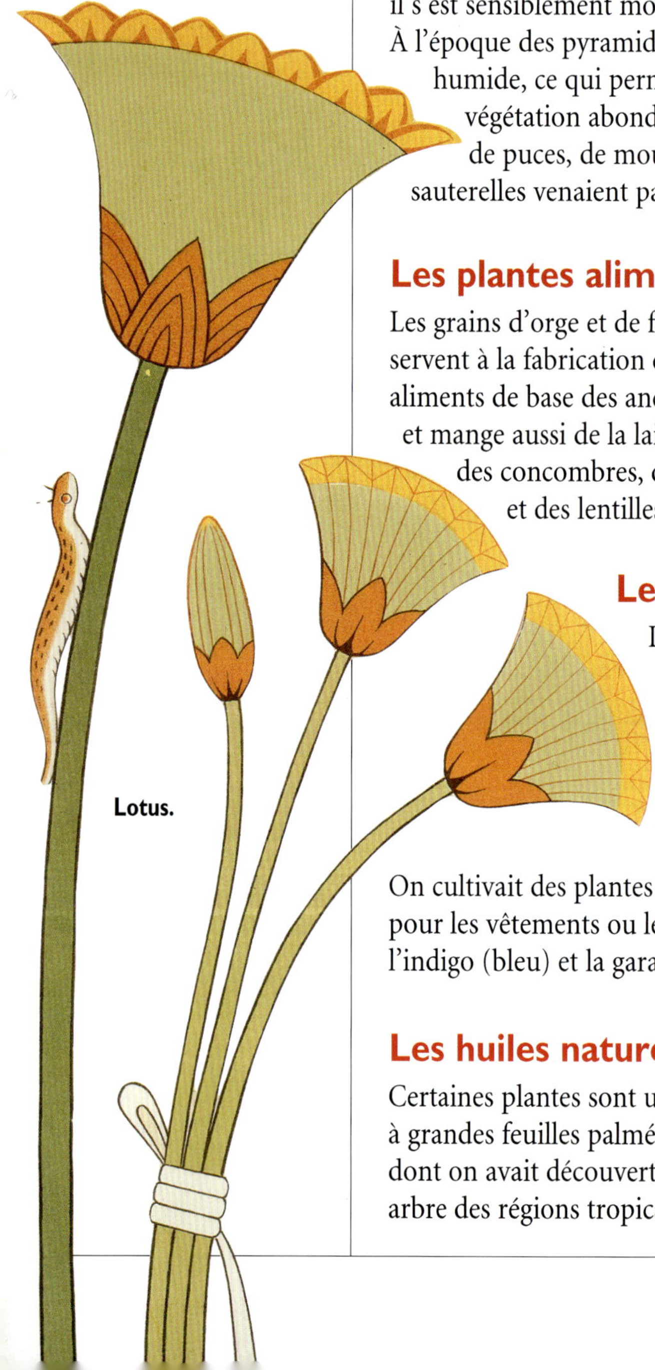

Lotus.

Papyrus.

Les plantes tinctoriales

On cultivait des plantes dont on extrayait des teintures pour les vêtements ou les cheveux, comme le henné, l'indigo (bleu) et la garance (rouge).

Les huiles naturelles

Certaines plantes sont utilisées par les médecins, comme le ricin, une plante à grandes feuilles palmées. On broyait ses grains pour produire une huile dont on avait découvert les vertus laxatives et purgatives. L'huile du moringa, arbre des régions tropicales, servait en revanche à l'élaboration des parfums.

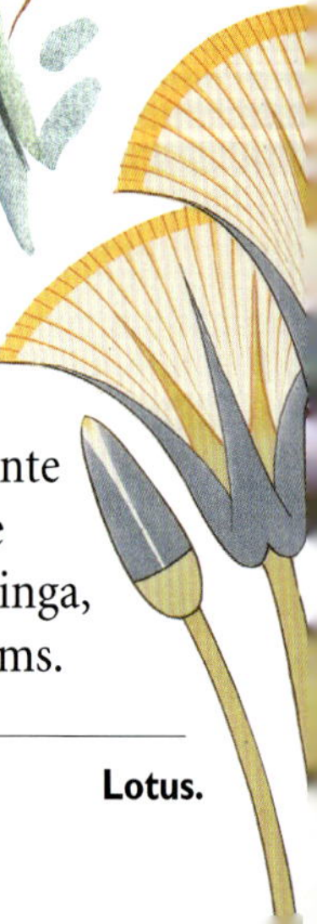

Lotus.

Lotus.

Le parfum du lotus

Les anciens Égyptiens adoraient respirer le parfum des fleurs de lotus blanc et bleu. On cueillait d'énormes bouquets pour décorer les maisons, surtout la salle du festin où on recevait les invités. Les femmes fixaient aussi des fleurs de lotus dans leurs cheveux ou sur leurs perruques pour qu'elles sentent bon. On utilisait aussi le lotus pour parfumer certaines pâtisseries.

LES GRANDS ABSENTS

Les orangers, les citronniers et leurs fruits, si courants aujourd'hui en Égypte, étaient totalement inconnus à l'époque des pharaons. On ne trouvait pas non plus de roses.

À l'ombre du sycomore

Les Égyptiens adoraient les jardins et les vergers ; il y en avait un près de chaque temple. Leur arbre préféré était sans nul doute le sycomore, très touffu et dont l'ombre est particulièrement rafraîchissante.

Sycomore.

Le papyrus

Le papyrus poussait sur les rives du Nil, formant d'épais fourrés ; ses tiges atteignaient parfois plus de 3 m de haut. On fabriquait à partir de ses fibres des feuilles de papier très souples et solides. De nombreux textes égyptiens ont été conservés grâce à ce merveilleux support. Avec les tiges, on faisait aussi des paniers, des cages pour les animaux et de petits bateaux.

Palmier.

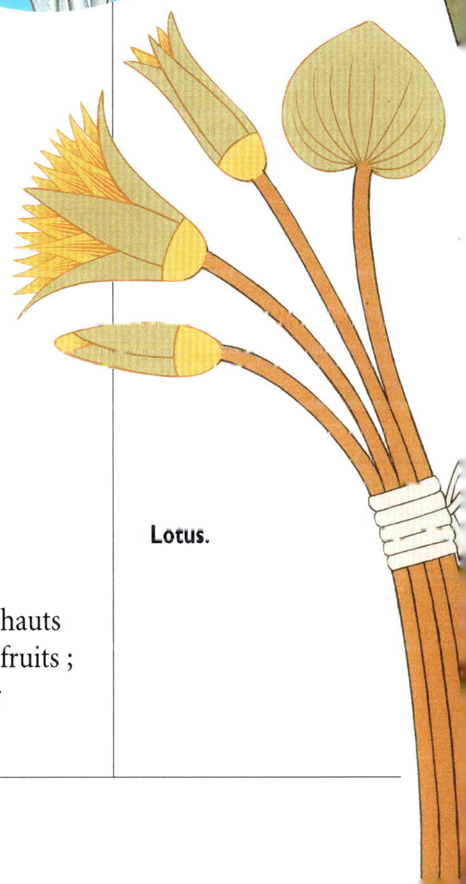

Lotus.

Les palmiers dattiers

La campagne égyptienne était parsemée de très hauts palmiers dressés vers le ciel. On mangeait leurs fruits ; on en tirait aussi une liqueur qui faisait tourner la tête.

Une population mélangée

Il n'y a jamais eu de « race » égyptienne ; la population de la vallée du Nil, dès le début de son histoire, est extrêmement mélangée. Cela n'a pas empêché les anciens Égyptiens d'avoir conscience de former une nation.

Tête d'homme de l'Ancien Empire.

Noble du Nouvel Empire.

Henmyt et *Payt*

Les Égyptiens, dans leur vocabulaire, ont conservé le souvenir de vagues successives de populations, venues s'installer dans la vallée du Nil. Ils emploient notamment 2 termes distincts : *Henmyt* et *Payt*. Les *Henmyt*, adorateurs du soleil, apparaissent comme les premiers habitants du pays. Les *Payt* seraient arrivés ensuite, guidés par le dieu faucon Horus. En fait, l'Égypte, à l'époque préhistorique, semble avoir été un vrai carrefour des peuples de la région.

Le Cheikh el-Beled

Cheikh el-Beled, c'est-à-dire « chef du village », est le surnom donné par les ouvriers égyptiens à la statue qu'ils avaient découverte dans une tombe de Saqqarah ; elle leur rappelait étrangement les traits et la corpulence du maire de leur village.

Les hommes : athlétiques !

Sculptures et peintures présentent les types les plus courants de la population égyptienne ; mais ces images sont très idéalisées, surtout pour les couches supérieures de la population. En général, les hommes ont un nez un peu fort et des lèvres épaisses. Les pharaons et de nombreux nobles sont représentés avec une forte carrure et une musculature avantageuse, selon les exigences du canon.

Les femmes : toutes des bombes !

Les peintures et les bas-reliefs nous montrent des femmes plutôt minces : taille fine, petits seins et longues jambes. Certaines sont parfois un petit peu plus potelées comme la dame Takoushit du musée d'Athènes. Mais toutes sont représentées de manière très sexy. Ces images ne sauraient totalement correspondre à la réalité, mais plutôt à un idéal. Juger du type physique des Égyptiennes à partir des peintures reviendrait à considérer un magazine de mode actuel comme représentatif des types féminins d'aujourd'hui.

Une population métissée

Malgré ces caractéristiques constantes, qui correspondent à des goûts et à une mode, les types physiques offrent aussi une grande diversité. Dans l'ensemble, les Égyptiens apparaissent comme des métis avec différents degrés de mélange entre Africains noirs, Sémites venus du Proche-Orient et Berbères des déserts de Libye.

Un noble du Nouvel Empire et son épouse ; on remarque que la peau de la femme est plus claire que celle de l'homme.

COMBIEN D'HABITANTS ?

Rien ne permet de connaître la population de l'Égypte antique avec certitude. Les historiens ne se prononcent pas avant l'époque des Ptolémées. Sous ces derniers, l'Égypte aurait pu compter de 6 à 8 millions d'habitants.

Svelte porteuse d'offrandes (XIe dynastie).

Problèmes de santé

Les Égyptiens, malgré une existence qui semblait très saine aux yeux des visiteurs étrangers de la vallée du Nil comme Hérodote, connurent de nombreuses épidémies et maladies. La peste faisait régulièrement de terribles ravages. La mortalité infantile était également très forte ; elle pouvait être aggravée lors des famines. Les bas-reliefs et les peintures nous montrent parfois des personnes touchées par une maladie ou par une infirmité ; on découvre également des obèses ou au contraire des individus faméliques.

Les travaux des champs

Modèle d'habitation paysanne.
À droite : laboureur et sa charrue.

Grâce aux peintures et aux bas-reliefs des tombeaux, on sait assez précisément comment se déroulaient les semailles, les moissons et les vendanges dans l'Égypte pharaonique.

À qui appartient la terre ?

Le pharaon est le maître et le propriétaire de son royaume : tout lui appartient, la terre et les hommes, et il peut en disposer comme bon lui semble. Tous les domaines et les champs sont précisément délimités et inscrits sur des listes tenues par l'administration royale. Le pharaon ne pouvait s'occuper personnellement de l'exploitation de toutes ses terres. C'est pourquoi il donne une grande partie de ses domaines à ses fidèles soldats et aux nobles qui l'entourent. Ils en tirent de grands profits, mais une part importante revient à l'État sous forme d'impôts.

Les chouchous des pharaons

Les prêtres, privilégiés par le pharaon, reçoivent les plus nombreux et les plus beaux domaines. Au Nouvel Empire, la fortune du clergé d'Amon à Thèbes devient colossale : 80 000 paysans et 400 000 têtes de bétail. Les prêtres sont également exemptés d'impôts.

Les semailles

Lorsque l'eau de la crue du Nil s'est retirée, les paysans vont semer les champs. Certains lancent les graines sur le sol, tandis que, juste derrière eux, les laboureurs les recouvrent de terre au moyen d'une charrue très simple tirée par 2 vaches. Parfois, c'est un troupeau de moutons ou de cochons qui vient piétiner la terre encore humide pour y enfoncer les grains.

Les semailles.

La moisson.

UNE VIE TRÈS DURE

Les conditions de vie des agriculteurs sont très pénibles : en plus des travaux quotidiens épuisants, ils doivent protéger la récolte contre les serpents, les sauterelles, les souris et les moineaux. Quand la production est insuffisante, les paysans sont battus avec violence par les scribes, armés de bâtons.

Les moissons

Quand est venu le temps des moissons, les paysans se mettent en rang dans les champs pour y arracher les céréales à mains nues ou en les coupant avec une faucille. Le travail est très épuisant : pour se donner du courage, les moissonneurs chantent et font des concours de vitesse. Ils entassent les épis dans des filets qu'ils mettent sur des ânes pour les emporter au village. Là, sur l'aire de terre battue, les gerbes sont piétinées par des bœufs, des ânes et des moutons. Les grains sont ensuite tamisés et réduits en farine dans des mortiers en pierre. Les boulangers peuvent alors faire le pain, élément de base de l'alimentation égyptienne.

Les vendanges

La vigne est cultivée sur treille. Lors des vendanges, on remplit des paniers qu'on déverse dans une grande cuve en pierre. Des hommes y foulent le raisin, pieds nus, en dansant et en chantant. Le jus s'écoule dans des bacs, puis il est récupéré et mis dans des jarres où on le laisse fermenter. Parfois ce ne sont pas les cuves qui sont utilisées, mais de grands sacs que les hommes tordent au-dessus d'un récipient.

Scène de vendanges : cueillette et pressage du raisin.
***En bas* : chasse et plumage de canards sauvages.**

L'irrigation artificielle

Les terres les plus élevées n'étaient pas recouvertes par la crue. C'est pourquoi on les irriguait artificiellement par des canaux. On puisait l'eau dans les mares et on l'élevait au moyen d'un chadouf. C'est une longue perche de bois à laquelle est suspendu un seau au bout d'une corde. Cet instrument rudimentaire, encore couramment utilisé en Égypte aujourd'hui, permet à un seul homme de soulever de l'eau.

Chadouf.

Les animaux d'Égypte

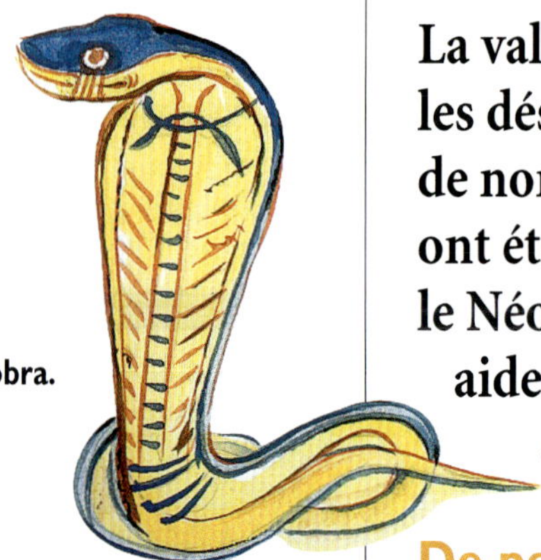
Cobra.

La vallée et le delta du Nil, mais aussi les déserts de l'Égypte, sont peuplés de nombreux animaux ; certains ont été domestiqués dès le Néolithique pour aider l'homme dans ses travaux.

De petites bestioles dangereuses

Scorpions, vipères et cobras étaient redoutés. Leurs piqûres entraînaient la mort de nombreuses personnes et on avait recours à la magie pour tenter d'éloigner ces bêtes dangereuses.

LES BÊTES SAUVAGES

La faune de l'Égypte a évolué entre la préhistoire et aujourd'hui. Beaucoup d'animaux ont émigré vers le sud à la fin de l'époque préhistorique, en raison des changements climatiques : c'est le cas de l'éléphant, de la girafe et du python. Le lion disparaît sans doute au début du Nouvel Empire. D'élégantes gazelles et des oryx à longues cornes vivaient à proximité des déserts, de même que leurs prédateurs : les panthères, les loups, les chacals et les hyènes.

Les animaux domestiques

Chiens, chats, boucs, bœufs, moutons sont les principaux animaux domestiqués par les Égyptiens. On distinguait 2 sortes de bœufs : un type grand et maigre qui tirait les charrues et autres fardeaux, tandis qu'un type gros et corpulent était utilisé en boucherie. Sous l'Ancien Empire, on tenta de domestiquer des gazelles et même des hyènes, mais sans succès.

Les animaux de la ferme : bœufs, vaches, chèvres, boucs, veaux, canards et ânes.

Crocodile et hippopotame.

Les habitants du Nil

Carpes et autres poissons peuplaient le Nil. Des muges et des dauphins, vivant dans la mer, remontaient parfois le cours du fleuve. Mais le Nil hébergeait encore de plus gros habitants : le crocodile, très dangereux pour le promeneur imprudent, et l'hippopotame, dont le nom signifie « cheval du fleuve » en grec.

Faune et flore d'un marais : poissons, canards et fleurs de lotus.

LES OISEAUX

De très nombreux oiseaux parcouraient le ciel d'Égypte. Les oies sauvages et les canards migrateurs se cachaient dans les champs, les vergers et les fourrés de papyrus et de lotus. Les cailles s'abattaient sur les bottes de céréales exposées sur l'aire du village. On rencontrait aussi de nombreux oiseaux de proie : des vautours et des faucons. Au soleil levant, on pouvait voir gambader des autruches, fuyant la lumière du jour.

Des poissons méprisés par les riches

Les nobles égyptiens n'aiment pas le poisson : c'est même une nourriture qui est considérée comme impure par les prêtres. Mais les paysans du Nil en font leur alimentation quotidienne : ils rôtissent les poissons, mais savent aussi les conserver en les faisant sécher au soleil après les avoir vidés et salés.

La pêche, en solitaire ou en équipe

Les Égyptiens pêchent à l'hameçon ou au harpon quand ils sont seuls ; mais souvent, ils partent à plusieurs avec des épuisettes et des filets qu'ils tendent entre 2 barques avant de les hisser hors de l'eau, pleins de poissons.

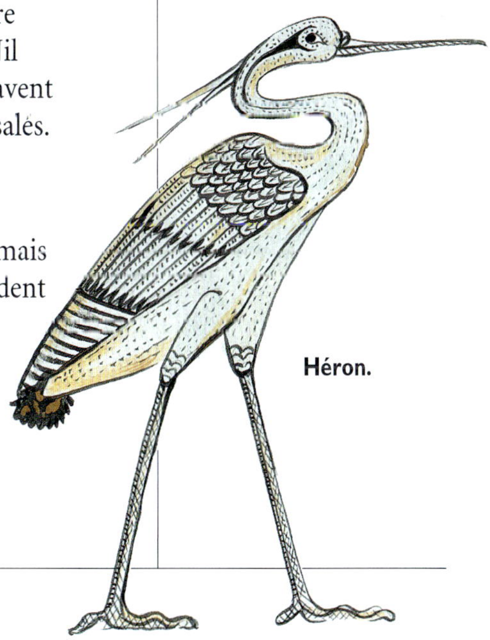

Héron.

Des pâturages dangereux

Les bouviers emmenaient les vaches paître dans les marais ; ils devaient pour cela traverser de nombreux canaux et surveiller de près les jeunes veaux que convoitaient les crocodiles dissimulés au fond de l'eau.

Mineurs et carriers

Pour édifier les nombreux monuments qui ornent la vallée du Nil, il a fallu extraire des carrières d'Égypte et de Nubie un nombre impressionnant de pierres.

Le dur travail des carriers.

L'extraction des pierres

Ces diverses pierres se présentent naturellement sous la forme de filons ou de bancs horizontaux. À la recherche des couches les plus profondes, on creusait parfois de vastes galeries en laissant des piliers comme points d'appui pour soutenir les voûtes. Pour détacher les blocs, on faisait des entailles ; on y enfonçait ensuite des morceaux de bois que l'on mouillait jusqu'à ce qu'ils gonflent et fassent ainsi éclater la roche. Le plus souvent, on taillait la pierre sur place, en lui donnant la forme recherchée : statue, obélisque ou encore sarcophage. Pour les plus grandes œuvres, il fallait faire attention de ne pas les fissurer ; sinon elles étaient perdues.

L'EXPÉDITION DE SÉSOSTRIS Ier

Sésostris Ier envoya 18 000 hommes dans les carrières de Rohannou ; ils rapportèrent en Égypte 150 statues et 60 sphinx qui avaient été sculptés sur place.

Des conditions de travail très pénibles

Les mineurs et les carriers étaient des prisonniers de guerre. Leur espérance de vie n'était pas bien longue en raison des pénibles conditions de travail dans les zones désertiques. Dans les mines, l'air, presque irrespirable, causait de nombreux décès.

Le transport des pierres

Les blocs de pierre extraits des carrières étaient transportés sur des traîneaux de bois, tirés à mains d'hommes, jusqu'au bord du Nil, où on les embarquait sur des chalands remorqués par des navires.

Navires de transport.

Le calcaire

Le calcaire est une roche sédimentaire formée essentiellement de carbonate de calcium. On trouvait, près de Memphis, un calcaire blanc facile à tailler et à sculpter ; on l'utilisait pour les parois des mastabas que l'on décorait de bas-reliefs, et pour faire des stèles.

L'albâtre

L'albâtre est une variété de calcaire translucide. Il est le plus souvent blanchâtre avec des teintes ocre qui dessinent parfois des bandes semblables à des rubans ; d'où le nom d'albâtre rubané qu'on donne à cette variante, très utilisée pour la fabrication de vaisselle.

Le granit

Le granit est une roche très dure, employée dans la sculpture et l'architecture. On la trouve à Éléphantine. Sa couleur est généralement rouge, mais il existe aussi des variantes de granit noir, gris et bleu. Dans tous les cas, le granit donne l'impression d'être constitué de nombreux petits grains de pierre.

Plus dure que le granit : la diorite

La diorite noire, roche plus dure encore que le granit, se trouve en Nubie. Son exploitation était très pénible car le gisement était difficile d'accès. Khephren s'en fit faire une magnifique statue aujourd'hui au Musée du Caire.

Le basalte

Le basalte, roche volcanique de couleur sombre, servait dans la sculpture et dans l'architecture, notamment pour le pavement des temples.

Le quartzite

Le quartzite est une roche siliceuse compacte très dure, ocre ou rouge. On le trouvait près d'On-Héliopolis et on l'utilisait pour faire des statues.

Le schiste

Le schiste est une roche idéale pour la sculpture. On l'extrayait des carrières de Rohannou, dans le désert oriental, à mi-chemin entre le Nil et la mer Rouge. Le pharaon y envoyait parfois de véritables expéditions composées de milliers d'hommes : carriers, sculpteurs et soldats chargés de la sécurité et du ravitaillement.

Statuette funéraire en calcaire jaune.

L'obélisque inachevé d'Éléphantine

On peut voir aujourd'hui un obélisque inachevé couché dans une cavité rectangulaire de la carrière de granit d'Éléphantine. Il aurait mesuré 42 m de hauteur, si on avait pu le terminer et le dresser. Mais les ouvriers, découvrant qu'il était fissuré et qu'il pourrait se briser, préférèrent l'abandonner sur place.

Céramistes et tisserands

Grenouilles en faïence glaçurée.

De nombreux artisans travaillaient dans les ateliers de la vallée du Nil et du Delta : des maçons, des potiers, des tanneurs et des menuisiers.

Les potiers

Les Égyptiens ont produit toutes sortes de poteries : des bols, des plats, des cruches, etc. Ils disposaient de tours rudimentaires sur lesquels ils plaçaient la motte d'argile à tourner ; ils les actionnaient par la main gauche, non par les pieds comme aujourd'hui. Les pots étaient ensuite cuits dans des fours en briques. Les vases étaient peu décorés sous l'Ancien Empire, mais parfois très colorés au Nouvel Empire. À l'époque ptolémaïque et romaine, on peint des fleurs sur les cruches de Nubie.

LA FAÏENCE ÉGYPTIENNE

De petits vases, des statuettes et des amulettes étaient réalisés en une faïence faite de quartz. Ils sont couverts d'une glaçure brillante bleue ou verte obtenue à partir de composés cuivreux.

Les maçons

On utilisait la terre pour faire des briques ; on plaçait la terre humide dans un moule puis on la laissait sécher au soleil jusqu'à ce qu'elle durcisse. Les briques étaient la matière la plus couramment utilisée pour construire les maisons des villages, mais aussi les palais royaux.

Le tissage du lin

Le filage du lin au fuseau puis son tissage étaient réservés aux femmes ; elles travaillaient parfois dans de grands ateliers qui dépendaient des temples. Sur des métiers placés horizontalement, à même le sol, elles fabriquaient de fines toiles dont elles faisaient des tuniques féminines, des robes amples et des pagnes pour les hommes.

Les tanneurs

Les Égyptiens travaillaient les peaux notamment pour faire des sandales et des sacs, ou encore des carquois pour les flèches des archers du pharaon. Ils utilisaient le procédé du chamoisage ou tannage à la graisse : on étirait les peaux dans un bain d'huile puis on les laissait sécher au soleil. Une effroyable puanteur se dégageait de ces ateliers.

Sandales de cuir.

L'industrie du bois

Des menuisiers produisaient des meubles en bois plus ou moins luxueux : des fauteuils, des chaises, des tabourets, des lits et des coffres. Ceux du pharaon et de sa famille étaient richement décorés : on les dorait, on les peignait ou on les incrustait de pierres précieuses. La tombe de Toutankhamon en a révélé de merveilleux exemples.

LA TECHNIQUE DU REPOUSSÉ

Le cuir pouvait être décoré de dessins en relief faits avec une pointe de métal, suivant la technique dite « du repoussé » car l'artisan s'attaquait au revers de la peau.

BOIS UTILISÉS

Les bois utilisés par les menuisiers égyptiens sont généralement l'acacia et le sycomore ; on trouve aussi du cèdre importé de Phénicie, l'actuel Liban.

Les constructions navales

La navigation sur le Nil et parfois sur mer nécessitait une flotte importante qu'il fallait sans cesse réparer ou renouveler. Les peintures et des modèles réduits en bois, trouvés dans les tombes du Moyen Empire, nous montrent qu'il s'agissait surtout de petits navires de pêche et de grands bateaux de transport.

Bijoutiers et orfèvres

Les nombreux bijoux et objets d'or, incrustés de pierres précieuses, découverts dans les tombeaux d'Égypte, ont rendu universellement célèbres les orfèvres et joailliers, pourtant anonymes, qui les ont créés.

Bague de pied au scarabée.

La montagne de l'or

La montagne de Bekhen, ou montagne de l'or, dans le désert oriental, est exploitée dès l'Ancien Empire. L'or était travaillé sur place par des fondeurs ; on le transformait en anneaux qu'on acheminait ensuite jusqu'à Coptos.

L'or des pharaons

L'or existait en abondance dans le désert oriental, notamment à l'est d'Edfou et de Coptos. On trouvait aussi des pépites, mêlées au sable, dans les lits des rivières asséchées, ou encore à l'intérieur du quartz. L'exploitation de l'or était un monopole royal, placé sous le contrôle très strict du pharaon et de son administration.

Des trésors dans le désert

Le désert oriental, entre la vallée du Nil et la mer Rouge, regorge de pierres précieuses et semi-précieuses utilisées par les joailliers. Ils les montaient en bijoux et y gravaient parfois de petits hiéroglyphes ou des figures de divinités.

Plein de bijoux

Hommes et femmes portaient habituellement de nombreux bijoux : colliers, pectoraux, bracelets, bagues et boucles d'oreilles. Les métaux utilisés étaient l'or, l'argent et le bronze. Certains ateliers dépendaient des temples. À Memphis, par exemple, le sanctuaire de Ptah abritait de nombreux orfèvres et monteurs de bijoux ; des nains et des handicapés, placés sous la protection du dieu, y étaient employés.

Statuettes de dieux en or.

Faucon en bronze incrusté d'or.

Le cuivre et le bronze

Le cuivre puis le bronze, découvert plus tard, sont utilisés pour la fabrication des armes, des outils et d'instruments divers, notamment de toilette. On a trouvé dans les tombeaux des scies, des haches, des aiguilles et des épingles. Le cuivre et le bronze servent aussi à la réalisation de nombreuses statues et statuettes de dieux, de bijoux et à la fabrication de vaisselle.

Les principales pierres :

- le quartz ou cristal de roche ;
- l'améthyste (variété violette de quartz) ;
- l'émeraude verte ;
- la turquoise, de couleur bleu ciel à bleu-vert ;
- le lapis-lazuli, d'un bleu intense ;
- l'agate rouge ou cornaline ;
- la calcédoine translucide, de couleur rouge orangé ;
- la sardoine brune.

Le poignard à lame de fer de Toutankhamon.

Le fer

Le fer n'apparaît que tardivement au Nouvel Empire. Toutankhamon ne possédait qu'un seul poignard avec une lame en fer, métal extrêmement rare pour l'époque. Son usage dans l'armement s'impose lentement au cours de la Basse Époque.

Des artisans mal récompensés

Les artisans travaillent pour le pharaon, le clergé ou les nobles. Ils n'ont pas le droit de signer leurs œuvres et restent la plupart du temps anonymes. Médiocrement rémunérés en nature, ils occupent une position sociale supérieure aux paysans mais très inférieure aux scribes.

Les nobles

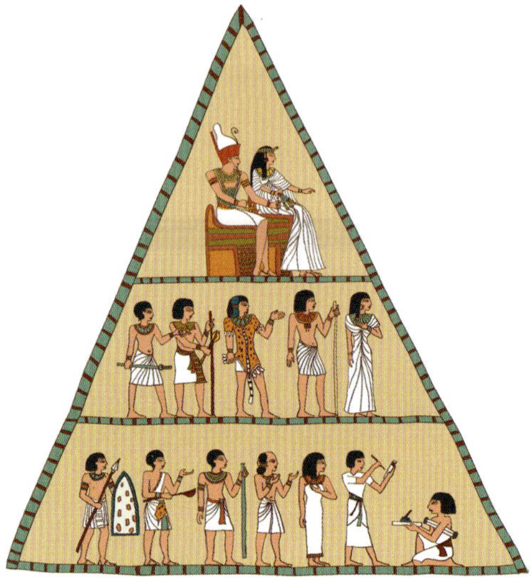

Le pharaon administre le pays par l'intermédiaire de nombreux fonctionnaires qui, à leur mort, transmettent le plus souvent leur charge à leurs enfants. Ces nobles possèdent de belles et riches maisons ; ils accordent beaucoup de temps à leurs loisirs : banquets somptueux, jeux de société, chasse dans le désert ou dans les marais du Nil.

L'administration centralisée

Sagesse de Ptahhotep

Le vizir Ptahhotep rédigea, sous la Ve dynastie, un livre de sagesse destiné aux jeunes de l'époque. Il leur conseille de se marier, de fonder un foyer et de ne jamais tromper leur épouse.

Quelques sages

Plusieurs hauts fonctionnaires de l'Ancien Empire sont passés à la postérité comme des sages. Imhotep, vizir de Djoser, devient, bien après sa mort, le patron des scribes. D'autres vizirs, comme Kagemni et Ptahhotep, nous ont laissé des livres remplis de conseils moraux et de maximes de savoir-vivre.

Pour gouverner l'Égypte, le pharaon de l'Ancien Empire s'appuie sur de nombreux fonctionnaires ; ils forment une catégorie de privilégiés, qui se transforme en véritable noblesse sous la Ve dynastie.

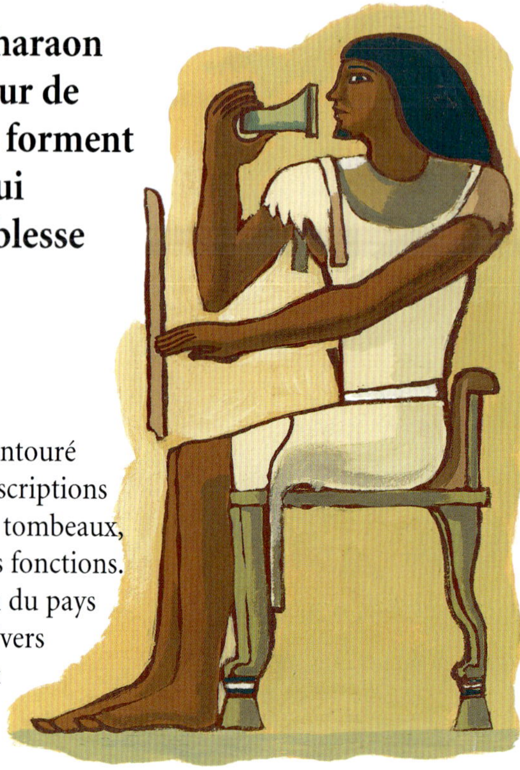

Le vizir Ptahhotep (V^e^ dynastie) respirant un parfum.

Un grand nombre de fonctionnaires

Le pharaon ne gouverne pas seul : il est entouré d'une foule de fonctionnaires dont les inscriptions hiéroglyphiques, le plus souvent dans les tombeaux, nous donnent précisément les titres et les fonctions. Certains sont chargés de l'administration du pays comme les scribes, les secrétaires et les divers « chefs de mission » ; d'autres s'occupent du service personnel du pharaon au palais ou au cours de ses déplacements : médecins à la cour, responsables des perruques ou encore des sandales royales.

Scribe accroupi en train d'écrire (V^e^ dynastie).

Le vizir et ses « services »

Le chef de l'administration est le vizir ou Premier ministre. Il est tout à la fois responsable du Trésor, de la justice, de l'agriculture et des archives du pharaon. Il transmet ses ordres aux fonctionnaires provinciaux, qui résident dans les nomes, par l'intermédiaire de ses « chefs de mission ». Il a sous ses ordres de nombreux « chefs de service » et une multitude de scribes ou secrétaires.

Des privilégiés

Les fonctionnaires, du vizir au scribe, sont très fiers de leur place et de leur rôle dans la société égyptienne. Ils sont riches, cultivés et puissants. C'est une catégorie de privilégiés. Mais ils peuvent tomber en disgrâce et se voir retirer leur charge par le pharaon.

Peinture dans un tombeau de noble (reconstitution). Celui-ci est représenté beaucoup plus grand que les autres personnages.

KAGEMNI LE MODÉRÉ

Le vizir Kagemni composa un traité de savoir-vivre sous la IVe dynastie. Il conseille à ses lecteurs de ne boire et manger qu'avec modération.

La naissance de la noblesse

La catégorie des hauts fonctionnaires se transforme peu à peu en véritable noblesse. Sous les Ve et VIe dynasties, il est courant que les enfants occupent les fonctions de leurs parents. Les charges sont, en fait, devenues héréditaires. De plus, la décentralisation augmente les pouvoirs des fonctionnaires locaux qui deviennent des princes et des notables.

Le chef de village Ka-Aper, dit le « Cheikh el-Beled », (fin IVe-début V[e] dynastie).

L'administration locale

Dans les nomes ou régions de l'Égypte, l'administration est confiée à des nomarques, c'est-à-dire des « chefs de nome ». À l'origine, ce sont des fonctionnaires contrôlés par le pharaon, mais leurs pouvoirs deviennent de plus en plus importants sous les Ve et VIe dynasties. Ils se succèdent de père en fils et finissent par se transformer en princes locaux.

Puissants princes d'Éléphantine

Sous la VIe dynastie, les nomarques d'Éléphantine (l'actuelle Assouan, au sud de l'Égypte) se transforment en véritables princes. Ils se succèdent de père en fils et tirent de grandes richesses de l'exploitation de la Nubie et du commerce avec l'Afrique noire. Leurs tombeaux sur la rive occidentale du Nil, en face d'Éléphantine, témoignent aujourd'hui encore de leur puissance.

Vizirs et vice-rois

Pectoral du vizir Paser. On reconnaît Isis, Nephthys et le scarabée.

Au Nouvel Empire, le pharaon est secondé dans l'administration de son royaume par 2 vizirs et un vice-roi en Nubie.

Les 2 vizirs

Trouvant qu'un seul homme n'était plus suffisant pour diriger les services administratifs du royaume, le pharaon dédouble la fonction de vizir au début de la XVIIIe dynastie. Le premier vizir est chargé de la Haute-Égypte ; il réside à Thèbes. Le second, installé à On-Héliopolis, s'occupe du nord du pays.

Le serment des vizirs

Les vizirs sont choisis personnellement par le pharaon. Au cours d'une cérémonie d'intronisation qu'il préside, ils lui prêtent serment de fidélité. Après avoir écouté ses conseils et ses recommandations, ils lui promettent d'administrer le pays avec sagesse et modération. Ils seront, affirment-ils, « la volonté du pharaon, ses oreilles et ses yeux ». Ils prendront soin d'étudier au mieux chaque affaire pour en informer leur maître.

Une tâche écrasante

Les fonctions du vizir, au Nouvel Empire, sont bien connues grâce aux nombreuses inscriptions dans les tombeaux. Le vizir est le chef de l'administration de Haute ou de Basse-Égypte. Il est en relation permanente avec les nomarques dont il est le supérieur hiérarchique. Il cumule les fonctions de responsable de la justice, de l'agriculture, des finances, de l'armée, des archives et des travaux publics. C'est un véritable vice-pharaon local.

Conseils du pharaon à son vizir

« Ne renvoie personne sans l'avoir d'abord écouté ; ne dis jamais non à quelqu'un sans raison ; mais si tu dois dire non, explique pourquoi. Fais en sorte qu'on ait peur de toi comme d'un vrai prince ; mais n'oublie pas que l'honneur d'un prince, c'est d'être juste. » (Tombeau de Rekhmirê.)

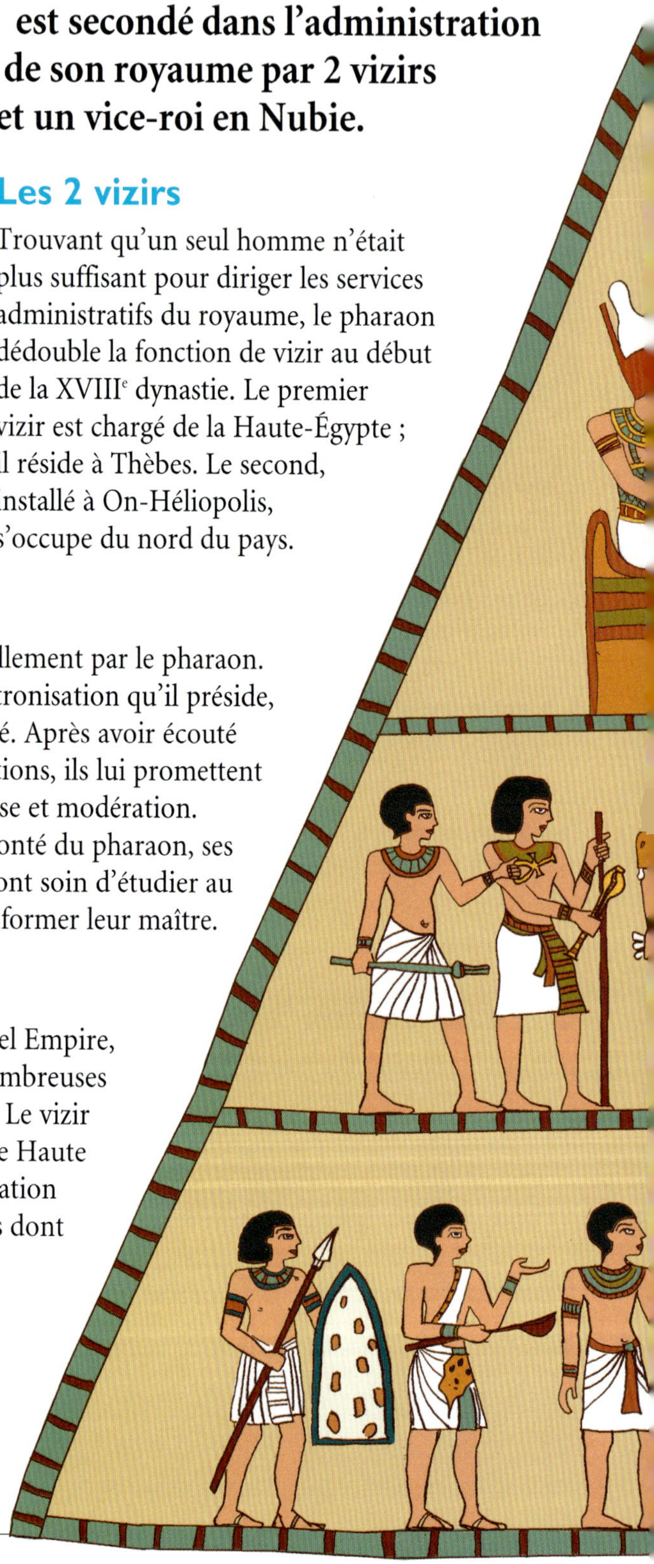

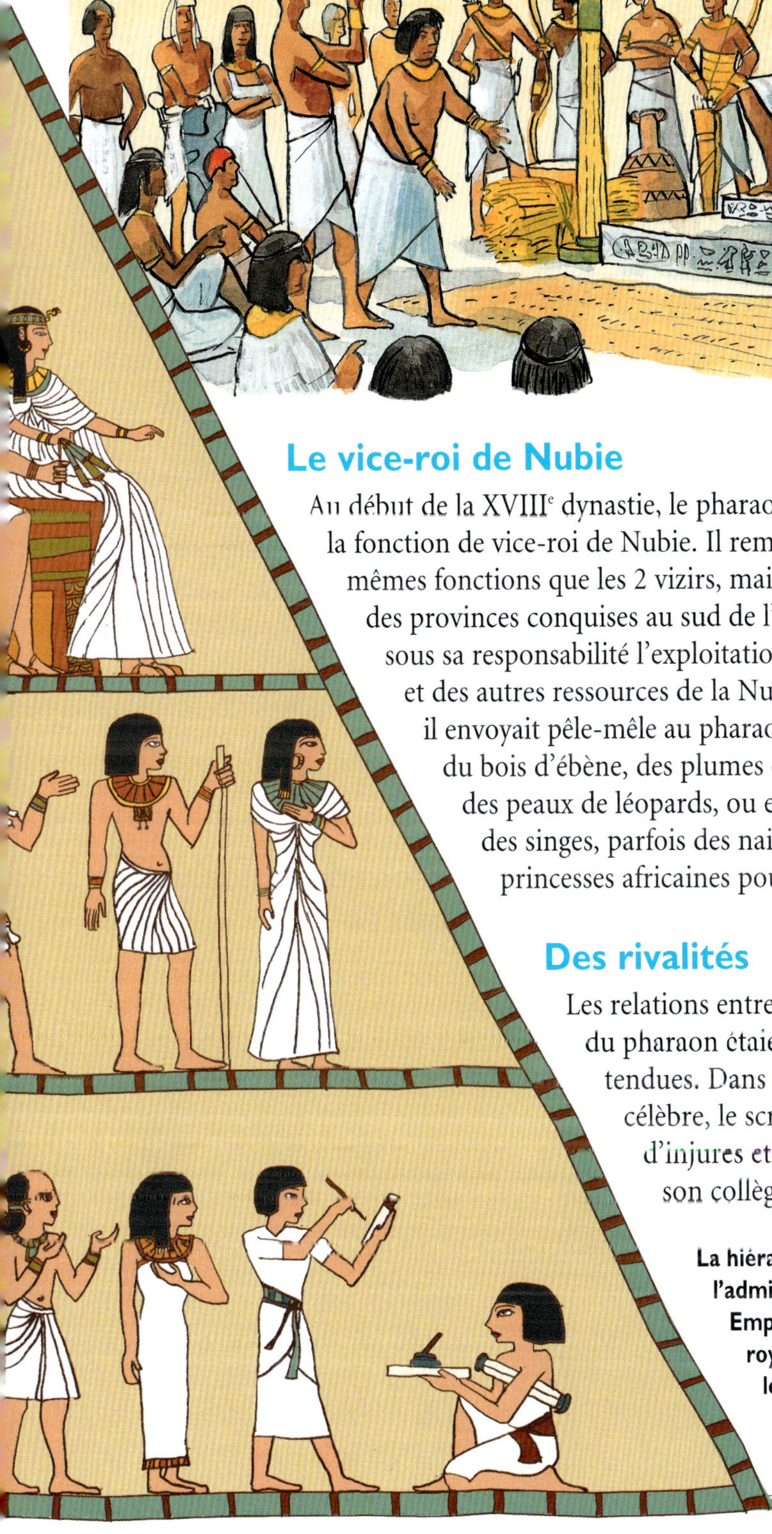

Le vice-roi de Nubie

Au début de la XVIIIe dynastie, le pharaon crée aussi la fonction de vice-roi de Nubie. Il remplissait les mêmes fonctions que les 2 vizirs, mais se chargeait des provinces conquises au sud de l'Égypte. Il avait sous sa responsabilité l'exploitation des mines d'or et des autres ressources de la Nubie. Tous les ans, il envoyait pêle-mêle au pharaon de l'or, de l'ivoire, du bois d'ébène, des plumes d'autruches, des peaux de léopards, ou encore des girafes, des singes, parfois des nains et de belles princesses africaines pour le divertir.

Des rivalités

Les relations entre les fonctionnaires du pharaon étaient parfois très tendues. Dans une lettre devenue célèbre, le scribe Hori couvre d'injures et de moqueries son collègue Aménemopé.

La hiérarchie de l'administration au Nouvel Empire. En haut, le couple royal ; au centre : les nobles ; en bas : les fonctionnaires locaux.

Rekhmirê, vizir de Thoutmosis III

La tombe du vizir Rekhmirê, à Thèbes, est d'un très grand intérêt. Outre les extraordinaires fresques de ses parois, qui nous renseignent sur la vie quotidienne de l'époque, une longue inscription nous apprend avec beaucoup de précision quelles étaient les fonctions du défunt.

Le vice-roi Houy

Houy était vice-roi de Nubie sous Toutankhamon. Une fresque de son tombeau, à Thèbes, montre un cortège de Nubiens, chargés de cadeaux, que Houy envoie au pharaon. En tête, sur un char, se tient, une élégante jeune fille noire, vêtue à la mode égyptienne, destinée au harem du pharaon.

L'Égypte sous les Ptolémées

LE COMPTABLE
Un comptable vérifiait les comptes et les statistiques de toute l'Égypte. Son bureau se trouvait à Alexandrie. Toutes les productions étaient enregistrées avec précision. Aucune source de revenus ne devait échapper au contrôle de l'administration.

Les Ptolémées mettent en place un système pour contrôler sévèrement l'exploitation de l'Égypte. Leur but est de tirer les plus gros profits possible.

Le *dioikètès* au travail.

L'administrateur du royaume

Le chef de l'administration sous les Ptolémées porte le titre grec de *dioikètès*, ou « administrateur » du royaume. C'est, en fait, un Premier ministre nommé par le roi, comme autrefois le vizir. Il réside à Alexandrie, non loin du palais royal. De très nombreux fonctionnaires sont sous ses ordres : des *dioikètès* adjoints, des secrétaires et de nombreux agents envoyés en mission dans les nomes.

Nomes, nomarques et stratèges

Les Ptolémées conservent la division de l'Égypte en nomes. Ces régions étaient alors sans doute au nombre de 36. Chaque nome est confié à un nomarque, mais ce dernier est surveillé par un stratège, ou général, qui commande l'armée et la police du nome. Sous les premiers Ptolémées, le stratège est souvent grec ou macédonien, alors que le nomarque est un membre d'une grande famille égyptienne. Mais à l'époque de Cléopâtre, la plupart des stratèges des nomes de Haute-Égypte sont des Égyptiens, car les Grecs se sont mélangés par des mariages avec les anciens habitants du pays.

Le travail des paysans était strictement contrôlé par les Ptolémées.

L'exploitation planifiée des terres

Comme avant les Ptolémées toutes les terres appartiennent au pharaon. Mais ces derniers vont encore plus loin que leurs prédécesseurs dans le contrôle sévère qu'ils imposent aux exploitations agricoles. Chaque champ est loué au paysan par le roi, pour une année, en échange d'une partie de sa récolte, en général le tiers. Un autre tiers est versé comme impôt. Le reste permet au paysan de nourrir sa famille. Le choix des cultures est décidé par décret royal ; le paysan ne peut cultiver ce qu'il veut.

Un artisanat contrôlé

Comme l'agriculture, les ateliers sont sévèrement contrôlés par le roi et ses fonctionnaires. C'est le cas notamment de la production de papyrus, du tissage de la laine et du lin. Tout travail est lourdement taxé.

Fonctionnaires corrompus et marché noir

Certains fonctionnaires ont parfois abusé de leurs pouvoirs, notamment aux IIe et Ier siècles avant J.-C., quand les querelles familiales empêchaient les Ptolémées de s'intéresser de près à ce qui se passait dans le royaume. Des fonctionnaires sans scrupules détournaient une partie de la production pour la revendre en contrebande. On vit apparaître une sorte de marché noir, véritable économie parallèle, qui échappait aux taxes de l'État et permettait de se procurer des biens à moindre coût.

Précieuses archives

Des papyrus de l'époque des Ptolémées ont été découverts, notamment dans le Fayoum. Ils nous renseignent très précisément sur le système d'exploitation du pays. On trouve des contrats de bail signés par les paysans et les fonctionnaires royaux, ainsi que des bordereaux qui précisent ce que chacun devait cultiver.

Des précurseurs de Staline ?

Certains historiens ont comparé l'économie planifiée des Ptolémées au système mis en place par Staline en URSS. La liberté d'entreprise était effectivement presque nulle et le contrôle de l'État se voulait absolu. Les Ptolémées ne possédaient cependant pas les moyens d'oppression du régime stalinien.

Juges et tribunaux

La bastonnade d'abord

Tout prévenu est systématiquement battu par les policiers, même s'il est possible qu'il soit innocent. Les coups de bâton étaient considérés comme nécessaires pour qu'il dise la vérité.

Dès l'Ancien Empire, des tribunaux sont installés à l'entrée des temples. La justice y est rendue sans grand ménagement pour les prévenus et les condamnations sont souvent sévères.

Les tribunaux égyptiens

Les tribunaux égyptiens siégeaient devant l'entrée des grands temples. Grâce aux bas-reliefs des mastabas, on connaît le déroulement des séances. Les juges (6 ou 8) prenaient place, à même le sol, avec leurs dossiers à la main. Un policier armé d'un bâton introduisait brutalement le prévenu. Il n'y avait pas d'avocat ; chacun se défendait lui-même comme il pouvait, parfois en faisant intervenir des témoins. Au Nouvel Empire, les affaires les plus graves étaient jugées en présence du vizir.

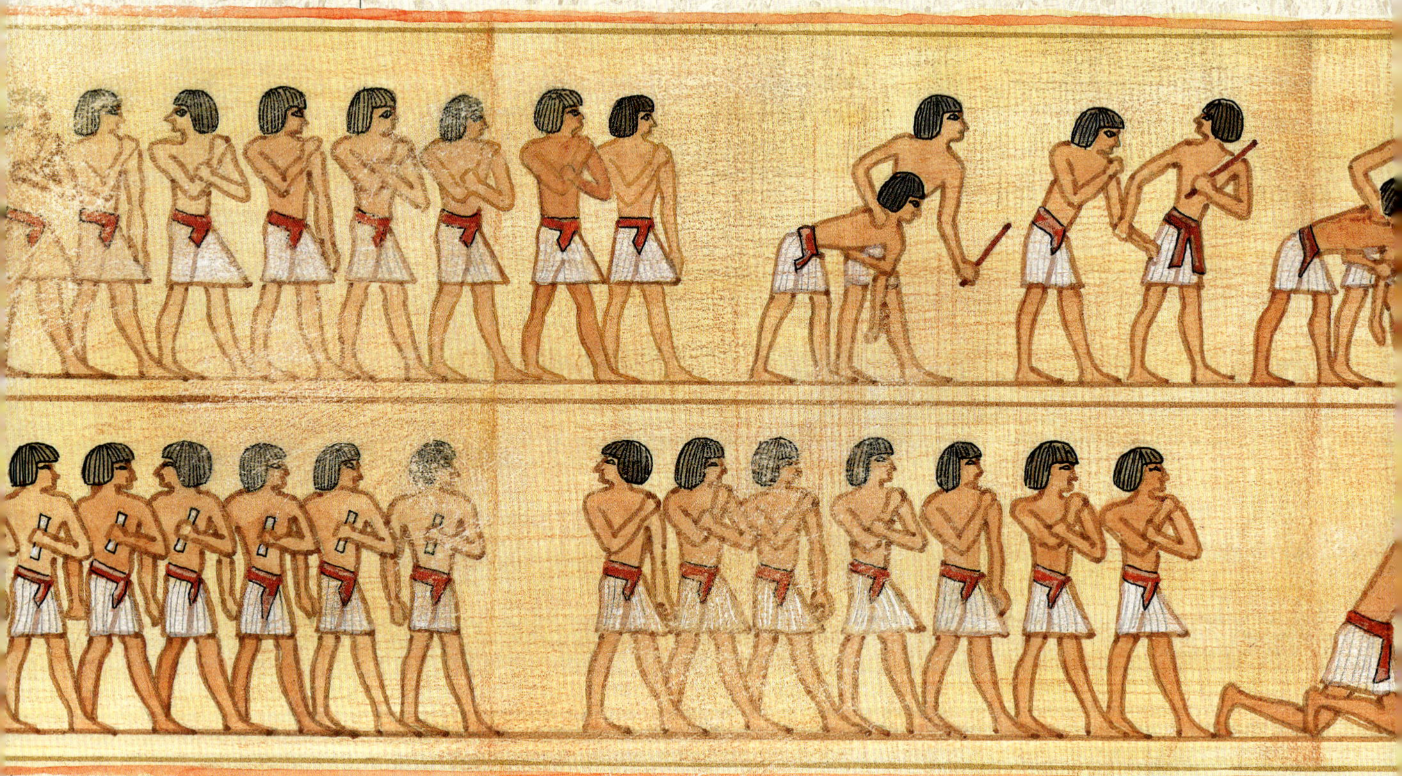

Le vizir Rekhmirê, à droite, préside un tribunal. En haut, des accusés sont amenés par des policiers devant les 40 volumes du Livre des lois. En bas, un coupable reçoit des coups de bâton.

La police

Pour faire respecter la loi et les décisions de la justice, le pharaon avait recours à sa police. Un chef de police se trouvait dans chaque village ; c'était une sorte de shérif, armé d'un bâton, d'un fouet, parfois d'une épée. À l'époque des Ptolémées, il montait à cheval, ce qui facilitait ses interventions. Selon l'importance de la ville ou du village, plusieurs policiers travaillaient sous ses ordres.

LES CODES DE LOIS

On a retrouvé des papyrus mentionnant des décisions de justice mais aucun code de lois égyptien. On sait cependant, par un bas-relief du tombeau de Rekhmirê, qu'un Livre des lois servait de référence : ses 40 volumes étaient déposés dans la salle d'audience.

Tribunaux concurrents sous les Ptolémées

Quand les Ptolémées devinrent les maîtres de l'Égypte, ils ne modifièrent pas les lois en vigueur dans les tribunaux égyptiens. Mais les nombreux Grecs installés dans le royaume voulurent conserver leurs propres lois. Des juges grecs ambulants furent alors nommés ; ils parcouraient le pays et réglaient les conflits entre colons grecs. Mais quand un procès opposait un Grec et un Égyptien, l'affaire se compliquait car le tribunal égyptien pouvait rendre un verdict différent de son concurrent grec. On s'adressait alors au stratège du nome qui tranchait.

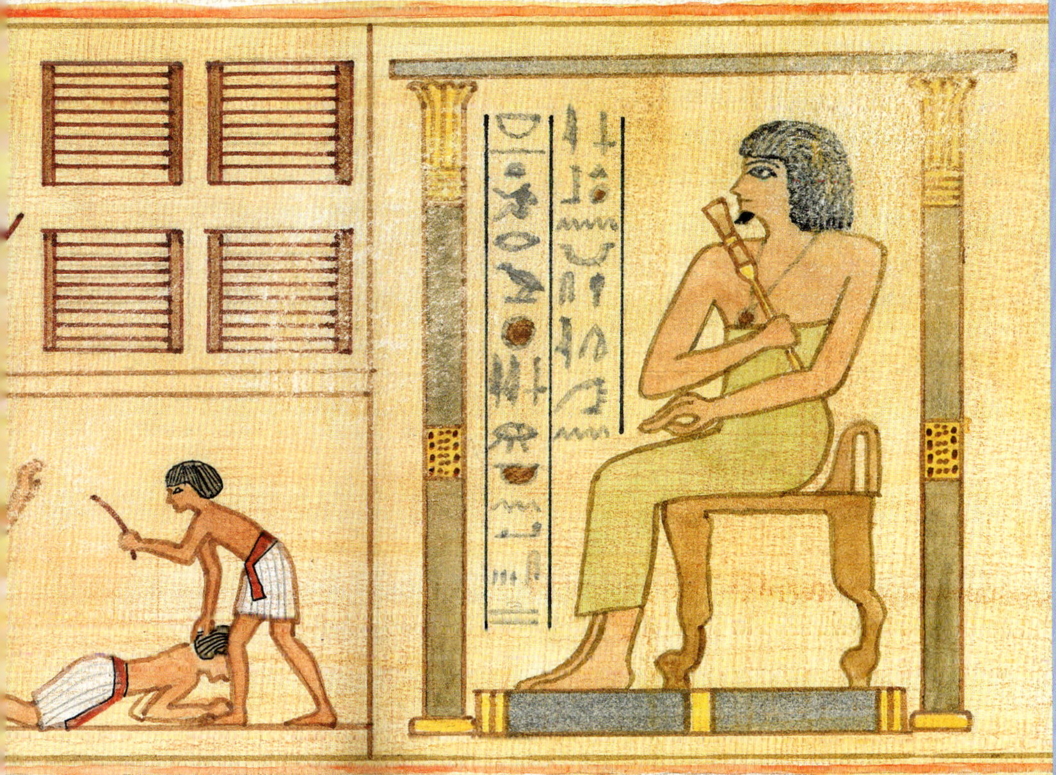

La peine de mort

La peine de mort était assez rare. Elle était généralement réservée aux criminels et aux femmes adultères. On coupait la tête des condamnés à mort ; parfois on les pendait, notamment à Alexandrie. On considérait comme une faveur la mort par morsure de serpent : le condamné était attaché et étendu à terre ; on plaçait alors un cobra sur sa poitrine. On jetait les femmes adultères aux crocodiles.

LES AUTRES PEINES

Pour les affaires de droit commun, la confiscation des biens du coupable était la peine la plus courante, ainsi que les coups de bâton. Parfois, on fracturait volontairement le nez du coupable ou même on le lui coupait carrément, de même que ses oreilles. La peine de prison était prononcée pour ceux qui ne pouvaient rembourser leurs dettes ; elle s'accompagnait le plus souvent d'une condamnation aux travaux forcés.

TRADITIONS ÉGYPTIENNES ET LOI GRECQUE

Les lois grecques et la tradition égyptienne s'opposaient sur de nombreux points, notamment sur le statut des femmes et le mariage. L'Égyptienne est indépendante, elle possède des biens, peut travailler et divorcer, alors que la Grecque est considérée comme une mineure, placée sous la tutelle de son père ou de son mari. De plus, la coutume égyptienne autorise les mariages entre frère et sœur, alors que les lois des Grecs les condamnent comme incestueux.

Couple de nobles égyptiens devant leur maison avec leurs enfants en train de jouer.

La maison et le mobilier

Portes et fenêtres

La porte de la maison était en bois et donnait accès à la cour ; on la fermait au moyen de bâtons que l'on glissait dans des anneaux en bronze.
Les fenêtres n'étaient le plus souvent que de petites ouvertures sans vitres – elles étaient inconnues –, ni volets : c'était inutile à cause de la chaleur.

Les maisons des Égyptiens ont disparu car elles étaient moins solides que les temples et les pyramides. On peut néanmoins les imaginer à partir de maquettes en bois trouvées dans les tombes.

Des maisons fragiles

Contrairement aux temples et aux tombeaux, les maisons des particuliers et même les palais étaient construits dans des matières peu résistantes au temps : des briques en terre séchée, du bois et des branches. C'est pourquoi aucune habitation n'a été bien conservée jusqu'à nos jours. Le plus souvent les archéologues ne retrouvent que les bases des murs. Cela nous permet de connaître le plan de la maison, mais pas sa hauteur, ni son aspect général.

Il y en a pour toutes les bourses

Comme aujourd'hui, les maisons étaient différentes selon que leurs habitants étaient riches ou pauvres. Les paysans vivaient dans des habitations très simples à une seule pièce, parfois dans des huttes en bois et en terre couvertes de branches. Les fonctionnaires royaux et les nobles possédaient de petits palais ou de belles « villas » qui se distinguaient par leurs dimensions et leur riche décoration ; des peintures aux couleurs vives agrémentaient les salles de réception et sans doute les chambres à coucher.

Intérieur d'une habitation.

Des maquettes très complètes

Heureusement, de nombreuses maquettes de maisons en calcaire ou en bois peint, parfois accompagnées de personnages ou d'animaux, ont été découvertes dans les tombeaux du Moyen Empire. Le mort pouvait ainsi emmener sa demeure terrestre dans l'au-delà avec ses serviteurs, les paysans de ses domaines et même ses bêtes ; le tout en miniature ! Les maisons représentées sont celles de la noblesse : dotées d'une petite cour intérieure, elles sont entourées par un mur. Elles possèdent un étage, parfois 2 ou 3 ; les toits sont plats et aménagés en terrasses. On accède aux différents niveaux par un escalier qui part de la cour.

PROCHES DU SOL

Les Égyptiens ne vivaient pas comme nous avec des meubles « surélevés » : tables et chaises étaient très basses, et souvent on s'asseyait sur des tabourets ou des nattes en roseau tressé, à même le sol. Les vêtements étaient rangés dans des coffres. Des paniers en roseau et papyrus remplaçaient nos placards et buffets.

Les meubles

Comme les maisons, les meubles étaient adaptés à la position sociale et à la richesse de leurs propriétaires. Les artisans avaient un mobilier très simple fait en bois, roseau et tiges de papyrus sans décor. Les nobles, eux, possédaient des meubles en bois importés d'autres pays, comme le cèdre du Liban et l'ébène d'Afrique, décorés d'incrustations en ivoire, de peintures et d'or plaqué. Le travail était très soigné : on donnait aux pieds la forme de pattes de lion, ailleurs on sculptait des têtes d'animaux.

Chaise en bois munie de pieds en forme de pattes de lion (Nouvel Empire).

LE LIT

Alors que les paysans se couchaient à terre sur des nattes en roseau, les nobles dormaient dans des lits en bois. En guise de coussin, ils posaient la tête sur un chevet ou appuie-tête en bois, parfois en albâtre. Cette habitude nous paraît étonnante ; en fait, elle évite au dormeur, bien calé, des problèmes de dos et de douleurs musculaires.

Le costume

Différentes coupes de pagnes

En plus de 3 000 ans, le pagne égyptien a assez peu évolué. Les archéologues ont pourtant pu répertorier environ 40 modèles différents. La matière est toujours le lin et la couleur dominante le blanc ; mais on note des variantes dans la coupe, un peu comme les « jeans » d'aujourd'hui. De plus, certains pagnes sont rayés, d'autres non.

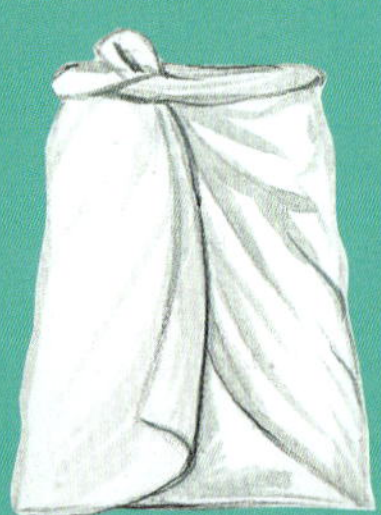

Les vêtements des anciens Égyptiens étaient relativement simples ; seuls les parures, les bijoux et les perruques différenciaient les nobles des plus pauvres.

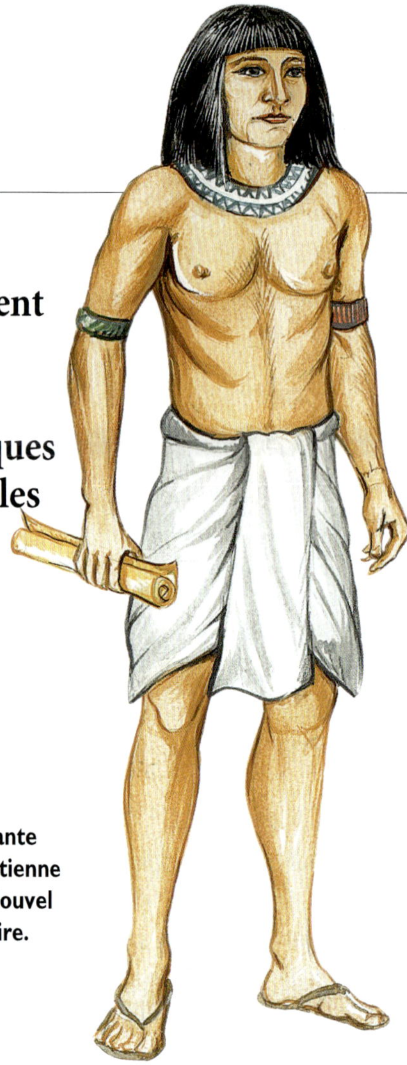

Élégante Égyptienne du Nouvel Empire.

Des vêtements simples

Le climat chaud n'exige pas de vêtements chauds. Comme le soleil brille presque toute l'année, les vêtements sont assez légers. Le lin, produit en Égypte, est le tissu le plus utilisé, car il ne tient pas chaud. Les Égyptiens portaient de simples pagnes, sortes de caleçons, qui allaient de la taille à la moitié des cuisses et laissaient le torse découvert. Les femmes étaient vêtues de tuniques légères à bretelles, très moulantes.

La mode des plis

Le vêtement a néanmoins connu une évolution : au Nouvel Empire, il est à la mode chez les nobles de porter des pagnes, pour les hommes, et des robes, pour les femmes, de plus en plus plissés.

On aimait aussi superposer les vêtements ; par exemple un voile transparent, sorte de paréo enfilé par-dessus le pagne, était jugé comme très élégant.

Perruques et bijoux

Femmes et hommes de la noblesse se rasaient le crâne et portaient des perruques de cheveux naturels qu'ils parfumaient. Ils se paraient également de nombreux bijoux : colliers, bracelets, boucles d'oreilles. Les hommes riches étaient autant couverts de bijoux que les femmes.

Les bâtons

Les nobles s'appuyaient sur de longues cannes ou des bâtons, symboles de leur rang et de leur autorité. À tout moment, s'ils le jugeaient nécessaire, ils pouvaient bastonner leurs paysans ou leurs ouvriers, notamment quand ils estimaient que le travail avait été mal fait. Les juges et les policiers utilisaient leurs bâtons de la même manière, pour châtier les accusés et les personnes qu'ils interrogeaient. Les hauts fonctionnaires ne portaient pas un vulgaire bâton ; ils avaient le droit de tenir dans leur main droite le sceptre *sekhem*, sorte de spatule à long manche, insigne de leur puissance.

Couple égyptien d'après un bas-relief de la tombe de Ramosé, (XVIIIe dynastie).

LA MODE AU NOUVEL EMPIRE

À partir du règne d'Aménophis III et sous les Ramsès, les nobles ont tendance à couvrir de plus en plus leur corps. On voit apparaître des voiles, des gilets et des chemises très amples et longues. Les draperies, toujours très légères, sont parfois totalement transparentes. Par rapport à l'Ancien Empire, les tenues du Nouvel Empire paraissent beaucoup plus coquettes.

Un noble, s'appuyant sur une canne et tenant le sceptre *sekhem*, assiste à la bastonnade de 2 prévenus.

La table chez les nobles

Les peintures et les bas-reliefs des tombes des nobles nous montrent ce que mangeaient les riches Égyptiens. Les pauvres devaient avoir une alimentation beaucoup plus simple.

Pains et sucreries

Certaines inscriptions dans les tombes mentionnent des noms de gâteaux et de sucreries, mais ils sont impossibles à traduire car on ne sait pas au juste de quels ingrédients ils étaient faits. On arrive tout de même à lire, dans certains textes, que les dattes, fruits du palmier, étaient réduites en pulpe pour sucrer le pain ; par ailleurs, le lotus servait à parfumer les pâtisseries.

Viandes et poissons

Les nombreuses scènes de boucherie sur les parois des mastabas et des hypogées indiquent que les nobles étaient de grands consommateurs de viande : du bœuf bien sûr, mais aussi du mouton et du porc, sans oublier la volaille : oies, poulets, pigeons et canards sauvages. Toutes ces viandes se servaient grillées. On mangeait aussi, mais plus rarement, des poissons du Nil, séchés.

La bière et le vin

Tous les plats étaient copieusement arrosés de bière faite d'orge fermentée. Cette boisson pouvait être plus ou moins sucrée selon la qualité de la pulpe de dattes ajoutée. Le vin était réservé aux plus riches. Il était conservé dans des jarres qui n'étaient pas totalement imperméables. Cela permet de penser qu'on ne le laissait pas vieillir. Les crus égyptiens étaient bus très « jeunes ».

PAS DE LIVRES DE CUISINE

Les nobles se faisaient apporter par de nombreux serviteurs des plats extrêmement raffinés et variés au cours de somptueux banquets. Mais comme on n'a pas retrouvé de livres de recettes, il est difficile de se faire une idée précise de la gastronomie égyptienne.

ET LES PAYSANS ?

Contrairement aux nobles, les paysans et les ouvriers mangeaient très peu de viande. Ils se contentaient le plus souvent de pain et d'oignons arrosés d'une cruche de bière. Les populations pauvres des zones du Delta subsistaient grâce à la pêche. Les famines étaient fréquentes et les pauvres en étaient les premières victimes. Dans les inscriptions des tombeaux, certains nobles, pour se donner « bonne conscience », rappellent qu'ils ont donné à manger aux affamés.

Fruits et légumes

La table était aussi garnie de légumes surtout des oignons, des poireaux, des concombres, des laitues allongées (appelées « romaines » aujourd'hui), ainsi que de raisins, de dattes, de figues, de melons et de pastèques.

Les sauces

Des scènes sur les parois des tombeaux montrent des cuisiniers en train de remuer le contenu de marmites. Sur l'une d'elles, aujourd'hui au Louvre, on apprend que la mixture était faite de pain et de fleur de lotus.

Le miel

L'élevage des abeilles permettait de produire du miel qui entrait sans doute dans la composition des gâteaux et peut-être des sauces.

LES ABSENTS

La plupart des fruits et légumes qu'on voit aujourd'hui dans les marchés d'Égypte étaient inconnus à l'époque des pharaons : c'est le cas des tomates, des pommes de terre, des citrons, des oranges, des bananes, des mangues et des amandes.
On ne mangeait ni riz, ni pâtes, ni couscous.

Jeux et divertissements

TÉMÉRAIRE CHASSEUR !

Ouserhat chasse seul dans le désert ; il n'a pas de conducteur de char à ses côtés : les rênes des chevaux sont nouées autour de sa taille pour qu'il puisse prendre dans son carquois les flèches qu'il décoche l'une après l'autre sur les bêtes effrayées. Un témoignage de sa grande agilité et de son courage.

CHASSE AU GIBIER D'EAU

Les nobles pratiquaient la chasse aux canards et aux oies des marais. Ils se laissaient glisser sur une petite barque légère entre les fourrés de papyrus. Les oiseaux effrayés prenaient la fuite en s'envolant de leurs nids. On les attrapait alors par les pattes et on les assommait d'un coup de bâton. Dans les marais, on chassait en famille. Un texte nous raconte qu'un noble était venu à la campagne pour « s'amuser et profiter des beautés de la nature ».

Les nobles profitent de leurs loisirs pour s'amuser comme le montrent les peintures de leurs tombeaux, mais aussi les jeux de société et les instruments de musique qu'on y a trouvés.

Un noble chasse dans les marais en compagnie de sa famille (Nouvel Empire).

La chasse

Comme le pharaon, les nobles aimaient la chasse. Le but recherché n'était pas de ramener du gibier pour le consommer, mais plutôt de s'amuser, car la chasse était considérée comme un sport. Sur une peinture de son tombeau, Ouserhat, secrétaire chargé de la correspondance d'Aménophis II, s'est fait représenter debout sur un char en train de tirer à l'arc sur une vingtaine de bêtes qui sont déjà mortes ou prennent la fuite. On reconnaît une hyène, des lièvres et des antilopes.

Canard sauvage prenant la fuite.

« Le jeu de Senet »

Les tombeaux nous ont livré plusieurs jeux de société égyptiens. Le plus connu, le « jeu de Senet », se jouait sur un damier de 30 cases, avec des pions qu'il fallait faire avancer ; c'est l'ancêtre de notre jeu de l'oie. Certaines cases étaient considérées comme des pièges, d'autres au contraire donnaient des bonus. Le gagnant était celui qui réussissait à faire sortir tous ses pions avant son adversaire.

Des os à la place des dés

À la place des dés, les Égyptiens utilisaient parfois des baguettes de jeu en os ou des osselets pour faire avancer les pions du jeu de Senet ou les bâtonnets du jeu des 58 trous.

Le jeu des 58 trous

Un autre jeu très apprécié est celui des 58 trous. Le plateau de jeu circulaire, en forme d'hippopotame, est séparé en 2 zones correspondant aux 2 camps adverses ; chacune est percée de 29 trous. On y enfonçait des bâtonnets terminés par des têtes de chien ou de chacal. Chaque joueur faisait avancer les siens ; certains trous entraînaient des retours en arrière tandis que d'autres faisaient gagner un tour de plus.

La harpe, instrument égyptien le plus ancien, était aussi considérée comme le plus noble.

Concerts et danses

Les nobles organisaient dans leurs maisons de magnifiques banquets où la haute société était invitée, comme on le voit sur les bas-reliefs du tombeau de Ramosé à Thèbes. On mangeait et on buvait ; on écoutait aussi des groupes de musiciens et on admirait les déhanchements de belles danseuses.

Musiciennes et danseuses lors d'un banquet (Nouvel Empire).

Les instruments de musique

Les Égyptiens adoraient la harpe, le luth, sorte de petite guitare, et la flûte. La musique était rythmée par des tambourins et des castagnettes en ivoire. Le sistre, sorte de hochet de bronze qu'on agitait, était réservé à la musique religieuse.

Les dieux

Chaque ville, chaque région d'Égypte possède ses propres dieux ; mais certains ont acquis une position dominante et sont adorés dans tout le pays, comme Horus sous l'Ancien Empire, Amon au Nouvel Empire ou Isis à la Basse Époque. De nombreuses divinités secondaires, animaux sacrés et génies, connaissent aussi une grande popularité.

La religion égyptienne

Osiris entre le pharaon Séthi Ier et la déesse Séchat.

Bien qu'unifiée politiquement sous l'autorité du pharaon depuis Narmer, l'Égypte conserve des traditions religieuses très différentes selon les villes et les régions. Les grands dieux ont tous un sanctuaire et une ville d'origine.

PAS DE VÉRITABLES LIVRES SACRÉS…

Les Égyptiens n'ont pas de livres sacrés comme la Bible ou le Coran. Les textes égyptiens dits sacrés sont des recueils de formules et de prières à réciter lors des cérémonies de culte ; mais ils ne contiennent pas de révélation divine, ni de messages dictés aux hommes par un dieu.

… NI DE VÉRITABLE PANTHÉON

La plupart des dieux n'ont pas de relations entre eux. Indépendants les uns des autres, ils ne se rencontrent pas dans les mythes. Difficile donc de parler de « panthéon », sorte de grande famille regroupant les dieux qui ont des liens de parenté bien définis, comme en Grèce ou à Rome.

La diversité et la complexité de la religion égyptienne

La religion égyptienne est loin d'être aussi cohérente que certaines grandes religions d'aujourd'hui, comme le judaïsme, le christianisme et l'islam. C'est un ensemble de traditions diverses, voire contradictoires, dont l'origine remonte aux tribus qui se partageaient le pays avant l'unification politique réalisée par Narmer. La religion n'a jamais été unifiée : chaque ville, chaque région garde ses grands dieux, ses traditions et ses temples. Parfois, c'est une même divinité qui est adorée dans plusieurs sanctuaires mais sous des formes différentes. Il faut donc se représenter la religion égyptienne comme une mosaïque complexe de cultes et de divinités diverses.

Les triades

Les seules véritables associations de dieux sont les triades qui sont des regroupements de 3 dieux. Elles correspondent à une famille réduite à un père, une mère et un fils. Osiris, Isis et Horus forment une triade, de même qu'Amon, Mout et Khonsou, ou encore Ptah, Sekhmet et Néfertoum.

La triade osirienne.

Les ennéades : des familles nombreuses

Une ennéade est un groupe de 9 divinités. Celle d'Héliopolis regroupe Atoum le créateur, ses enfants Chou et Tefnout, les petits-enfants Geb et Nout, et enfin les arrière-petits-enfants Osiris, Isis, Seth et Nephthys.

Des seigneurs locaux

Les dieux égyptiens sont des seigneurs locaux, maîtres d'une ville ainsi que des territoires qui l'entourent. Leur palais n'est autre que le temple et les prêtres sont leurs serviteurs. Le pharaon doit rendre hommage à chacun d'entre eux pour maintenir un juste équilibre entre les différentes régions du royaume. Cela ne l'empêche pas cependant de privilégier l'un ou l'autre, comme Amon au Nouvel Empire.

Quelques dieux dominants

Des dieux ont parfois atteint une position dominante. Horus eut un grand succès sous l'Ancien Empire car son culte était soutenu par le pharaon lui-même. Amon connut une gloire comparable au Nouvel Empire parce qu'il régnait sur Thèbes, capitale de l'époque, et parce que son clergé était le plus riche et le plus puissant d'Egypte. Enfin, certains cultes se sont diffusés dans tout le pays en raison tout simplement de leur popularité : c'est le cas d'Osiris puis d'Isis à la Basse Époque.

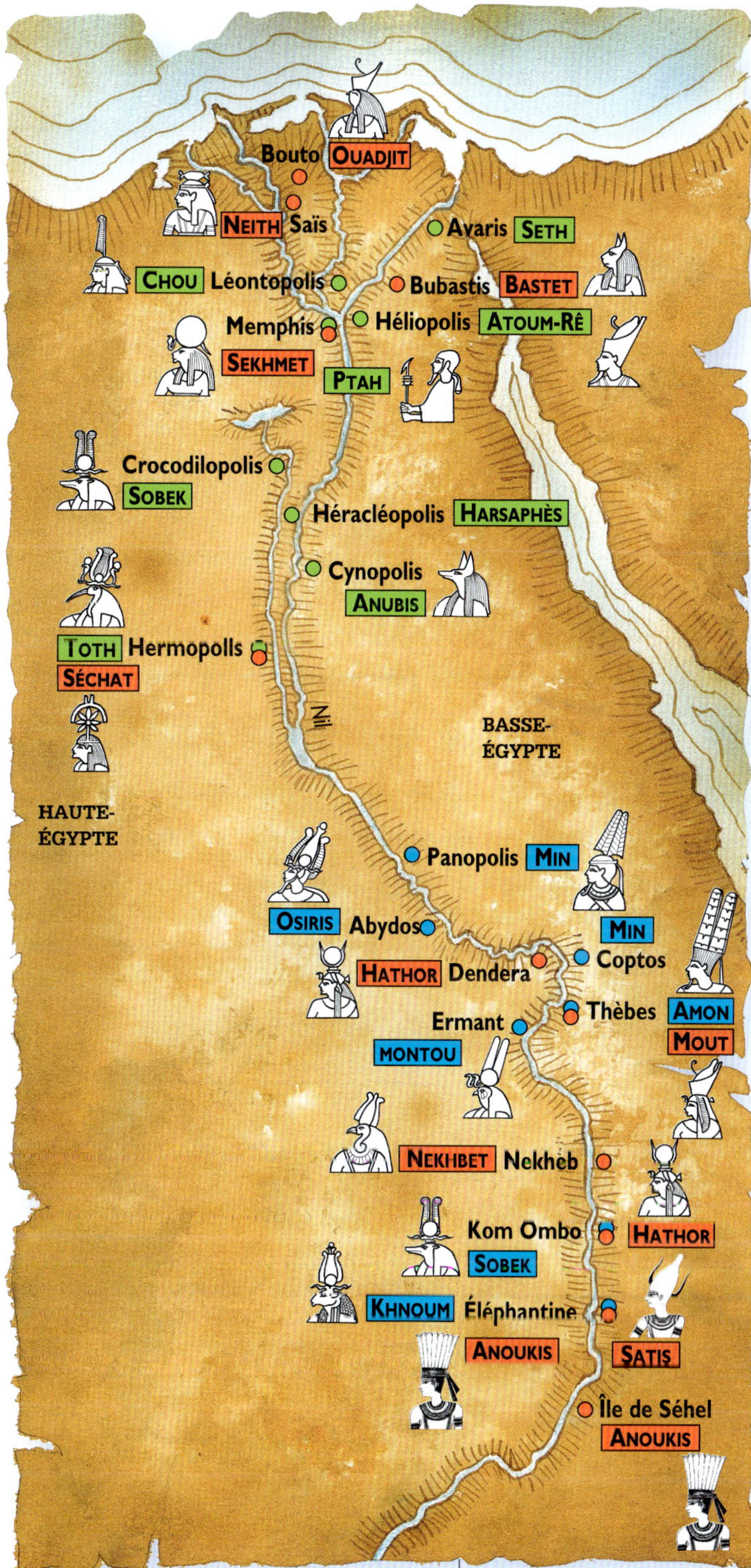

Les principales divinités de l'Égypte et leurs sanctuaires.

Dieux de Basse-Égypte

Dieux de Haute-Égypte

Déesses

Les dieux de Haute-Égypte

BLEU COMME UN SCHTROUMPF !
Le corps d'Amon sur les bas-reliefs est souvent peint en bleu car la chair du dieu se confond avec le ciel.

Khnoum, le bélier d'Éléphantine

Khnoum est le dieu d'Éléphantine, aujourd'hui Assouan, mais également de Latopolis, l'actuelle Esna. C'est un dieu créateur : il aurait modelé le monde sur un tour de potier ; c'est lui aussi qui modèle, toujours de la même manière, les bébés pharaons. On le représente en bélier ou en homme à tête de bélier. Il a 2 femmes : Anoukis et Satis.

Chaque ville de Haute-Égypte possède son ou ses dieux. Parfois un même dieu est adoré dans plusieurs villes comme Osiris, Khnoum ou Min.

Amon, le grand dieu de Thèbes

Son nom veut dire le « caché », car c'est un dieu mystérieux et tout-puissant qui réside dans le ciel. Il est parfois assimilé à Rê, le dieu-soleil d'Héliopolis, sous le nom composé « Amon-Rê ». On le représente coiffé d'un casque cylindrique surmonté de 2 longues plumes droites. Sa femme est Mout et son fils, Khonsou.

Khonsou, fils d'Amon

Dieu de la lune, le fils d'Amon est adoré à Thèbes comme son père. Il est représenté par un jeune homme, parfois avec une tête de faucon, parfois avec un visage d'enfant, mais toujours avec un croissant de lune et une pleine lune sur la tête. Il porte, sur le côté de celle-ci, la mèche de cheveux tressés caractéristique des enfants royaux et tient le plus souvent dans les mains la crosse et le fouet du pharaon.

Le « zizi » de Min

Min est vénéré à Coptos et à Panopolis. C'est un dieu de la sexualité.
On le représente debout et le sexe en érection, ce qui permet de l'identifier facilement ! Il est coiffé du même casque à plumes qu'Amon et est vêtu d'un fin maillot qui colle à la peau.

Montou, le guerrier

Montou est le dieu de la guerre d'Ermant. Homme à tête de faucon, ou de taureau à la Basse Époque, il est armé d'une hache et d'un arc. Son épouse se nomme Rattaouy. Son culte est associé à celui du taureau Boukhis.

Sobek, le crocodile

Le crocodile Sobek est, en Haute-Égypte, le dieu de Kom Ombo. Il est l'époux de la déesse Hathor dans les mythes de cette ville.

Osiris d'Abydos

Bien qu'originaire de Busiris dans le Delta, le culte du dieu des morts Osiris s'est diffusé dans toute l'Égypte. C'était un des cultes les plus populaires dans le pays. Son plus grand sanctuaire en Haute-Égypte se trouvait à Abydos. Osiris a l'apparence d'une momie de pharaon coiffé de la couronne *atef*. Son corps est parfois peint en vert, couleur de la végétation et symbole de sa renaissance. Il est l'époux d'Isis et le père d'Horus.

Les dieux de Basse-Égypte

Le crocodile du Fayoum

Le crocodile Sobek est adoré dans le Fayoum, notamment à Crocodilopolis, qui veut dire en grec « la ville du crocodile ».

La Basse-Égypte honorait ses propres dieux, mais certains, comme Osiris et Sobek, possédaient aussi des sanctuaires en Haute-Égypte.

Atoum, le créateur

Atoum est le dieu d'Héliopolis. Il fut dès l'Ancien Empire confondu avec Rê, le dieu du soleil. On le représente en pharaon coiffé du pschent.

Anubis, le chacal

Le dieu à tête de chacal Anubis est vénéré à Cynopolis. C'est un dieu des morts, souvent représenté dans les tombeaux aux côtés du défunt ou de sa momie.

Harsaphès, le bélier

Harsaphès est un bélier, ou un homme à tête de bélier, adoré à Héracléopolis, près du Fayoum. Dans les légendes locales, il est le mari d'Hathor.

Néfertoum, l'enfant

Néfertoum est un jeune dieu, parfois un enfant, fils de Ptah et de Sekhmet. Il porte une fleur de lotus sur la tête. Comme son père et sa mère, il était adoré à Memphis.

Chou, le dieu à la plume

Chou est le fils d'Atoum. Dieu de l'air et de l'atmosphère, adoré à Léontopolis, il apparaît sous la forme d'un homme portant une plume dressée sur la tête. Il est l'époux de sa sœur Tefnout.

Ptah, le grand

Ptah est le grand dieu de Memphis. Il est coiffé d'un bonnet et vêtu d'une longue gaine moulante qui le couvre des épaules aux chevilles. Époux de la déesse lionne Sekhmet, il est le père du jeune Néfertoum.

Seth, le méchant

Peu sympathique, il représente le mal et la méchanceté. C'est l'assassin de son propre frère, Osiris, et l'ennemi d'Horus, son neveu qui veut venger son père. Comme dieu de la guerre, on l'honore à Avaris et dans plusieurs villes du Delta. Seth a une tête qu'on a du mal à reconnaître ; peut-être un okapi, un lévrier ou même un âne.

Thot, l'intello

Thot, dieu d'Hermopolis dans le Delta et de la ville qui porte le même nom dans la vallée du Nil, est un homme à tête d'ibis. C'est le dieu de l'écriture et du calendrier. Son épouse, la déesse Séchat, l'aide dans ses travaux et ses calculs.

Osiris, un dieu populaire

Le dieu des morts Osiris est adoré dans de nombreux sanctuaires de Basse-Égypte, sous la même forme qu'en Haute-Égypte.

Les déesses

Bastet, la chatte

Bastet est une chatte ou une femme à tête de chatte. Son sanctuaire se trouvait à Bubastis, dans le Delta. Elle incarnait la maternité et la fécondité. Les fêtes organisées en son honneur étaient particulièrement débridées.

De nombreuses divinités féminines sont adorées par les Égyptiens ; la plupart du temps, elles sont les épouses des principaux dieux.

Anoukis et Satis, les Africaines

Anoukis est une Africaine, comme nous le montre sa haute tiare cylindrique d'origine nubienne. On l'adorait sur l'île de Séhel, au sud de la 1re cataracte. À Éléphantine, elle est vénérée comme épouse de Khnoum. Celui-ci était aussi marié à Satis, une autre jolie Nubienne, coiffée d'une couronne de Haute-Égypte ornée de longues cornes.

Hathor, la vache

La déesse Hathor est soit une vache, soit une femme à tête de vache ou à oreilles de vache ou encore une femme dont les 2 cornes sur la tête encerclent le disque solaire. Cette déesse du plaisir et de la fécondité est adorée à Dendera où elle est l'épouse d'Horus le Grand ; mais à Kom Ombo, son mari est le crocodile Sobek.

Nekhbet et Ouadjit

Nekhbet est un vautour femelle. Ouadjit est le cobra femelle de Bouto. Elles symbolisent, quand elles accompagnent le pharaon, dont elles sont les protectrices, la Haute-Égypte et la Basse-Égypte.

Isis, épouse d'Osiris et mère d'Horus

Le culte d'Isis s'est répandu dans toute l'Égypte. Son plus grand sanctuaire de Haute-Égypte se trouve à Philae. Très belle, elle porte sur la tête 2 hautes cornes enserrant le disque solaire, ou encore un petit trône (le hiéroglyphe servant à écrire son nom). À l'époque des Ptolémées, ses représentations, influencées par l'art grec, prennent de nouvelles formes : sa lourde perruque est remplacée par une longue chevelure naturelle et bouclée ; elle se tient debout déhanchée et non plus avec les bras collés le long du corps.

L'irascible Mout

Mout est l'épouse d'Amon, le grand dieu de Thèbes. C'est une reine coiffée d'une dépouille de vautour surmontée du pschent. Elle prend parfois la tête d'une lionne quand elle se bat et qu'elle attrape ses ennemis pour les massacrer.

Neith, la guerrière

Neith est la déesse de Saïs, en Basse-Égypte. C'est une redoutable guerrière armée d'un arc et de flèches.

Selkis, le scorpion

Selkis est une redoutable déesse scorpion, sans doute originaire d'une ville de Basse-Égypte. On sait malheureusement assez peu de choses à son sujet, sinon qu'elle était la patronne d'une corporation de sorciers-guérisseurs.

LES AUTRES ÉPOUSES DE DIEUX

La lionne Sekhmet est l'épouse de Ptah, grand dieu de Memphis. Séchat, femme de Thot, porte sur la tête un bâton terminé par une étoile à 7 branches et Nephthys, sœur et épouse de Seth, le hiéroglyphe qui sert à écrire son nom.

Les dieux cosmiques

Le scarabée, symbole de force

Les Égyptiens étaient impressionnés par la force des scarabées qu'ils voyaient pousser des boulettes faites de bouse de vache. Ils se dirent qu'il fallait aussi beaucoup de force au soleil pour monter dans le ciel et associèrent naturellement le scarabée, appelé Khépri, au soleil levant.

Certains dieux représentent des éléments cosmiques ; ils ont été inventés par les prêtres théologiens pour expliquer les origines du monde. Ils ne sont pas toujours honorés localement, mais sont présents dans les textes sacrés.

Barque céleste en forme de serpent portant le dieu Khnoum.

Rê, le soleil

Rê est le nom du soleil. On imaginait qu'il voyageait à travers le ciel sur 2 barques : une pour le jour, la *Maandjet*, et une pour la nuit, la *Masaket*. Il plongeait le soir dans la bouche de Nout, la déesse du ciel, traversait son corps, et renaissait de son sexe, chaque matin, comme un nouveau soleil. Il est souvent représenté comme un scarabée, appelé Khépri. On l'honore à Héliopolis où il est confondu avec Atoum, le créateur de l'univers.

Des prêtres astronomes

Les prêtres avaient de grandes connaissances en astronomie. À partir de leurs observations nocturnes, ils ont fait peindre des cartes du ciel sur les plafonds des temples et des tombeaux.On y voit se succéder de nombreuses constellations qu'il est souvent difficile d'identifier aujourd'hui.

Maât la juste, fille du soleil

Rê est souvent accompagné de sa fille, Maât, une jeune femme qui porte une plume sur la tête. Maât est la personnification de la justice. C'est avec sa plume que l'on pèse les âmes des morts pour savoir s'ils ont été bons ou mauvais durant leur vie.

La création du monde

Au début, d'après une légende d'Héliopolis, il y avait le Noun, une sorte d'océan qui enveloppait le cosmos. Le dieu Atoum-Rê se créa lui même et sortit du Noun. Comme il ne savait pas où s'installer, il créa une colline, puis il fit apparaître la lumière du soleil ; c'est pourquoi on le confond avec Rê.

Il donna naissance, tout seul, à Chou, dieu de l'air, et à Tefnout, déesse de l'eau et de la pluie. Chou épousa sa sœur Tefnout qui lui donna 2 enfants : Geb, la terre, et Nout, le ciel.

Chou soutenant le corps de sa fille Nout, qu'il vient de séparer de Geb.

Le ciel et la terre

Pour les Égyptiens, le ciel est féminin : c'est Nout, la voûte céleste, représentée comme une immense femme dont le corps est courbé par-dessus le monde. La terre, en revanche, est un homme, Geb, personnification du sol ; il est représenté couché. Le souffle de Chou, entre Nout et Geb, empêche le ciel de tomber sur terre.

Pourquoi Geb et Nout sont-ils séparés ?

Pour expliquer l'étrange position des corps de Geb et Nout séparés par l'air, les théologiens racontent que le frère et la sœur furent surpris par leur père Chou, en train de faire l'amour. Chou se mit en colère et souffla très violemment. Le vent ainsi produit sépara les amants, pour l'éternité.

Isis et Osiris

L'histoire tragique d'Isis et d'Osiris.

Une des légendes les plus populaires d'Égypte est celle qui met en scène les enfants de Geb et Nout : Osiris, Isis, Seth et Nephthys. On en possède diverses versions qui divergent sur certains points, mais l'histoire principale reste la même.

Les enfants de Geb et Nout

De leur courte histoire d'amour, Geb et Nout ont tout de même eu des quadruplés : 2 filles, Isis et Nephthys, et 2 fils, Osiris et Seth.

Osiris, un roi sage et pacifique

Osiris est sorti du ventre de sa mère avant son frère Seth. Comme il est l'aîné, il devient pharaon de l'Égypte. Sous son règne, il crée la civilisation égyptienne. Il construit les premières villes pour ses sujets et leur enseigne les techniques et les arts. La paix règne sur le monde grâce à sa grande sagesse. Il épouse sa sœur Isis.

Le complot de Seth

Mais Seth, jaloux de son frère, fomente un complot pour l'assassiner. Il invite le pharaon à un festin dans son palais. Après le repas, il fait apporter un coffre et propose à Osiris, en prétextant un jeu, de se coucher à l'intérieur. Le pharaon, confiant, s'allonge dans le coffre. Il a tout juste le temps de constater qu'il est à sa taille ; déjà, Seth referme le couvercle, le cloue, puis va jeter le coffre dans le Nil.

L'épisode de Byblos

Le coffre, qui n'est autre que le premier sarcophage, est emporté jusqu'à la mer ; les flots le poussent ensuite sur les côtes du Proche-Orient, à Byblos, en Phénicie, l'actuel Liban. C'est là qu'Isis va rechercher le corps de son mari. Mais le roi du pays s'en est emparé ; Isis doit négocier avec lui pour récupérer le coffre. Elle y parvient, le ramène en Égypte et le cache dans les marais de Chemmis, dans le Delta.

Le dépeçage

Mais l'impitoyable Seth découvre le corps de son frère dans la cachette d'Isis ; il le découpe en plusieurs morceaux qu'il disperse dans tout le royaume. Ainsi, pense-t-il, il sera impossible à Isis de tous les retrouver.

Osiris en pièces détachées

Isis ne désespère pas ; courageusement, elle part à la recherche des fragments de son mari, aidée par sa sœur Nephthys. La fidèle épouse retrouve tous les morceaux d'Osiris, sauf son sexe qu'un poisson du Nil a mangé. Elle les nettoie, les recolle et embaume le corps reconstitué, qui peut maintenant ressusciter dans l'au-delà : c'est ainsi que fut confectionnée la première momie.

La naissance d'Horus

Isis est une magicienne ; elle utilise ses pouvoirs surnaturels pour être fécondée par la momie d'Osiris qui n'a pourtant pas retrouvé son sexe. Neuf mois plus tard, elle accouche dans les marais de Chemmis d'un garçon, nommé Horus, qui va venger son père.

Horus contre Seth

Parvenu à l'âge adulte, Horus part en guerre contre Seth pour venger son père. Il le bat en duel, après l'avoir émasculé. Horus est proclamé vainqueur par son grand-père Geb : il devient le nouveau pharaon d'Égypte.

Horus, représenté en homme à tête de faucon.

Les dieux Horus

Le dieu Horus est originaire du Delta mais son culte s'est répandu dans toute l'Égypte sous diverses formes. On peut parler « des » dieux Horus.

Horus du Delta

Le dieu Horus est sans doute originaire de Behdet dans le Delta occidental. C'est un faucon ou un homme à tête de faucon, dieu du ciel, comme le révèle son apparence de rapace.

Les Horus du ciel

Comme dieu du ciel, Horus fut confondu avec Rê, le soleil, notamment sous les formes de Rê-Horakhty, « Rê-Horus de l'horizon », et de Rê-Harmakhis, « Rê-Horus dans l'horizon ». Horus est aussi une divinité céleste sous le nom d'Haroeris, « Horus le Grand ». Il porte alors un disque solaire sur sa tête de faucon. On l'adore sous cette forme notamment à Kom Ombo en Haute-Égypte ; il y partage un très beau temple double avec Sobek, le dieu crocodile.

Le protecteur du pharaon

Dans de nombreuses légendes, Horus est le fils d'Isis et d'Osiris. Ennemi et vainqueur de Seth le criminel, il rétablit la justice en Égypte et devient pharaon. C'est la raison pour laquelle on a fait de lui le protecteur de la monarchie : tout pharaon est un nouvel Horus. Le nom du dieu correspond d'ailleurs au premier titre de la titulature pharaonique. Sous l'Ancien Empire, le culte d'Horus a été soutenu par le pharaon en personne.

Prêtre harpiste en adoration devant la statue de Rê-Horakhty.

Harpocrate l'enfant

Tout jeune pharaon est comparé à Harpocrate, c'est-à-dire « Horus enfant ». C'est le modèle du fils idéal. Il est représenté comme un jeune prince ou un bébé pharaon tout nu qui met son index dans la bouche pour le sucer. Il porte sur la tête une longue mèche de cheveux tressés, caractéristique des enfants royaux. Le reste de son crâne est parfois complètement rasé. On le voit souvent coiffé de la couronne *hemhemet* mais aussi de toutes les autres couronnes et coiffes pharaoniques.

Horus écrasant des crocodiles et empoignant des serpents...

Un vrai champion !

Dans les textes de légendes et sur les représentations figurées, Horus apparaît comme un super-héros, vainqueur du mal et de la méchanceté, incarnés par son oncle Seth. Une sculpture du Louvre le montre à cheval en train de massacrer un crocodile. Sur certaines stèles, considérées alors comme magiques, on voit le jeune dieu représenté en enfant nu, ou Harpocrate, en train d'écraser des crocodiles et empoignant d'autres bêtes dangereuses et nuisibles.

Les enfants d'Horus

De son union avec la déesse Hathor, Horus eut un fils, Ihy, honoré à Edfou et à Dendera. Il eut encore 4 enfants, sans que l'on sache qui était leur mère : Amset qui avait l'apparence d'un homme, Qébehsenouf à tête de faucon, Hapi à tête de babouin et Douamoutef à tête de chien. Ce sont des génies qui jouent un rôle funéraire : ils veillent la momie du défunt ; ils sont également chargés du fonctionnement du foie, des poumons, de l'estomac et des intestins après la mort. C'est pourquoi on les représente sur les couvercles des vases « canopes » où sont conservés ces organes.

Le faucon Horus, couronné du pschent.

La déesse Isis donnant le sein à Horus enfant, représenté comme un petit pharaon.

LES AUTRES FORMES D'HORUS

Pour insister sur un épisode particulier du mythe d'Horus, on l'adore également sous les noms suivants :
– Harendotes, ou « Horus vengeur de son père » ;
– Harsiesis, c'est-à-dire « Horus fils d'Isis » ;
– Hor Samtaoui ou Harsomtous, ce qui signifie « Horus unificateur des 2 terres », la Haute et la Basse-Égypte.

Les animaux sacrés

La déesse Bastet agitant un sistre.

De nombreux dieux peuvent être représentés sous une forme animale. On considérait aussi que certains s'incarnaient dans des bêtes réelles qu'il fallait vénérer.

De rares élus

Les prêtres étaient chargés de repérer parmi les animaux vivant en Égypte ceux auxquels un culte serait rendu. Une fois choisi, l'animal, intronisé au cours d'une longue cérémonie dans le sanctuaire, était ensuite hébergé dans une étable transformée en palais à côté du temple. C'est là que les fidèles pouvaient lui rendre visite pour lui faire des cadeaux, se prosterner à ses pieds et lui réciter des prières.

La mort des animaux sacrés

À sa mort, l'animal considéré comme divin était momifié et enterré après une période de deuil. Les prêtres partaient ensuite à la recherche de son successeur. On a retrouvé des milliers de momies d'animaux. Certains possédaient de véritables tombeaux contenant des objets funéraires : oushebtis à tête animale, vases canopes.

Ils adorent les chats

Les Égyptiens aimaient beaucoup les chats car c'est un animal domestique sympathique qui chasse les souris des habitations. Comme les enfants d'aujourd'hui, ils les appelaient « miaous ». Ils rendaient aussi un culte à la déesse Bastet, véritable reine des chats. Celle-ci était représentée comme une jeune fille à tête féline ou encore comme une mère chatte allaitant ses petits.

Le poisson qui a mangé le « zizi » d'Osiris

À Oxyrhynchos, on adorait le poisson qui selon la légende avait mangé le sexe d'Osiris, jeté par Seth dans le Nil.

Un vrai zoo !

On pouvait voir la chatte de Bastet à Bubastis, le crocodile de Sobek à Crocodilopolis dans le Fayoum, une vache dans les temples d'Hathor, un faucon dans ceux d'Horus, un chacal chez Anubis et une oie dans le temple d'Amon à Thèbes. Thot était représenté par 2 animaux à lui tout seul : l'ibis et le babouin.

Vases canopes au couvercle en forme de tête d'animal : le chien Douamoutef, le babouin Hapi et le faucon Qébehsenouf.

Représentation de la déesse Hathor sous la forme d'une vache.

Les taureaux Apis et les autres

Plusieurs taureaux vivants, considérés comme des incarnations divines, étaient honorés en Égypte. Le plus célèbre était sans doute Apis, incarnation de Ptah, vénéré à Memphis. On le reconnaissait à certaines caractéristiques particulières : son pelage était blanc, mais il portait une tache noire en forme de triangle sur le front. On rendait aussi un culte au taureau de Rê, appelé Mnévis, dans le temple d'Héliopolis ; enfin, un troisième taureau, nommé Boukhis, vivait dans le sanctuaire de Montou à Ermant.

Plusieurs béliers

Avec le taureau, le bélier était l'animal le plus vénéré par les Égyptiens ; on en trouvait un dans le temple de Khnoum à Éléphantine, dans celui d'Harsaphès à Héracléopolis et dans le sanctuaire thébain d'Amon.

Le taureau Apis.

DES INCARNATIONS DIVINES

L'animal sacré n'est pas un dieu à proprement parler, mais une incarnation divine sous forme animale. Les prêtres égyptiens expliquaient qu'il y avait une âme divine en eux mais que leurs corps étaient faits de chair et d'os ; c'est pourquoi ils mouraient. Les animaux sacrés étaient traités comme des statues ou des idoles vivantes.

Les autres divinités

Déesse de la fertilité.

Les Égyptiens honoraient une foule de divinités secondaires, sortes de génies sans temples particuliers. Avec la religion d'Aton, le disque solaire, l'Égypte connaîtra aussi le monothéisme.

Les génies agricoles

Un certain nombre de génies adorés sont des divinités liées à la crue du Nil et à l'agriculture. Hâpy, avec ses gros seins, personnifie le fleuve qui fertilise la vallée du Nil chaque année. Renenoutet, le serpent femelle, représente la moisson. Sur les faces extérieures du temple d'Edfou, on assiste à la procession de nombreuses divinités féminines, génies de la fertilité des champs.

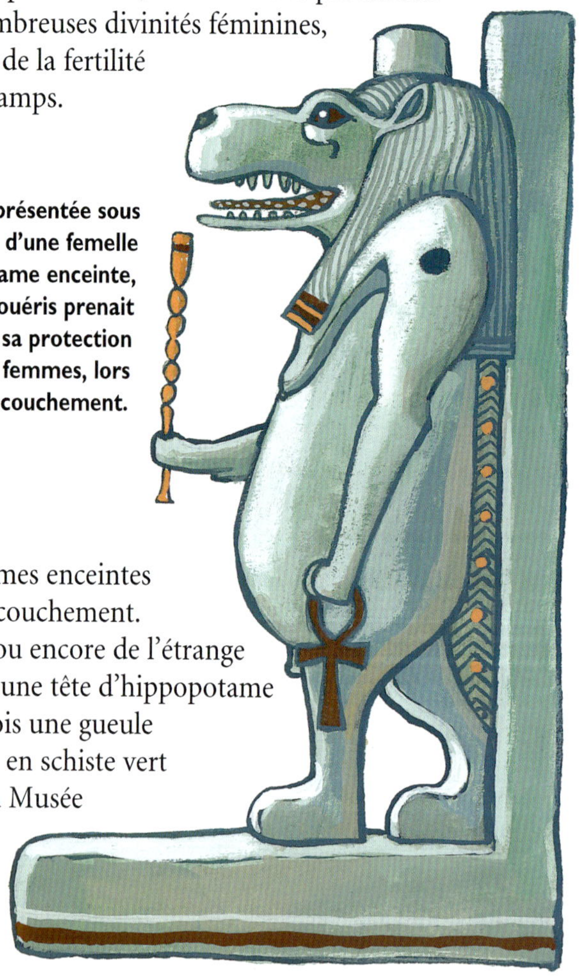

Représentée sous l'aspect d'une femelle hippopotame enceinte, Thouéris prenait sous sa protection les femmes, lors de l'accouchement.

Les protectrices des femmes enceintes

D'autres génies protègent les femmes enceintes et les assistent au moment de l'accouchement. C'est le cas d'Heket la grenouille ou encore de l'étrange Thouéris qui possède un corps et une tête d'hippopotame femelle, des pattes de lion et parfois une gueule de crocodile. Une très belle statue en schiste vert repésentant Thouéris se trouve au Musée du Caire. Malgré son aspect monstrueux, elle a l'air sympathique et rassurante. C'est une sorte de monstre gentil.

Les dieux étrangers

Certains dieux du Proche-Orient ont été introduits en Égypte à partir du Nouvel Empire, notamment la déesse de la fertilité Astarté ou le dieu de la guerre Reshep. Baal, le terrible dieu syrien, fut confondu avec Seth.

Bès, le petit monstre sympathique

Parmi les monstres gentils, mais petits, Bès occupe une place de choix. Il n'est pas beau du tout : il a un gros nez, des oreilles décollées, des seins pendants ; de plus, il fait toujours une horrible grimace en tirant la langue. Ce sympathique petit bonhomme protège néanmoins les Égyptiens contre les piqûres et les morsures des bêtes nuisibles. Comme Thouéris, il assiste aussi les femmes enceintes.

Bès.

Aton, l'exception

Le pharaon mystique Akhnaton cherche à imposer à l'Égypte le culte d'un dieu unique, le disque solaire rayonnant, appelé Aton. Cette divinité n'était pas nouvelle ; c'était une forme du dieu Rê adorée à Héliopolis depuis l'Ancien Empire. Akhnaton en fait le symbole de ses réformes. Il veut supprimer tous les autres cultes au profit d'Aton. Mais sa religion monothéiste a peu de succès auprès du peuple. Après la mort du pharaon, les Égyptiens retrouvent, avec satisfaction, leurs dieux traditionnels.

Le culte du disque solaire Aton.

DES SAGES DIVINISÉS

Certains hommes ont parfois été divinisés en raison de leur grande sagesse, comme Imhotep, ministre de Djoser, et Aménophis, fils d'Hapou, architecte d'Aménophis III. Ils deviennent les protecteurs des scribes, des écrivains et des artistes.

HYMNE À ATON

Akhnaton affirme clairement son monothéisme dans l'hymne qu'il composa pour son dieu : « Ô dieu unique ! tu as créé la Terre selon ton désir, toi seul, avec les hommes, les troupeaux et les animaux. »

Les prêtres

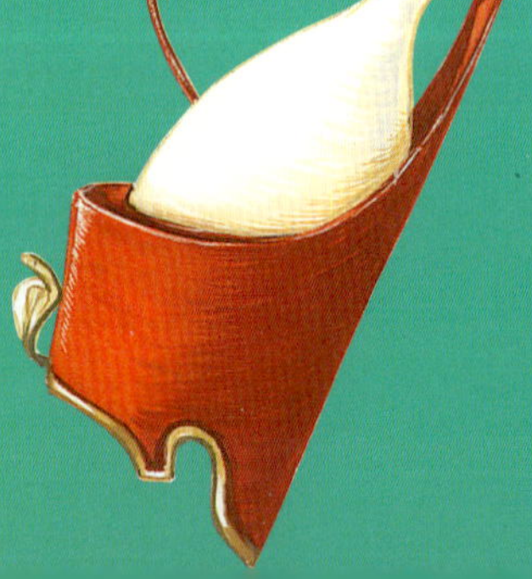

Les prêtres sont considérés comme les serviteurs des dieux ; chaque jour, dans les sanctuaires des temples, ils s'occupent du service et du divertissement de leur divin maître ou de leur maîtresse. Lors des fêtes, ils portent sa statue en procession, au devant du peuple, hors du sanctuaire. Certains sont aussi médecins et magiciens.

192

Les cérémonies du culte

194

La médecine

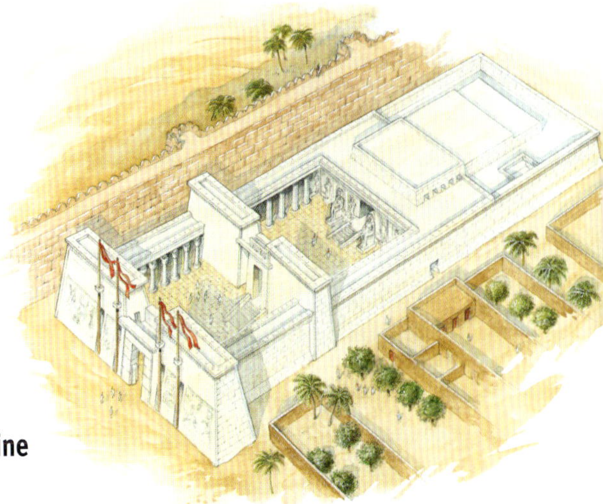

196

La magie

Les serviteurs du dieu

Un vrai P.-D.G.

Le grand prêtre est aussi le chef du personnel du temple. Il exerce une autorité absolue sur les ouvriers, les artisans et les paysans parfois très nombreux qui travaillent dans les ateliers et sur les terres du temple. Le grand prêtre n'est pas un simple religieux mais aussi l'administrateur d'une grosse société.

Les prêtres sont les responsables du culte des dieux dans le temple. Tous ne sont pas au même niveau : les grands prêtres et les *ouab* forment une véritable noblesse par opposition aux nombreux employés subalternes.

Prêtre offrant de la nourriture à son dieu.

Le grand prêtre, un religieux

Le grand prêtre est le principal religieux du temple. On l'appelle *hem neter* en égyptien, c'est-à-dire le « serviteur du dieu » car il est considéré comme une sorte de vizir s'occupant, pour le compte de son divin maître, de toutes les affaires du palais, en l'occurrence le temple, et des domaines dépendant du sanctuaire. On le reconnaît facilement à la peau de léopard qu'il porte souvent sur la poitrine.

Les *ouab*

Le culte est assuré chaque jour par des prêtres appelés les *ouab*, « les purs ». Tous les matins, ils se lavaient, se rasaient la barbe, le corps et la tête. Ils s'habillaient de vêtements propres en lin blanc. Ils pouvaient alors pénétrer dans le temple et s'approcher de la statue du dieu.

Scène de libation et d'offrande du bouquet montré à Amon-Rê par le prêtre Sem, revêtu de la peau de léopard.

De bons vivants

Une fois leur tâche remplie, les prêtres pouvaient vivre comme ils le désiraient. Boire de la bière, bien manger, faire la fête et se marier était non seulement permis mais même fortement encouragé. On lit, sur une stèle de Memphis, ce conseil aux prêtres de Ptah : « Prêtre de Ptah, ne t'arrête pas de boire et de manger, de t'enivrer, de faire l'amour, de passer des jours de fête, de suivre ton cœur jour et nuit. »

Tel père, tel fils

Tous ceux qui avaient étudié la théologie dans les écoles des temples pouvaient accéder aux fonctions de prêtre ; mais la plupart du temps, c'étaient les fils des membres du clergé qui succédaient à leurs parents. Le clergé devint une sorte de caste de plus en plus fermée à la fin du Nouvel Empire, notamment celui d'Amon à Thèbes.

Les balayeurs du temple.

UN ESPRIT LARGE

Les prêtres, heureux de vivre, n'ont jamais fait de reproches aux Égyptiens, ni condamné tel ou tel vice réel ou supposé.

Le bas clergé

Un grand nombre d'employés subalternes sont également appelés prêtres. Il s'agit en fait d'un personnel recruté pour exercer des fonctions bien précises : momificateurs d'hommes ou d'animaux sacrés, balayeurs du temple, porteurs de la barque sacrée. Des prêtresses étaient chargées de divertir le dieu en agitant des sistres devant sa statue, ou encore de pleurer lors des enterrements.

INTENDANTS ET SCRIBES

Pour gérer au mieux les ressources du temple, les prêtres disposaient d'une administration composée de nombreux intendants, comptables et scribes. Certains temples avaient aussi leurs propres architectes et artistes ; ils leur confiaient la rénovation des anciens sanctuaires et les nouvelles constructions.

L'éducation des jeunes scribes à la « maison de vie ».

Les « maisons de vie »

Une « maison de vie » dépendait de chaque grand sanctuaire ; c'était une école et une université où les étudiants égyptiens pouvaient suivre une formation religieuse et littéraire. On y enseignait aussi le calcul et la médecine, parfois la magie. Les prêtres, les scribes, les embaumeurs et les médecins sortaient tous de ces « maisons ».

Le temple

Le temple est considéré comme le château du dieu. Il a l'aspect d'un majestueux palais avec une entrée monumentale qui donne accès à une grande cour entourée de colonnes.

Les temples de l'Ancien et du Moyen Empire

Il reste peu de vestiges des temples de l'Ancien Empire, à part les temples construits par les pharaons de la Ve dynastie pour y adorer le soleil. Le Moyen Empire a laissé peu de témoignages architecturaux.

Les temples classiques du Nouvel Empire

Le Nouvel Empire a vu l'édification des temples les plus somptueux, notamment à Thèbes. Ils seront sans cesse imités par la suite jusqu'à l'époque des Ptolémées et encore sous la domination romaine. Leur plan peut être considéré comme classique.

L'allée des sphinx

L'allée pavée qui mène au temple est bordée de sphinx, c'est-à-dire de lions couchés à tête de pharaon. À Karnak, l'ancienne Thèbes, les sphinx ont des têtes de bélier car cet animal était consacré à Amon.

Le pylône

L'entrée monumentale du temple est appelée le pylône. C'est une porte flanquée de 2 hautes tours de pierre. Sa façade est décorée de bas-reliefs qui montrent le pharaon en train d'adorer les dieux ou de massacrer ses ennemis. Chaque tour était précédée de plusieurs mâts en bois qui supportaient des banderoles ; ils étaient placés dans des rainures verticales, toujours visibles sur la façade. À l'avant, se dressent des obélisques et des statues colossales du pharaon.

La cour

On entre dans le temple par la porte qui se trouve au centre du pylône et on débouche dans une cour entourée de colonnes. Des statues, souvent colossales, montrant le pharaon debout ou assis sur un trône, ornent cette cour. Le peuple pouvait s'avancer jusque-là ; mais le reste du temple lui était interdit ; seuls les prêtres et le pharaon pouvaient y pénétrer.

Les obélisques de Louxor

Devant le pylône du temple de Louxor se dressaient 2 obélisques de Ramsès II, hauts de 23 et 25 m. Celui de droite se trouve aujourd'hui place de la Concorde à Paris ; en 1831, le gouverneur égyptien l'a offert à la France. Les 2 aiguilles sont d'une grande beauté : leurs 4 faces sont décorées de petits tableaux qui montrent Ramsès II en adoration devant Amon-Rê et d'inscriptions hiéroglyphiques à la gloire du pharaon. La pointe en forme de pyramide au sommet était dorée. Les 2 obélisques reposaient sur des socles de pierre décorés de singes debout, en adoration devant le soleil.

Une grande variété de colonnes

Une colonne se divise en 3 éléments : un socle, un fût et un chapiteau. Le socle est plus ou moins épais ; les fûts sont cannelés ou lisses ; les formes des chapiteaux s'inspirent de végétaux comme le papyrus, le lotus ou le palmier. C'est pourquoi on les nomme respectivement papyriformes, lotiformes ou palmiformes.

L'espace sacré

L'espace sacré où s'élève le temple était délimité par un mur en brique qui séparait symboliquement le château divin du monde des humains.

Dans le sanctuaire

L'EXTRAORDINAIRE SALLE HYPOSTYLE DE KARNAK

La salle hypostyle de Karnak est sans doute la plus impressionnante de toutes. Terminée par Ramsès II, elle comporte 134 colonnes qui supportent une toiture de pierre à 24 m au-dessus du sol. Les plus gros fûts ont un diamètre de 3,5 m.

Pénétrons maintenant à l'intérieur du temple ; les salles se succèdent, toujours plus petites et plus sombres, jusqu'à la niche où se trouve la statue du dieu.

La salle « sous les colonnes »

Par une porte aménagée dans le mur du fond de la cour, nous pénétrons dans une salle appelée « hypostyle », ce qui veut dire « sous les colonnes ». En effet, de très nombreuses colonnes, comparables dans les plus grands temples à une forêt de fûts et de chapiteaux de formes diverses, soutiennent le toit du monument. De petites fenêtres placées juste sous le plafond permettent à la lumière du jour d'éclairer légèrement la salle.

Scène du culte quotidien rendu à la statue divine placée dans son naos.

LES 9 PYLÔNES DE KARNAK

Les plus grand temples sont pourvus de plusieurs pylônes successifs.
Le gigantesque sanctuaire d'Amon à Karnak possède en tout 9 pylônes ; il a sans cesse été agrandi.

Le sanctuaire

Commence ensuite le sanctuaire à proprement parler, c'est-à-dire la résidence privée du dieu. Cette partie du monument est constituée de 2 ou plusieurs salles successives suivant la grandeur du temple. Nous avons choisi de visiter le sanctuaire de Louxor. Dans notre temple, la première pièce est un vestibule appelé la « salle des fêtes », car c'est là que se formait le cortège des prêtres qui portaient la statue du dieu pour la sortir du temple lors des fêtes. C'est dans cette même salle que le peuple, réuni dans la cour, pouvait apercevoir pour la première fois la statue divine.

La salle à manger du dieu

Nous entrons maintenant dans une deuxième salle, réservée aux offrandes ; les prêtres y déposaient la nourriture et les boissons offertes au dieu par ses fidèles. C'était une sorte de salle à manger où le dieu était symboliquement servi 3 fois par jour.

La salle de la barque

La pièce suivante servait de reposoir pour la barque sacrée, considérée comme le véhicule du dieu. Les prêtres y plaçaient la statue divine avant de la sortir du temple.

Le « siège du dieu »

Nous gagnons ensuite le « siège du dieu », nommé aussi le « saint des saints » car c'est la pièce la plus sacrée du temple. Dans une obscurité presque totale, se dressait l'idole divine dans une sorte d'armoire en pierre avec des portes en bois, le naos.

Annexes

De petites pièces autour du siège du dieu étaient utilisées comme des remises où l'on déposait les objets nécessaires au culte.

Mise en scène

La disposition du temple est particulièrement bien étudiée. Plus on avance vers la statue du dieu et plus l'espace des salles se rétrécit : les plafonds baissent, le sol s'élève et les murs se rapprochent. On a l'impression que l'architecture elle-même conduit le visiteur vers le dieu. D'une salle à l'autre, la lumière aussi baisse, augmentant l'impression de mystère.

Le naos

Le naos est l'armoire de pierre dans laquelle était placée la statue du dieu. Il est doté de portes en bois, souvent perdues aujourd'hui. Les parois extérieures sont gravées de longs textes sacrés. Le musée du Louvre en possède un bel exemple.

Les cérémonies du culte

DIVERTISSEMENTS DIVINS
Entre les repas du dieu, les prêtres chantent des hymnes à sa gloire. Il assiste aux danses des prêtresses et des divines adoratrices considérées comme ses épouses.

CARNAVAL !
D'après l'historien grec Hérodote, les fêtes de la déesse Bastet, à Bubastis, étaient complètement délirantes. Les femmes dansaient comme des folles en soulevant leurs robes jusqu'aux cuisses et les hommes étaient en transe.

Les prêtres rendaient hommage à leur dieu plusieurs fois par jour. Ils organisaient aussi des fêtes au cours desquelles la statue divine, placée sur la barque sacrée, était sortie du temple.

Le culte quotidien

Les prêtres, « serviteurs de dieu »", le traitent comme leur seigneur ; ils doivent chaque jour répondre à des obligations. Le matin, il faut ouvrir les portes du naos et réveiller le dieu, comme s'il avait dormi pendant la nuit. La statue est ensuite habillée et parée de tous ses attributs : insignes, coiffures, couronnes. On lui sert ensuite son petit déjeuner. Un déjeuner est servi à midi et un dîner le soir ; comme un homme, le dieu est censé faire 3 repas par jour. Le soir, les prêtres déshabillent la statue et ferment les portes du naos.

Un culte secret

Les cérémonies organisées chaque jour étaient secrètes : seuls les prêtres et le pharaon pouvaient y assister. Le peuple n'avait d'ailleurs pas le droit d'entrer dans le sanctuaire.

La statue d'Amon en voyage sur le Nil.

L'UNION AU DISQUE
L'aménagement du temple d'Hathor, à Dendera, était remarquable. Par 2 escaliers, on accédait au toit en terrasse où se trouvait, dans un angle, une chapelle en forme de kiosque à 12 colonnes. La statue de la déesse y était exposée aux rayons du soleil levant, lors d'une cérémonie dite de « l'union au disque ».

C'est le dieu qui va voir son peuple

Le commun des mortels n'a pas accès au sanctuaire : c'est le dieu qui sort de sa maison pour rencontrer son peuple. À l'occasion des fêtes, sa statue est placée sur la barque sacrée et portée en procession, en dehors du temple, le long de l'allée des sphinx. La foule attendait la barque dans la cour et devant le pylône. Puis un cortège se formait et suivait le dieu tout au long de sa promenade.

Le dieu en voyage

Certaines sorties de la statue divine se limitaient aux environs immédiats du temple : le dieu allait admirer les arbres et les bassins de ses jardins. Mais parfois il partait carrément en voyage à travers l'Égypte. À cette occasion, la statue était embarquée sur un véritable bateau qui remontait ou descendait le Nil, selon l'itinéraire choisi. Le dieu allait à la rencontre d'autres divinités du pays, séjournait quelque temps en leur compagnie et visitait leurs sanctuaires.

Sistre orné d'une tête de la déesse Hathor.

LE SISTRE

Le sistre est un instrument de musique en métal que l'on agite pendant les cérémonies. À l'origine, c'était l'attribut de la déesse Hathor, puis d'Isis. Les divines adoratrices d'Amon en agitaient 2, pour divertir leur dieu, quand elles se présentaient devant sa statue.

La médecine

Stèle représentant un boiteux et sa femme.

Les temples abritaient des écoles de médecine où on étudiait les blessures et les maladies. Les papyrus médicaux nous montrent que les Égyptiens avaient acquis une connaissance très précise du corps humain.

Magiciens et médecins

Les « maisons de vie » des temples formaient autant de prêtres magiciens que de médecins au sens moderne du terme. Mais il n'y avait aucune concurrence entre ces 2 types de praticiens : chacun avait son domaine et sa spécialité. On consultait un magicien ou sorcier pour toutes les maladies, y compris les piqûres d'insectes et les morsures de serpents. Le médecin ne s'occupait que des blessures dont la cause était bien visible, par exemple un accident. Il soignait aussi les yeux et les dents.

Les hôpitaux des temples

À côté de la « maison de vie » du temple, se trouvaient le plus souvent un hôpital et un sanatorium où les prêtres accueillaient les malades. On venait parfois de très loin, même de l'étranger à la Basse Époque, pour s'y faire soigner, tant la médecine égyptienne était prisée et renommée.

Les papyrus médicaux

Les médecins des « maisons de vie » ont composé de longs traités de médecine. Ils y répertoriaient les blessures et les maladies. Les scribes du temple en faisaient de nombreuses copies qui étaient diffusées dans tout le pays.

Scène d'hôpital.

De bons diagnostics mais de mauvais remèdes

Dans les papyrus médicaux, le corps humain est très bien observé de la tête aux pieds. La description de l'anatomie interne est relativement juste. Les Égyptiens ignorent cependant la fonction des reins. Ils ont aussi tendance à exagérer le rôle du cœur qui est pour eux la source du sang, des larmes et de l'urine, ainsi que le siège de l'intelligence et de tous les sentiments. Dans l'ensemble les diagnostics des maladies sont bien faits, mais les remèdes proposés sont parfois totalement inappropriés.

Le succès de certains traitements

Les médecins égyptiens utilisaient l'huile de ricin pour nettoyer les intestins. Les dentistes savaient réaliser des « plombages » avec du ciment et les chirurgiens remettaient les os en place après une fracture ou une luxation grâce à des bandages ou par des massages.

Pinces, pincettes, crochets : des instruments de chirurgie, gravés sur le mur du temple de Kom Ombo.

La stèle de Bakhtan

La stèle dite de Bakhtan, aujourd'hui au musée du Louvre, montre combien était réputée la médecine égyptienne au-delà même des frontières du royaume. Le document nous raconte en effet que Ramsès II reçut du prince de Bakhtan, probablement le roi des Hittites, un appel au secours pour sa fille Bentrech qui était gravement malade. Le pharaon envoie alors à son homologue oriental un de ses meilleurs médecins ; mais la mission est un échec : Bentrech est en fait possédée par un démon. Alors Ramsès envoie à la jeune fille des prêtres magiciens porteurs d'une statue guérisseuse représentant le dieu Khonsou. Celle-ci mit presque un an et demi pour arriver au chevet de la princesse qui se rétablit aussitôt.

Des remèdes dégoûtants

Les médecins prescrivaient souvent l'application sur les plaies de bouses d'hippopotames ou de chiures de mouches. En fait, ces remèdes devaient contribuer à surinfecter la plaie.

Les plaies d'Égypte

Les moustiques, les puces, les sauterelles et même les vents, véritables « plaies d'Égypte » selon la Bible, apportaient régulièrement des maladies qui tuaient de nombreux enfants en bas âge.

La stèle de Bakhtan. Ramsès II est au centre et, de part et d'autre, des prêtres portent, sur une barque, la statue guérisseuse placée dans son naos.

La magie

Pendentif en forme de pharaon ailé.

Les Égyptiens croient qu'ils sont soumis à des puissances surnaturelles : les esprits des morts. Pour se les concilier, ou tout au moins pour s'en protéger, ils ont recours à la magie.

Amulette en forme de cœur d'un pharaon de la XXIe dynastie.

Pendentif en forme de faucon.

L'œil d'Horus

Faut pas jouer avec les amulettes !

Les amulettes sont de petits objets de formes diverses auxquels on attribuait le pouvoir de détourner le mal. On les portait le plus souvent en pendentifs autour du cou, comme certaines médailles et bijoux religieux aujourd'hui.

Un vaste choix

Les amulettes sont aussi nombreuses que variées. Les plus répandues et réputées efficaces sont l'œil *oudjat*, œil du dieu Horus miraculeusement reconstitué après avoir été blessé par Seth, le nœud d'Isis et le pilier *djed*. On portait aussi de petites images d'animaux sacrés, de dieux et de génies : le scarabée Khépri, qui représente la force du soleil du matin ; la déesse hippopotame Thouéris et le petit monstre Bès, protecteurs des femmes enceintes ; des statuettes d'Isis, la magicienne qui a su ranimer son mari assassiné, et de Sekhmet, la terrible lionne qui sait soigner les maladies.

Les puissances du mal

Pendentif en forme de cobra et vautour.

Les Égyptiens croient que les puissances maléfiques les menacent. Qui sont-elles ? Les esprits des morts qui n'ont pas reçu de sépulture peuvent venir persécuter les vivants et même prendre possession de leur corps. Ils y provoquent alors de nombreuses maladies et souffrances diverses. Certains morts, bien que parfaitement ensevelis, peuvent revenir sur terre pour se venger d'injustices commises à leur encontre.

RITUELS MAGIQUES

Quand on avait peur d'être persécuté par l'esprit d'une personne décédée bien précise, on écrivait son nom sur une statuette de prisonnier pour l'empêcher de nuire. Parfois, on lui adressait une lettre pour tenter de l'amadouer. Le musée du Louvre en possède une, écrite sur un bol.

Pendentif en forme de vautour.

Les statuettes de prisonniers

Les Égyptiens possédaient des statuettes qui représentaient des prisonniers, les bras ligotés dans le dos. Ils symbolisaient les puissances du mal neutralisées.

Les stèles d'Horus enfant

Le dieu Horus enfant, ou Harpocrate, est représenté sur des stèles qu'on disait magiques et guérisseuses. Le musée du Louvre en possède un bel exemplaire : le dieu, tout nu, y écrase 2 crocodiles et empoigne, en même temps, des serpents et des scorpions. La représentation est accompagnée de formules magiques contre les attaques des animaux dangereux et les piqûres des bêtes venimeuses. La stèle était utilisée par les blessés qui y appliquaient leurs plaies. On renversait aussi de l'eau sur les formules magiques puis on la buvait pour guérir certaines maladies.

Statue de prêtre guérisseur tenant une stèle magique d'Horus enfant.

Les morts

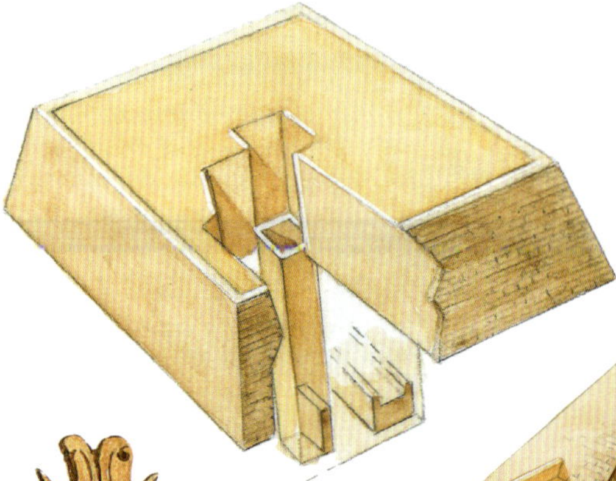

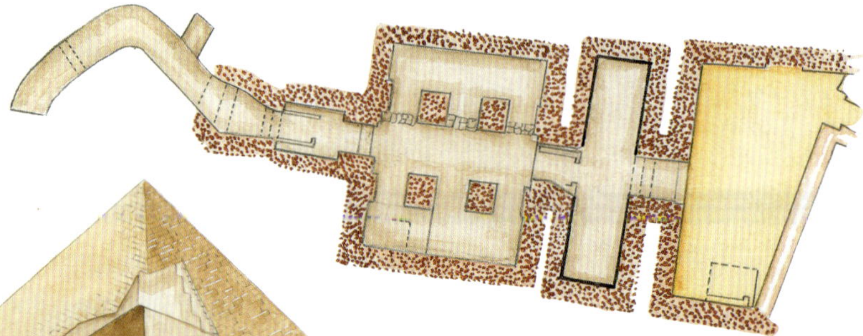

Les Égyptiens étaient obsédés par la mort : ils passaient une grande partie de leur vie à la préparer en faisant construire le tombeau qui devait faciliter leur passage dans l'au-delà et leur renaissance après la mort. Mais la richesse et la grandeur de leur tombe dépendaient de leur condition sociale sur terre.

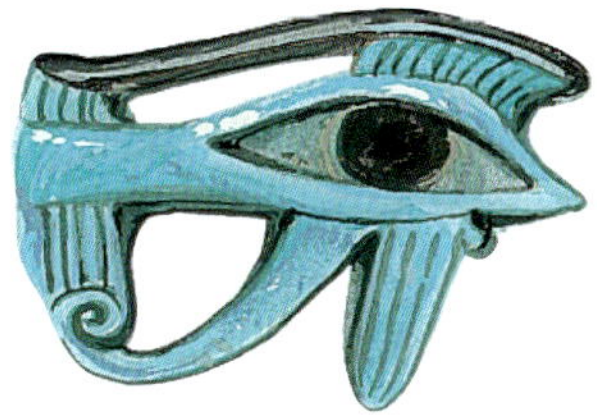

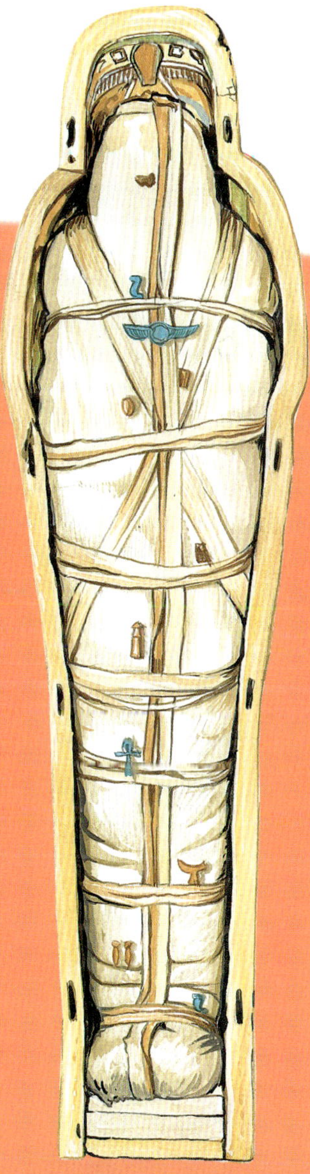

Les pyramides

Les pyramides sont les monuments funéraires égyptiens les plus célèbres et les plus impressionnants. Celle de Kheops, à Gizeh, sera même classée parmi les Sept Merveilles du monde.

DE GIGANTESQUES GÂTEAUX

Le mot « pyramide » vient du grec *pyramis* qui désigne des gâteaux pointus faits de farine et de miel.
Les tombeaux égyptiens rappelaient la forme de ces gâteaux aux visiteurs venus de Grèce.

L'évolution des pyramides

Djoser et ses successeurs de la IIIe dynastie, comme Sekhemkhet, font construire des pyramides à degrés. Les pharaons de la IVe dynastie élèvent, en revanche, des pyramides lisses. Il s'agit notamment de celles de Kheops, la plus grande, de Khephren et de Mykérinos, qui se dressent toutes 3 sur le plateau de Gizeh, près du Caire actuel. À l'intérieur de ces monuments, de longs couloirs mènent à la chambre funéraire où reposait la momie du pharaon.

L'ÉVOLUTION DES PYRAMIDES

Sous les Ve et VIe dynasties, les pyramides ont des dimensions moins importantes. Des textes sacrés sont gravés sur les parois des chambres funéraires et des couloirs, les « textes des pyramides ».
Les pharaons du Moyen Empire édifient les dernières pyramides. Ils aménagent des systèmes complexes de galeries pour faire échec aux pilleurs de tombes en les conduisant dans de fausses chambres funéraires.

Les pyramides de Gizeh ; reconstitution.

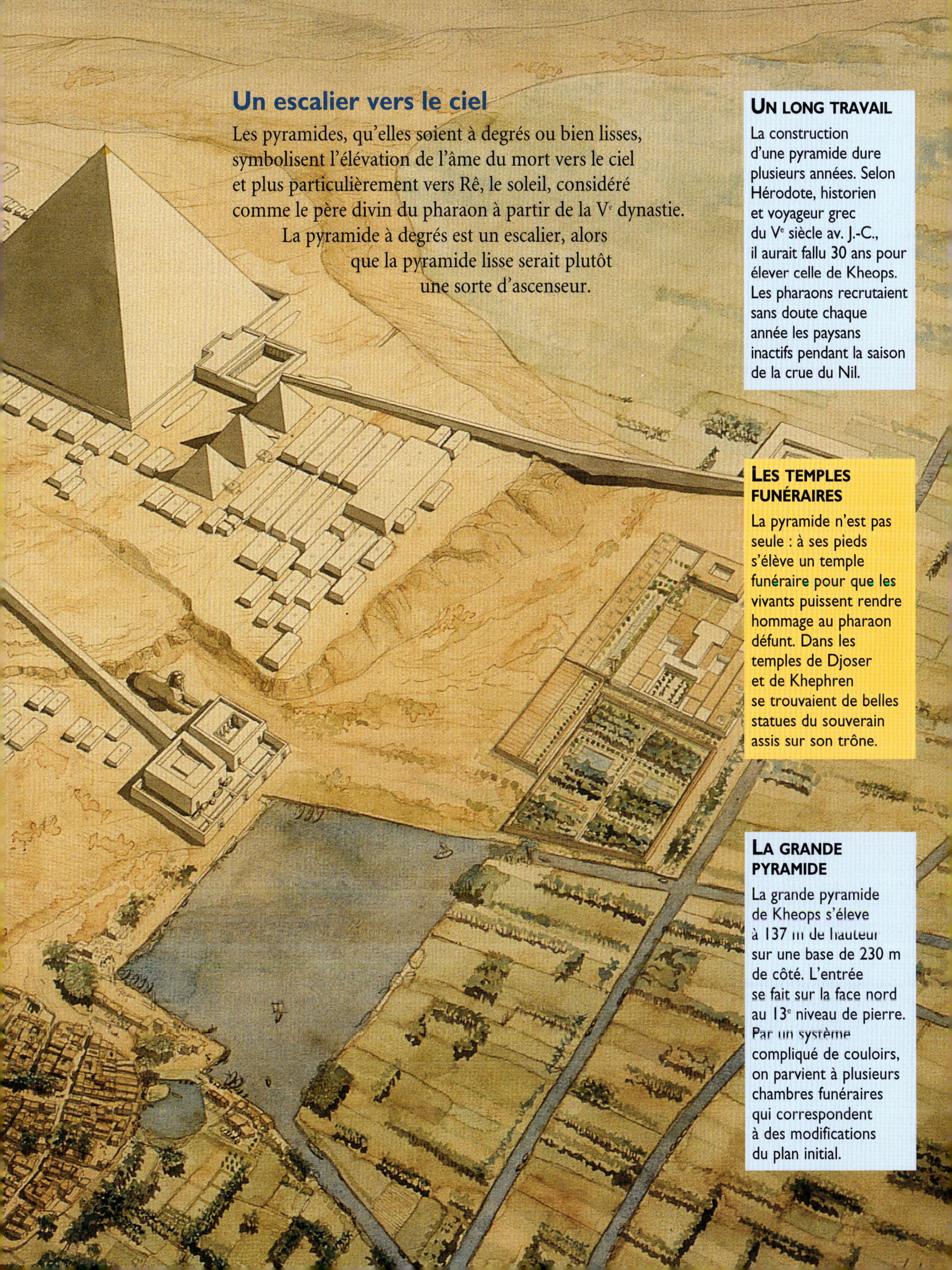

Un escalier vers le ciel

Les pyramides, qu'elles soient à degrés ou bien lisses, symbolisent l'élévation de l'âme du mort vers le ciel et plus particulièrement vers Rê, le soleil, considéré comme le père divin du pharaon à partir de la Ve dynastie. La pyramide à degrés est un escalier, alors que la pyramide lisse serait plutôt une sorte d'ascenseur.

Un long travail

La construction d'une pyramide dure plusieurs années. Selon Hérodote, historien et voyageur grec du Ve siècle av. J.-C., il aurait fallu 30 ans pour élever celle de Kheops. Les pharaons recrutaient sans doute chaque année les paysans inactifs pendant la saison de la crue du Nil.

Les temples funéraires

La pyramide n'est pas seule : à ses pieds s'élève un temple funéraire pour que les vivants puissent rendre hommage au pharaon défunt. Dans les temples de Djoser et de Khephren se trouvaient de belles statues du souverain assis sur son trône.

La grande pyramide

La grande pyramide de Kheops s'élève à 137 m de hauteur sur une base de 230 m de côté. L'entrée se fait sur la face nord au 13e niveau de pierre. Par un système compliqué de couloirs, on parvient à plusieurs chambres funéraires qui correspondent à des modifications du plan initial.

Construction de la pyramide

La coudée royale

L'unité de mesure des Égyptiens était la coudée royale ; elle correspond à 0,522 de nos mètres. La coudée royale se divisait en 7 palmes ou 28 doigts.

Les travaux sont presque terminés : les ouvriers se consacrent au lissage des faces de la pyramide en commençant par le haut.
Au centre : le chantier.
En haut à droite : les bateaux servant à l'acheminement des pierres et le village des ouvriers.

Comment les pyramides furent-elles construites ? Malgré les controverses, l'étude minutieuse de ces gigantesques tombeaux a permis de retrouver certaines des méthodes utilisées par leurs bâtisseurs. Voici les principales étapes de la construction d'une pyramide.

Le choix du site

Il faut d'abord choisir l'emplacement où sera élevée la pyramide : le site doit se trouver sur la rive occidentale du Nil, réservée aux morts, et non loin de la capitale et du palais du pharaon. Il est bon que le fleuve ne soit pas trop éloigné car on va l'utiliser pour acheminer les blocs de l'édifice.

Le déblaiement

Le site choisi est déblayé de tout le sable et du gravier qui recouvrent la roche elle-même. Il est ensuite nivelé et parfaitement aplani. On utilisait des équerres et des cordelettes de lin pour obtenir un carré parfait. Il ne fallait pas qu'un côté soit plus long que les autres !

L'acheminement des pierres

Les pierres extraites des carrières étaient acheminées par bateaux jusqu'au chantier. On devait profiter de la crue pour s'approcher le plus possible du site de la pyramide. Les blocs étaient placés sur des traîneaux de bois tirés par des ouvriers, attelés à des cordes.

Des rampes en briques

Les blocs n'ont pu être hissés que sur des rampes en terre argileuse et en briques qui s'élevaient en même temps que le monument, tout en s'allongeant pour que la pente reste la même.

Le problème de la disposition des rampes

Si l'existence des rampes est admise par tous les archéologues, leur disposition pose toujours problème. La solution la plus simple serait une rampe unique sur une seule face du monument. Mais on a aussi pu construire 4 rampes : une contre chaque face ; ou encore, selon des savants américains, une rampe partant de chaque angle et grimpant en zigzag jusqu'au sommet.

La pose du pyramidion

La pointe de la pyramide est appelée le pyramidion. Il était taillé dans du granit puis doré pour qu'il brille au sommet de la pyramide. On le hissait à la fin des gros travaux, sans doute sous les acclamations des ouvriers.

Les finitions

Tout en retirant les rampes, qu'on abaissait progressivement, on se consacrait au ravalement et au polissage des faces de la pyramide ; une fois terminé, l'édifice devait être parfaitement lisse.

L'orientation de la pyramide

La pyramide doit être orientée de manière exacte en direction des 4 points cardinaux. Les Égyptiens, qui ne possédaient pas de boussoles, observaient le lever et le coucher des étoiles pour repérer le nord et, par déduction, les autres points cardinaux.

Les pyramides étaient-elles peintes ?

Si la pointe était dorée, le reste du monument conservait la couleur naturelle de son revêtement de calcaire. Les quelques traces de couleur que l'on a parfois cru déceler sont dues aux intempéries.

Les mastabas

DES « BANCS » EN BRIQUES

Les Égyptiens du XIXe siècle appelaient « mastabas », c'est-à-dire « bancs » en arabe, ces premiers monuments funéraires, car leur forme leur rappelait les bancs de bois de leurs villages. Les égyptologues ont repris ensuite cette dénomination dans leurs publications.

Le mastaba est le plus ancien type de monument funéraire construit en Égypte ; il apparaît dès la Ire dynastie.

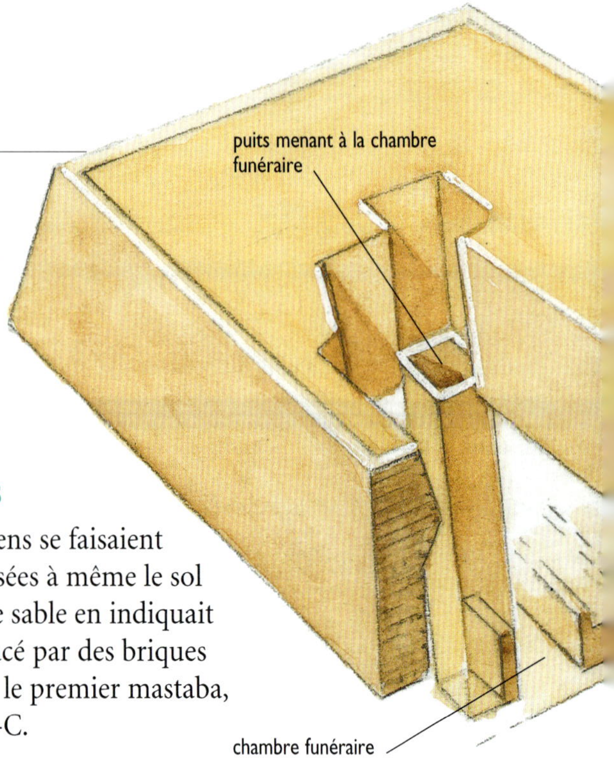

Coupe d'un mastaba.

Les fosses préhistoriques

À l'époque préhistorique, les Égyptiens se faisaient enterrer dans de simples fosses creusées à même le sol dans le désert ; seul un monticule de sable en indiquait l'emplacement. Il fut ensuite remplacé par des briques de terre séchée ; c'est ainsi qu'est né le premier mastaba, vers la fin du IVe millénaire avant J.-C.

L'extérieur des mastabas

Le plan du mastaba est de forme rectangulaire ; en s'élevant, les murs, d'abord en briques puis en pierres, s'inclinent vers le centre et donnent au monument l'aspect d'un trapèze. Certains mastabas de pharaons de la Ire dynastie possèdent des gradins sur 3 des 4 faces. Ils symbolisent l'élévation de l'âme du défunt vers l'au-delà.

Table d'offrandes de la chapelle funéraire du mastaba de Ti, Saqqarah, V^e^ dynastie. Au fond, la stèle « fausse porte ».

La chapelle funéraire

Les mastabas les plus grands abritent une chapelle aménagée pour le culte funéraire, c'est-à-dire pour les visites et les cadeaux que la famille vient régulièrement faire au défunt. Ses parois sont décorées de nombreux bas-reliefs peints qui illustrent la vie du défunt. Une stèle dite « fausse porte » est sculptée dans un mur : elle est censée permettre le passage de l'âme du défunt entre le monde des morts et celui des vivants. Devant elle se trouve un cube de pierre qui sert de table d'offrandes ; la famille du mort y déposait les boissons et les aliments destinés au défunt.

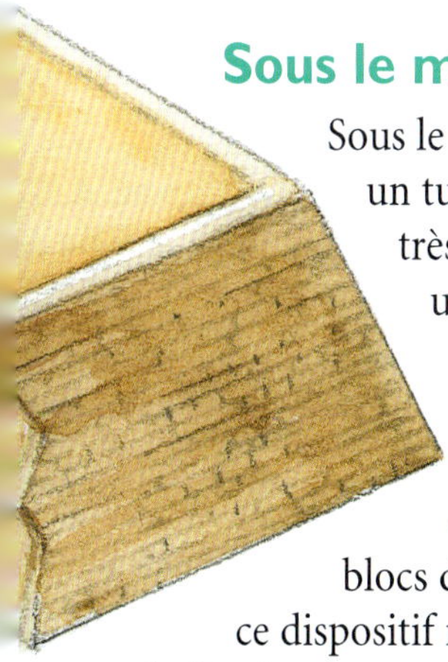

Sous le mastaba

Sous le mastaba et sa chapelle se trouve un tunnel – ou un puits – qui descend très profondément sous terre jusqu'à une petite chambre funéraire où étaient déposés la momie et les objets qui l'accompagnaient. Après les funérailles, le tunnel était obstrué par de nombreux blocs de pierre et du ciment ; mais ce dispositif n'a pas empêché les pillards de dérober les trésors des mastabas.

Sarcophage dans la chambre funéraire du mastaba de Ptahchepsès, Abousir, Ve dynastie.

Les mastabas des nobles

Les nobles de l'Ancien Empire ont installé leurs mastabas à proximité des pyramides royales à Gizeh et Saqqarah. Ils croyaient qu'ils pourraient ainsi plus facilement accompagner le pharaon et le servir dans l'au-delà. Les bas-reliefs qui décorent les mastabas des nobles nous renseignent sur la vie quotidienne à l'époque des premières dynasties. On voit des paysans au travail, des boulangers, des brasseurs de bière, des scènes de navigation sur le Nil ou de chasse dans le désert.

La première pyramide : des mastabas empilés

L'architecte Imhotep édifia à Saqqarah pour Djoser un monument à degrés, haut de 61 m. C'est une sorte de tertre en escalier sur 4 faces, constitué de 6 mastabas superposés. Il s'agit de la première pyramide.

Le mastaba, un symbole

La forme extérieure du mastaba représente symboliquement la première colline qui émergea du Noun et fut créée par le dieu Atoum.

Scène de pêche à l'épuisette, décorant la chapelle d'un mastaba.

Les hypogées

LA VALLÉE DES ROIS

Les premiers pharaons de la XVIIIe dynastie choisissent une gorge profonde à l'ouest du Nil, en face de Thèbes, pour y aménager leurs hypogées. Thoutmosis Ier est sans doute le premier roi qui fit creuser sa tombe dans le flanc de la montagne. Une soixantaine de pharaons vont ensuite l'imiter jusqu'à la fin de la XXe dynastie.

Au Nouvel Empire, le pharaon et les nobles préfèrent les tombeaux souterrains ou hypogées, car ils sont beaucoup moins voyants que les pyramides et les mastabas.

Des tombeaux secrets

Pour la sécurité de leur trésor funéraire et de leur momie, les pharaons de la XVIIIe dynastie préfèrent renoncer aux monuments trop voyants que sont les pyramides. Beaucoup de celles-ci ont été pillées pendant la 2e période intermédiaire et l'occupation des Hyksôs. Les nouveaux tombeaux des pharaons seront creusés sous terre en des lieux peu accessibles. On les appelle « hypogées », c'est-à-dire tombeaux « souterrains ».

Des palais souterrains

L'hypogée est une sorte de palais souterrain creusé dans la roche calcaire. Il fait jusqu'à 200 m de profondeur. Tous suivent à peu près le même plan : un couloir qui descend mène à une ou plusieurs antichambres qui précèdent la chambre funéraire où repose la momie du pharaon défunt. Dans certaines pièces annexes étaient déposés les objets personnels et le trésor du pharaon.

DES EFFETS NOUVEAUX DANS LA PEINTURE

Les peintres des hypogées des nobles, plus libres que ceux de la Vallée des Rois, ont parfois peint des visages et des corps de face et non plus uniquement de profil. Sur une fresque du tombeau de Rekhmirê, on peut admirer les 2 fesses d'une jeune Égyptienne.

Les temples funéraires

Sous l'Ancien Empire, les temples funéraires, destinés au culte du pharaon défunt, se trouvaient au pied des pyramides. Les souverains de la XVIIIe à la XXe dynastie les font édifier loin de leurs hypogées, dans la vallée du Nil. Les plus impressionnants sont ceux de la reine Hatshepsout à Deir el-Bahari et de Ramsès III à Medinet-Habou. De celui d'Aménophis III, il ne reste que les 2 colosses de pierre qui précédaient l'entrée du sanctuaire. Ramsès II en fit édifier plusieurs : l'un se trouve à Thèbes ; il est aussi nommé Ramesseum ; mais le plus célèbre se dresse à Abou Simbel en Nubie.

Fresque de l'hypogée de Séthi Ier illustrant le voyage vers l'au-delà. Thèbes, Vallée des Rois.

La Vallée des Reines

Une vallée est réservée aux hypogées des reines : 80 sont connus à ce jour. Le plus beau est celui de la reine Néfertari, épouse de Ramsès II.
Il est aujourd'hui fermé au public pour restauration car des infiltrations d'eaux souterraines et des mouvements de terrain y ont été détectés.

Les hypogées des nobles

Les nobles du Nouvel Empire se font enterrer à proximité de leurs souverains dans la « Vallée des Nobles ». Leurs hypogées suivent le même plan que ceux des pharaons mais sont de moindres dimensions.
Les peintures qui décorent les parois sont extraordinaires car elles montrent la vie quotidienne du défunt avec beaucoup plus de vie et de réalisme que dans les hypogées des souverains. C'est chez les nobles que l'on peut admirer les chefs-d'œuvre de la peinture égyptienne.

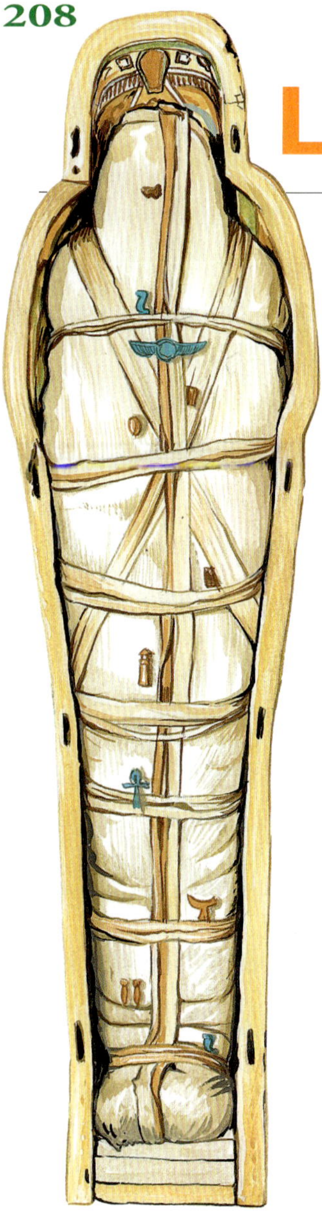

Momie dans son sarcophage ; il ne reste qu'à poser le couvercle.

La momie

Pour que le défunt puisse renaître dans l'au-delà, il faut que son corps ne soit pas endommagé. C'est pourquoi les Égyptiens ont inventé la momification, ou art d'embaumer les cadavres pour les conserver.

Anubis termine de momifier le défunt ; sous le lit sont posés les vases « canopes » contenant les viscères du mort.

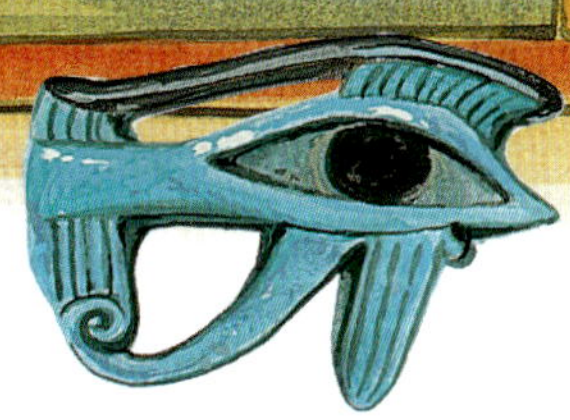

Œil *oudjat.*

MAL RASÉES

Les scientifiques découvrirent souvent des cadavres avec une barbe naissante et des ongles longs. En fait, les corps avaient bien reçu les soins de barbiers et de manucures, mais les poils et les ongles avaient continué à pousser, comme cela peut arriver après la mort.

1 Faire une momie

Le cadavre était traité dans un atelier spécial par des prêtres momificateurs. Il était d'abord lavé puis on ouvrait un côté du ventre avec un couteau en silex ou en bronze. On vidait le ventre de ses viscères et on le bourrait de résine et d'huile. On cassait l'arête du nez pour faire couler dans le crâne les mêmes produits. Ensuite, le corps était placé dans un bain de sel appelé « natron » (carbonate naturel de sodium cristallisé) qui devait le dessécher.

2 L'extraction des entrailles

On retirait du défunt le foie, les poumons, les intestins et l'estomac. Grâce à des crochets de bronze enfoncés dans les narines, on sortait le cerveau du crâne. Réduit en morceaux, il ne faisait l'objet d'aucun traitement particulier. Seul le cœur, siège des sentiments et de l'intelligence pour les Égyptiens, était maintenu à sa place. On rembourrait souvent les parties vidées avec des bouts de tissus ou de la sciure.

La momification

La momification remonte à la Ire dynastie ; son but était de conserver intact le corps du défunt dans le but de faciliter sa renaissance dans l'au-delà. Mais le procédé était très cher et long à réaliser : il fallait 70 jours. La momification était donc réservée au pharaon et aux nobles ; les pauvres étaient enterrés dans le désert sans embaumement.

Amulette ornée d'un héron.

La vache Hathor.

3 Les bandelettes

On enroulait ensuite des bandelettes de lin autour du corps desséché. Sur la poitrine était placé un gros scarabée en pierre, image de Khépri, le soleil levant. De nombreuses autres amulettes pouvaient être insérées entre les bandelettes.

Le scarabée Khépri.

4 Les vases canopes

Les viscères retirés du corps étaient lavés à l'eau ou au vin de palme puis embaumés à part. On les plaçait ensuite dans 4 vases appelés « canopes » dont les couvercles représentent les fils d'Horus. Amset, à tête humaine, veillait sur le foie. Hapi, à tête de singe, sur les poumons. Qébehsenouf, à tête de faucon, sur les intestins et Douamoutef, à tête de chien, sur l'estomac.

Même les animaux

Comme les pharaons et les nobles, les animaux sacrés étaient momifiés. On a retrouvé des milliers de momies animales de toutes sortes : taureaux et béliers bien sûr, mais aussi chats, chiens, ibis, crocodiles, serpents, poissons et scarabées.

Momie de chat.

L'équipement du mort

Des poupées russes

Parfois 3 sarcophages de tailles différentes sont emboîtés les uns dans les autres comme des poupées russes. C'est le cas pour Toutankhamon, mais aussi pour certains particuliers comme la dame Tamoutneferet dont les cercueils sont exposés au Louvre.

Le linceul

À l'intérieur du sarcophage repose la momie ; elle est enveloppée dans un linceul en lin, souvent peint à la Basse Époque. Sur un linceul du Louvre, on voit le mort debout, entre Osiris, représenté en momie et le chacal Anubis qui prend le défunt par l'épaule.

Après la momification, le corps du défunt, placé dans un sarcophage, est mis au tombeau. Un grand nombre d'objets l'accompagnent pour faciliter son passage dans l'au-delà.

À l'ouest

Les funérailles avaient lieu sur la rive occidentale du Nil où se trouvaient les tombeaux. L'ouest a une valeur symbolique : c'est la direction du soleil couchant. Le sarcophage, placé sur un traîneau en forme de barque, était tiré par des bœufs depuis le fleuve jusqu'à la sépulture. Le cortège était constitué de la famille du mort, de prêtres et de pleureuses professionnelles payées pour se lamenter et s'arracher les cheveux. Elles étaient plus ou moins nombreuses selon le statut social du défunt.

Le sarcophage

Le sarcophage est le cercueil caractéristique du mobilier funéraire égyptien. Il imite la forme humaine du défunt. Sa fonction est de protéger la momie. Son décor et la richesse des matériaux utilisés sont en étroite relation avec la richesse et le statut social du mort : les nobles ont des sarcophages de bois peint ou de pierre, alors que le pharaon repose dans un cercueil en or. Des formules magiques, censées faciliter l'accès dans l'au-delà, sont souvent gravées ou peintes sur les parois de la cuve : on les appelle « textes des sarcophages ». Des représentations d'amulettes et des figures divines accompagnent généralement ces textes.

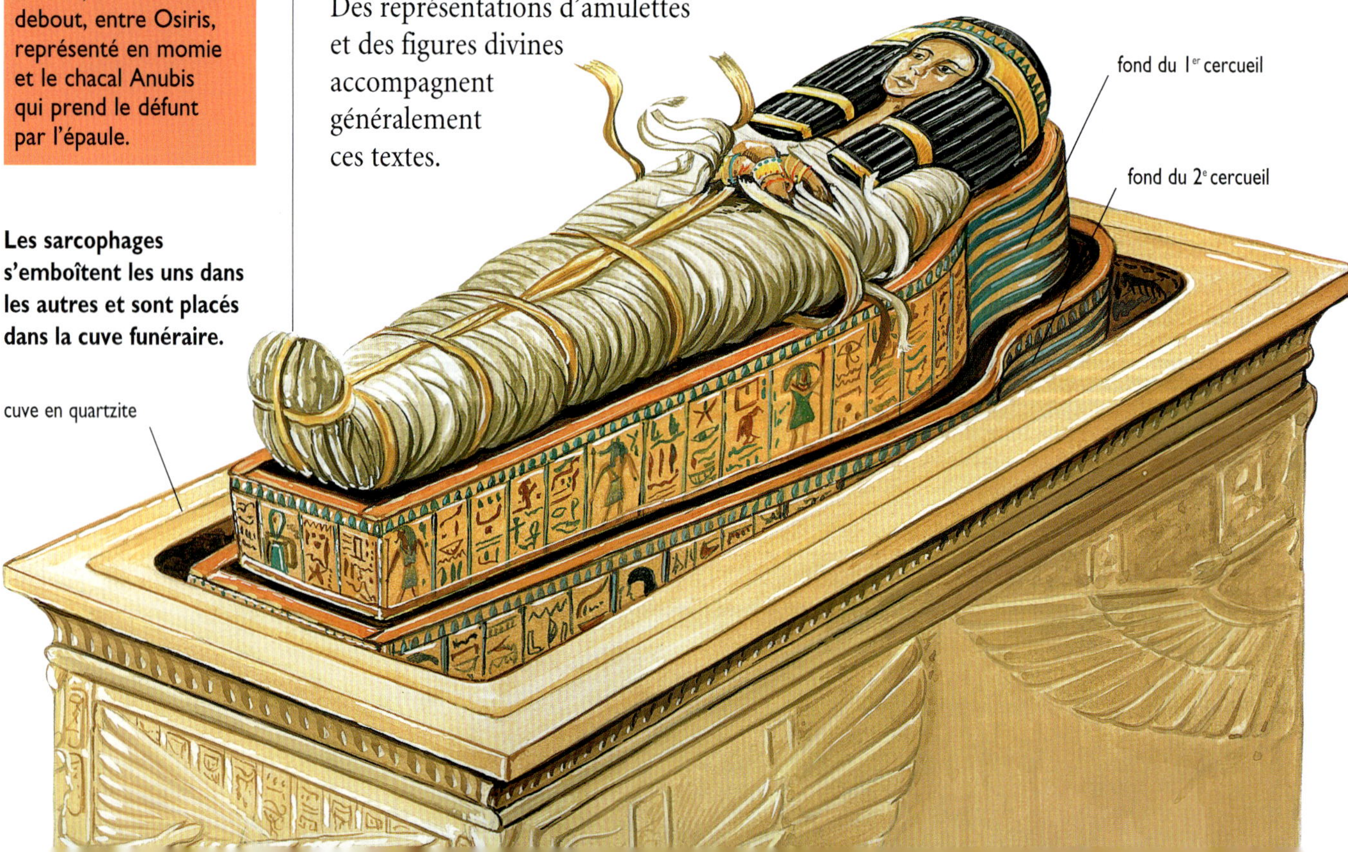

Les sarcophages s'emboîtent les uns dans les autres et sont placés dans la cuve funéraire.

Papyrus funéraire.

Survie : mode d'emploi

Pour assurer la survie du défunt dans l'au-delà, on dépose à ses côtés des rouleaux de papyrus, le Livre des morts ; c'est un ensemble de conseils au défunt, incluant des formules qu'il devra réciter pour réussir sa survie. Les riches se payaient des livres des morts illustrés de dessins qui montrent les funérailles, le tribunal d'Osiris ou encore des paysages de l'au-delà.

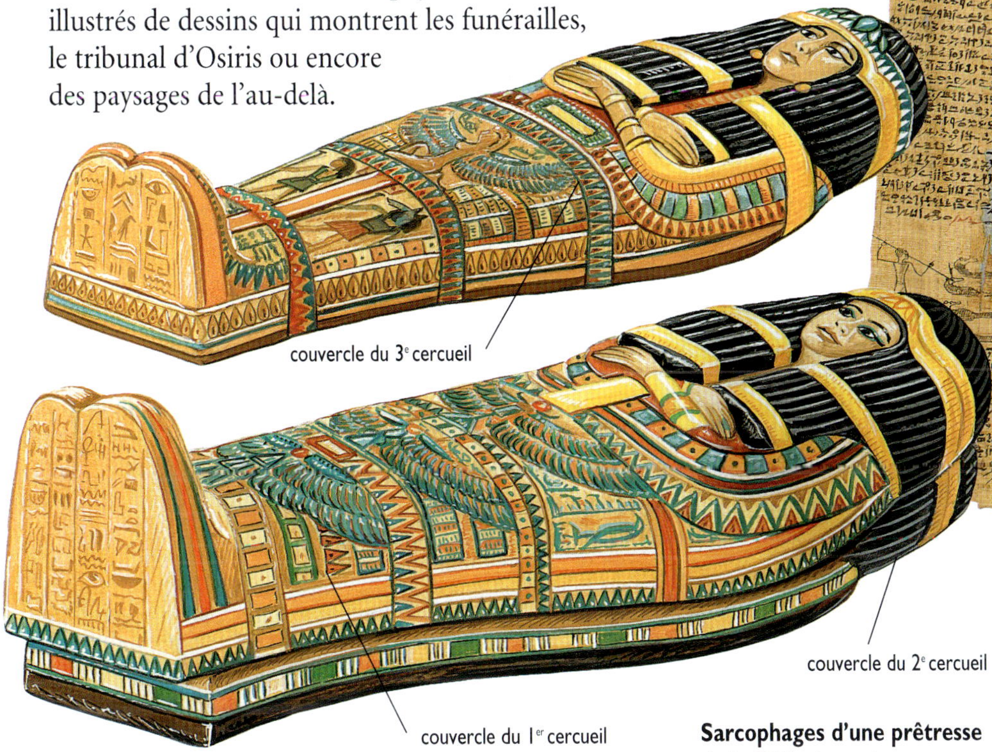

Sarcophages d'une prêtresse de la XXIe dynastie.

Les serviteurs du mort

On place dans les tombeaux des statuettes d'hommes, en forme de momies. Ce sont les « oushebtis » ou « serviteurs ». Ils sont censés servir le mort dans l'au-delà en réalisant à sa place tous les travaux pénibles. Comme dans la vie terrestre, ces travailleurs forment des équipes de 10 hommes, placés sous le commandement d'un contremaître armé d'un fouet.

Oushebtis en faïence.

LES PORTRAITS DU FAYOUM

À l'époque de la domination romaine, le masque de la momie est remplacé par un portrait peint du défunt, parfois très réaliste. Beaucoup ont été retrouvés dans le Fayoum.

Les funérailles du pharaon

Un long cortège

Le cortège funéraire qui quitte le palais est composé des grands du royaume : conseillers du pharaon, nobles et grands prêtres. Tous portent sur la tête un bandeau de lin blanc en signe de deuil. Un groupe de courtisans porte le mobilier funéraire qui sera déposé dans la tombe ; puis arrivent les femmes, précédées par la grande épouse. Le peuple se masse pour voir le cortège ; les lamentations de milliers de gosiers produisent une rumeur terrifiante.

Une fois la momification terminée, le cortège funèbre peut se mettre en route en direction de la nécropole ; il ne mettra pas moins de 6 jours pour atteindre le tombeau du pharaon.

La momie quitte le palais (1er jour)

La momie, placée dans son sarcophage, est exposée sur un lit à l'entrée du palais du pharaon défunt. La grande épouse, devenue veuve, récite des formules pour la renaissance de son époux. De nombreuses pleureuses l'entourent, vêtues de tuniques de deuil en lin bleuté. Soudain arrivent les prêtres ; ils emportent la momie malgré les cris qui redoublent. La momie est déposée dans une barque surmontée d'un dais et placée sur un traîneau. Ce catafalque est tiré hors du palais par les prêtres aidés des nobles. Ils seront bientôt remplacés par des bœufs peints en rouge.

Le dernier voyage sur le Nil

Quand le cortège arrive au bord du Nil, on place le catafalque sur une barque qui doit le mener jusqu'au quai du temple funéraire. Sur le toit de la cabine, les pleureuses continuent à se lamenter pendant tout le voyage.

Vers la nécropole (6e jour)

Au matin du 6e jour, le cortège quitte le temple funéraire en direction de la nécropole. Le catafalque est maintenant tiré par le vizir et les hauts dignitaires du royaume. À l'entrée de la nécropole, ils sont accueillis par des danseurs coiffés de bonnets de roseaux. Puis on commence à descendre le mobilier funéraire dans le tombeau.

Cortège funéraire sur le Nil.

Les adieux à la momie

La momie est placée debout à l'entrée de son tombeau. Le prince héritier renverse de l'eau sur le masque funéraire puis lui présente la « couronne de la justification », preuve que le défunt a remporté avec succès l'épreuve du tribunal d'Osiris. Pendant ce temps, des prêtres récitent des formules du Livre des morts. Enfin, la reine se jette sur la momie et la serre une dernière fois dans ses bras en se lamentant.

Le banquet funéraire

Quand enfin on ferme le tombeau, il fait déjà nuit ; des guirlandes de fleurs et des torches ont été installées dans toute la nécropole. Le deuil est terminé : la reine, le prince héritier, les prêtres et les nobles vont maintenant se retrouver sous une grande tente pour dîner et faire la fête. Il ne faudra pas hésiter à s'amuser car les chants, les danses et l'ivresse doivent aider symboliquement le pharaon à renaître dans l'au-delà.

L'OUVERTURE DE LA BOUCHE (2e AU 5e JOUR)

C'est dans le temple funéraire que le prince héritier accomplit le premier acte de son règne : vêtu en prêtre, il touche la bouche et les yeux de la momie de son père avec une herminette rituelle, pour leur redonner symboliquement la vie. Cette cérémonie, qui s'accompagne de nombreux rites de purification et de sacrifices, ne dure pas moins de 4 jours.

NE ME QUITTE PAS

« Je suis ta femme : grand pharaon, ne m'abandonne pas ! » s'écria Ankhesenamon lors de sa dernière étreinte avec la momie de son époux Toutankhamon.

La vie après la mort

La « maison du ka »
Le tombeau était appelé « maison du ka » par les Égyptiens. On pensait que l'âme du mort hantait sa dernière demeure.

Les croyances des Égyptiens en une vie après la mort nous sont révélées par les textes des pyramides, les textes des sarcophages ainsi que le Livre des morts recopié sur de nombreux papyrus.

Le ba et le ka

Pour les anciens Égyptiens, l'âme humaine est composée de 2 parties : le ba et le ka. Le ba est représenté par un oiseau à tête humaine ; quand un homme meurt, le ba quitte le cadavre et s'envole vers l'ouest pour rejoindre le soleil couchant. Là, il est accueilli par la déesse du sycomore qui lui offre de l'eau à boire. Le ka, en revanche, demeure sur terre, à proximité du cadavre ; il habite dans le tombeau. La famille du défunt ne devait pas oublier de le nourrir en déposant régulièrement de la viande, des légumes, des fruits, des pains et des boissons sur l'autel de la chapelle funéraire. Le ka pouvait, pensait-on, mourir de faim et de soif !

Fresque d'un hypogée du Nouvel Empire : le « ba » entre le dieu Ptah et une statue du défunt.

Pesée du cœur en présence d'Anubis et du monstre Ammout.

La justification du défunt

Le défunt est conduit par Anubis et Horus dans la salle du Jugement où trône Osiris, dieu des morts. Il fait une déclaration de justification dans laquelle il affirme qu'il ne s'est rendu coupable d'aucune mauvaise action durant sa vie terrestre. « Je n'ai pas fait le mal. Je suis pur », dit-il. Toth, dieu de l'écriture et greffier du tribunal, prend des notes ; il rédige le procès-verbal de l'audience et finit par déclarer le candidat « *maâkherou* », c'est-à-dire « innocent ».

Les 4 fils d'Horus

Les 4 fils d'Horus, gardiens des 4 points cardinaux, assistent au jugement du défunt devant Osiris. Il s'agit d'Amset à tête humaine, Hapi à tête de singe, Qébehsenouf à tête de faucon et Douamoutef à tête de chien. Ces dieux sont aussi représentés sur les couvercles des vases canopes.

La pesée du cœur

Le défunt est ensuite soumis à l'épreuve de la pesée de son cœur. L'organe est placé sur le plateau d'une balance tandis que la déesse de la justice Maât, ou sa plume, prend place sur l'autre plateau. Les 2 devaient s'équilibrer. Sinon, cela voulait dire que le défunt était coupable ; on jetait alors son cœur dans la gueule béante du monstre Ammout, un être hybride hideux, mi-lion, mi-crocodile.

La guirlande de Maât

Quand la balance s'équilibrait, la déesse Maât remettait au défunt une guirlande de plumes ou de feuilles, ou encore une couronne de fleurs comme on le voit sur les linceuls de l'époque ptolémaïque et romaine. On l'appelle « couronne » ou « guirlande de la justification ». Elle symbolise l'innocence du défunt.

La vie dans l'au-delà

Le défunt muni de sa guirlande peut maintenant pénétrer dans le *per-djet*, c'est-à-dire le « domaine perpétuel ». Il y séjournera éternellement. Ce paradis des Égyptiens ressemble à une campagne idéale de la vallée du Nil avec ses champs aux merveilleuses céréales, ses troupeaux gras et son fleuve généreux. Le défunt pourra y cultiver la terre avec l'aide de ses serviteurs ; il n'oubliera pas de rendre aussi hommage aux dieux pour toute l'éternité.

Coffret à oushebtis. La peinture représente un couple de défunts ; à gauche, leurs oiseaux « ba » sont reçus par la déesse du sycomore.

La momie de Ramsès II

Préservée par miracle jusqu'à la fin du XIXe siècle, la momie de Ramsès II se dégrada derrière une vitre non étanche du Musée du Caire jusqu'à son sauvetage en 1976 par des scientifiques français.

La cachette de Deir el-Bahari

Ramsès II est mort vers 1236, à l'âge de 90 ans environ après 66 ans de règne. On déposa sa momie dans un grand hypogée de la Vallée des Rois, aujourd'hui malheureusement très abîmé. La tombe fut pillée moins de 2 siècles plus tard, à la fin de la XXe dynastie. Le grand prêtre d'Amon, Pinedjem, fit restaurer la momie du pharaon quelques années plus tard, sous la XXIe dynastie : on enroula de nouvelles bandelettes de lin autour du corps et on y ajouta des colliers de fleurs. Puis on plaça la momie dans un nouveau sarcophage de cèdre du Liban qui fut caché dans une cavité secrète creusée dans la falaise de Deir el-Bahari, derrière le temple d'Hatshepsout.

Ramsès cultive des champignons dans son dos !

La cachette ne fut découverte qu'en 1871 par un paysan ; en 1886, la momie, qui avait été envoyée au Caire, fut dénudée de ses bandelettes sans précautions et en une quinzaine de minutes. À partir de ce jour, elle commença à se dégrader très rapidement. Exposée au Musée du Caire sous un simple couvercle de verre jusqu'en 1976, elle fut à l'abri des insectes mais pas de l'humidité. De petits champignons s'étaient mis à proliférer, notamment dans le dos de Ramsès, étendu au fond du cercueil. Pour ne pas voir se réduire en poussière le corps d'un des plus grands pharaons d'Égypte, il fallait intervenir de toute urgence.

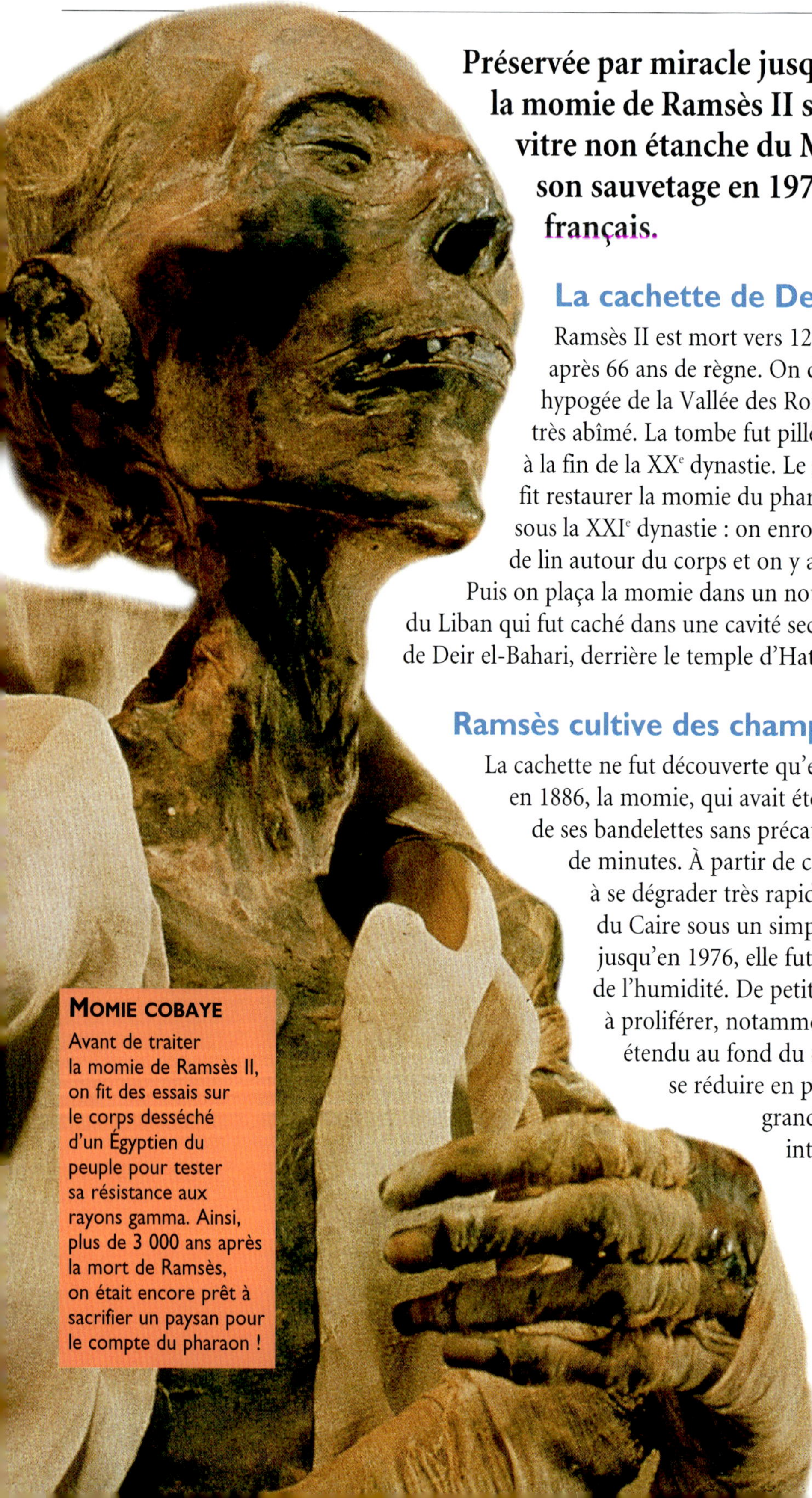

Couverte d'un voile de lin contemporain, la momie de Ramsès II est prête à subir l'irradiation au cobalt qui la débarrassera de ses champignons.

Momie cobaye

Avant de traiter la momie de Ramsès II, on fit des essais sur le corps desséché d'un Égyptien du peuple pour tester sa résistance aux rayons gamma. Ainsi, plus de 3 000 ans après la mort de Ramsès, on était encore prêt à sacrifier un paysan pour le compte du pharaon !

SOS Momie

Ramsès II fut envoyé par le gouvernement égyptien au musée de l'Homme à Paris en 1976. Il atterrit sur le terrain de la base militaire du Bourget le 26 septembre, où l'attendait le secrétaire d'État aux Universités. La momie fut aussitôt transférée au musée de l'Homme ; elle allait y séjourner un peu plus de 7 mois.

La visite médicale de Ramsès

Ramsès subit plusieurs examens ; à partir de prélèvements, on mit en évidence au microscope des champignons et des spores de champignons. Une radiographie permit de déceler des lésions dentaires et d'identifier les matières utilisées par les embaumeurs pour bourrer l'abdomen et le crâne : de la résine et des chiffons de lin.

Le traitement

Pour sauver la momie, il fallait la débarrasser des champignons. On la soumit donc à une irradiation aux rayons gamma (cobalt 60). Elle eut pour effet de désinfecter et de stériliser le cadavre. On répara ensuite les fissures apparues dans la chair desséchée, puis on remit les bandelettes qui subsistaient.

Retour au pays

La cuve du sarcophage fut également restaurée, stérilisée et couverte d'une vitrine étanche. Désormais, une ventilation électrique renouvelle l'air ; elle est pourvue de filtres antibactériens. Depuis son retour au Musée du Caire, la momie de Ramsès est à nouveau exposée au regard des visiteurs, mais sans risque de dégradation.

LES 90 CHAMPIGNONS DE RAMSÈS

Les scientifiques du musée de l'Homme qui étudièrent la momie de Ramsès II purent identifier 90 espèces de champignons qui rongeaient le cadavre du grand pharaon.

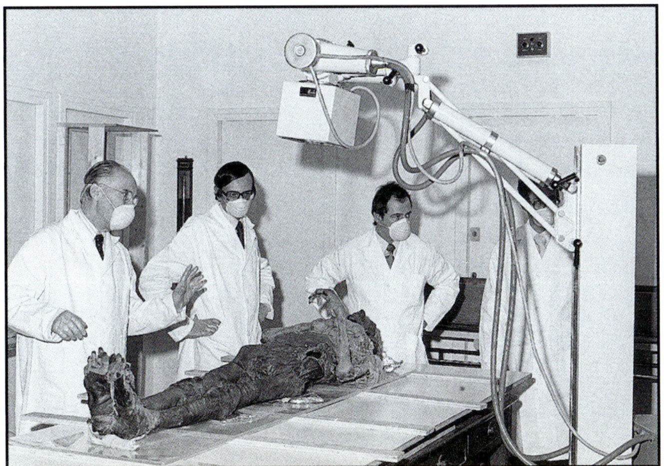

Radiologie de la momie avant traitement au musée de l'Homme.

Le champignon *Daela biennis* : c'est le plus agressif.

Aspect des bandelettes de la main gauche avant leur remise en état.

La mort de Cléopâtre

Le suicide de la dernière reine d'Égypte, par la morsure d'un serpent après sa défaite face à Octave, a grandement contribué à la naissance du mythe de Cléopâtre.

Cléopâtre dans son palais.

Échapper à tout prix à l'humiliation

Cléopâtre se rend compte qu'Octave ne lui a laissé la vie sauve que pour la traîner en triomphe à Rome, comme une esclave, enchaînée derrière son char. Elle ne veut pas subir cette humiliation et décide de mettre fin à ses jours. Mais comment s'y prendre ? Comment échapper à la vigilance des gardes romains qui la surveillent jour et nuit ?

Le panier de figues

La reine a recours à un ingénieux stratagème sans doute préparé depuis longtemps. Elle se fait apporter un panier de figues par un paysan venu de la campagne. Les gardes romains l'arrêtent à l'entrée des appartements de Cléopâtre. Que porte-t-il dans son panier ? « Des figues », répond le paysan en riant. « Vous en voulez ? » ajoute-t-il avec un tel air de franchise que les Romains n'hésitent plus à le laisser entrer.

La mort de Cléopâtre selon J.-A. Rixens.

La mort de Cléopâtre et les peintres

La mort de Cléopâtre a inspiré de nombreux peintres qui expriment leur vision personnelle de la scène. A. Belluci (musée de Clermont-Ferrand) nous fait assister au suicide d'une belle blonde vénitienne, tandis que, pour J.-A. Rixens (musée des Augustins, Toulouse), la reine d'Égypte ressemble à une jeune brune maghrébine.

Cobra.

Iras et Charmion

Cléopâtre fait sortir ses proches sauf 2 servantes, Iras sa coiffeuse et Charmion. On les retrouva bientôt mortes toutes les 3 : Cléopâtre était étendue sur un lit en or, vêtue en Isis, tandis qu'Iras et Charmion agonisaient à ses pieds.

La morsure du serpent

Un serpent se trouvait sous les figues. Cléopâtre avait secrètement ordonné au paysan de l'y dissimuler. Le reptile l'avait mordue alors qu'elle tendait le bras pour prendre un fruit.

LA FEMME ET LE SERPENT

La rencontre entre un serpent et une femme a toujours frappé les esprits depuis l'histoire d'Ève, la première femme, dans la Bible. C'est sans doute ce qui explique la fascination des artistes pour la mort de Cléopâtre. Le romancier Flaubert s'en est souvenu dans son roman *Salammbô* : « Elle était troublée », dit-il de son héroïne, « son grand serpent, le python noir, languissait. »

La statue de Cléopâtre est promenée dans les rues de Rome lors du triomphe d'Octave.

QUEL SERPENT ?

Quel type de serpent a mordu Cléopâtre ? Il s'agit peut-être d'un cobra car ce serpent représentait l'uraeus pharaonique. De plus, il entraînait une mort rapide et sans grande souffrance. « Sa morsure ne causait ni convulsion ni déchirements » selon l'écrivain grec Plutarque. C'est pourquoi l'exécution par morsure de cobra était considérée comme un traitement de faveur pour les condamnés à mort.

Une statue à la place de la reine

Octave se mit en colère quand il apprit la mort de Cléopâtre. Il tenta de la ranimer en faisant sucer le venin de la plaie par des guérisseurs libyens spécialisés dans les morsures de serpents. En vain. Il avait perdu le trophée vivant qu'il voulait montrer à son peuple, de retour à Rome, et fit défiler à la place une statue de Cléopâtre placée sur un char.

Les lettres

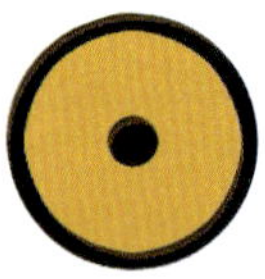

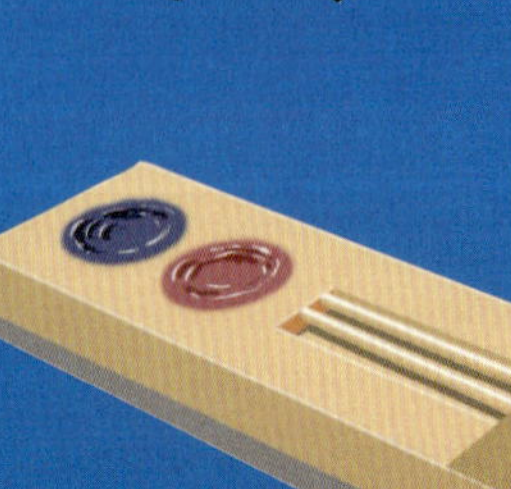

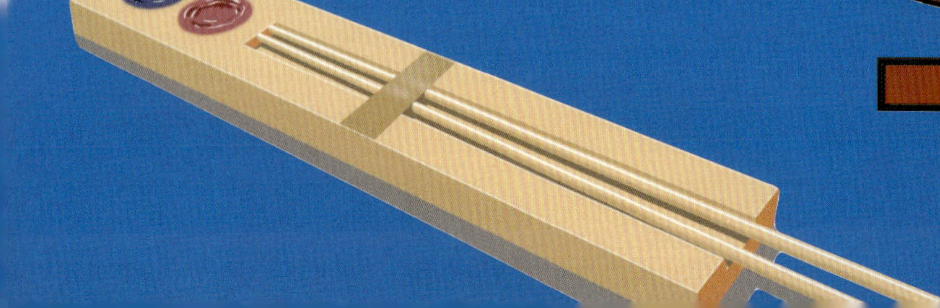

L'écriture hiéroglyphique qui sert à transcrire la langue égyptienne est composée de phonogrammes et d'idéogrammes. C'est une combinaison assez compliquée que la majorité des Égyptiens ne maîtrisait pas. Ceux qui savaient écrire, les scribes, formaient une véritable caste de privilégiés.

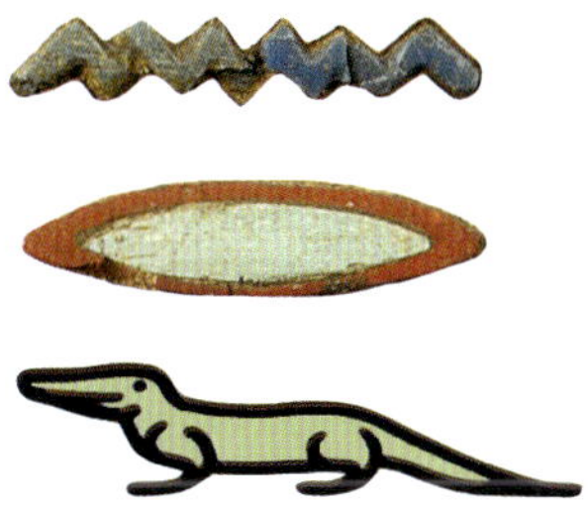

228

L'alphabet égyptien

230

Les idéogrammes

Le scribe

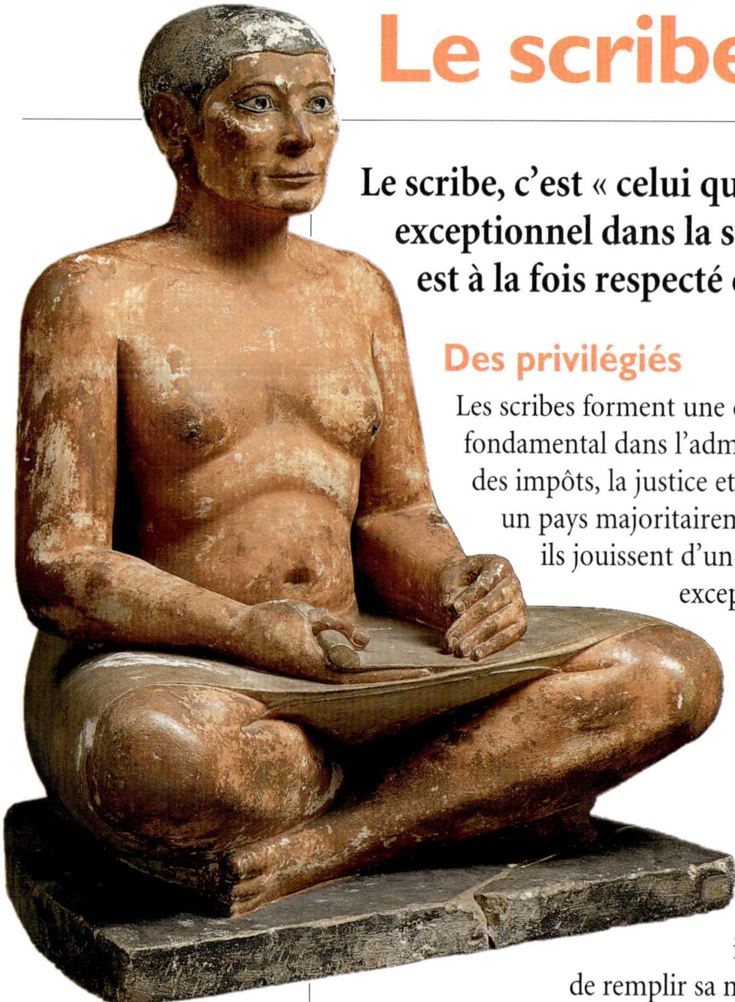

Scribe accroupi de l'Ancien Empire.

Le scribe, c'est « celui qui sait écrire » ; il joue un rôle exceptionnel dans la société pharaonique. Son statut est à la fois respecté et envié.

Des privilégiés

Les scribes forment une classe de privilégiés ; ils jouent un rôle fondamental dans l'administration du royaume, la perception des impôts, la justice et la gestion des temples. En tant que lettrés dans un pays majoritairement constitué d'analphabètes, ils jouissent d'un pouvoir et d'un prestige exceptionnels. La sculpture et les bas-reliefs en témoignent : ces fonctionnaires aiment tout particulièrement se faire représenter en train d'écrire.

La palette et les calames

Le scribe dispose de plusieurs instruments qui lui permettent de remplir sa mission. Il se sert tout d'abord, comme les peintres, d'une palette en bois, en ivoire ou parfois en pierre. Souvent de forme rectangulaire, elle possède de petits compartiments ronds ou ovales pour mettre l'encre et des rainures pour fixer les calames, ou tiges de roseaux, qui servent de plumes. Comme pour les pinceaux aujourd'hui, il existait plusieurs tailles de calames suivant le diamètre du roseau utilisé. On pouvait donc choisir d'écrire plus ou moins gros. La tige mesurait en général une vingtaine de centimètres de long.

L'encre

Les scribes utilisaient le noir et le rouge pour écrire ; mais pour peindre, ils employaient aussi du blanc, du brun, du jaune, du vert et du bleu. L'encre se présentait sous forme de petits pains de pâte séchée qu'on délayait avec un peu d'eau contenue dans un godet. Le scribe disposait les pains d'encre qu'il gardait en réserve dans une petite trousse de cuir pour les préserver de l'humidité.

Sac de cuir.

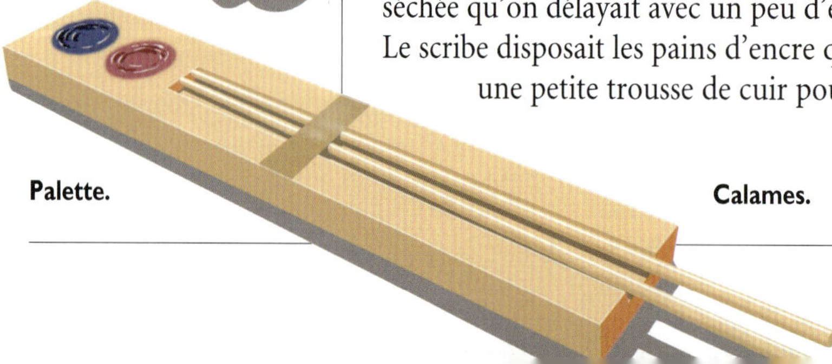

Palette.

Calames.

Palette et calames d'un scribe du Nouvel Empire.

Des rouleaux à la place des livres

Les feuilles de papyrus n'étaient pas reliées comme les pages de nos livres, mais collées les unes aux autres puis enroulées pour former des rouleaux. Généralement un rouleau était fait de 20 feuilles ; mais certains papyrus sont beaucoup plus longs. Déroulé, le plus long connu mesure 35 m.

Le papier

Les Égyptiens utilisaient des fibres de papyrus pour fabriquer un papier fin et souple ; blanches au départ, les feuilles jaunissaient ensuite avec le temps, comme d'ailleurs notre papier aujourd'hui. Le papyrus étant un support cher, les scribes utilisaient des éclats de pierre ou des tessons de poterie comme « papier brouillon ». On les nomme « *ostraca* », au singulier « *ostracon* », du mot grec qui veut dire « tesson ».

Ostracon **de calcaire orné du profil d'un pharaon du Nouvel Empire.**

Des *ostraca* osés

Pour se détendre pendant leur temps libre, les scribes s'amusaient en écrivant des mots d'amour sur des *ostraca* ou encore en dessinant des scènes d'humour et même érotiques. Sur leur « papier brouillon », ils pouvaient donner libre cours à leur imagination.

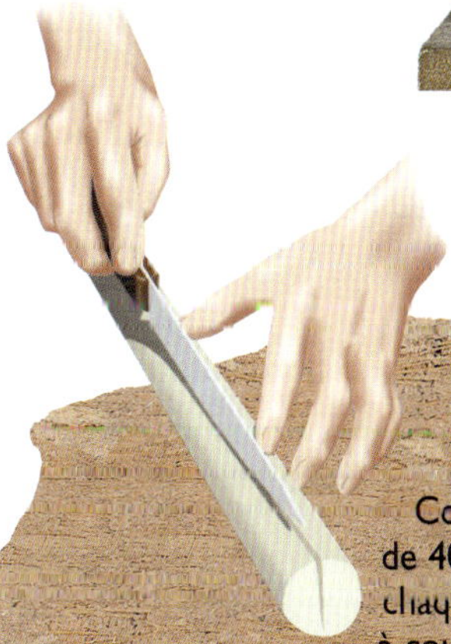

Comment faire un papyrus?

Couper la tige de papyrus en tronçons de 40 cm de long environ. Puis fendre chaque tronçon au couteau et l'aplatir à coups de marteau. Attention aux doigts !

Mettre à plat les lamelles ainsi obtenues en 2 couches superposées, l'une verticalement et l'autre horizontalement, de manière à obtenir des angles droits. Mouiller le tout puis frapper à nouveau au marteau. Il ne reste plus qu'à laisser sécher.

La littérature égyptienne

On a retrouvé plusieurs livres égyptiens, notamment des textes religieux et des contes, qui devaient se trouver dans les bibliothèques du pharaon, des prêtres et des nobles, ainsi que dans les écoles des temples.

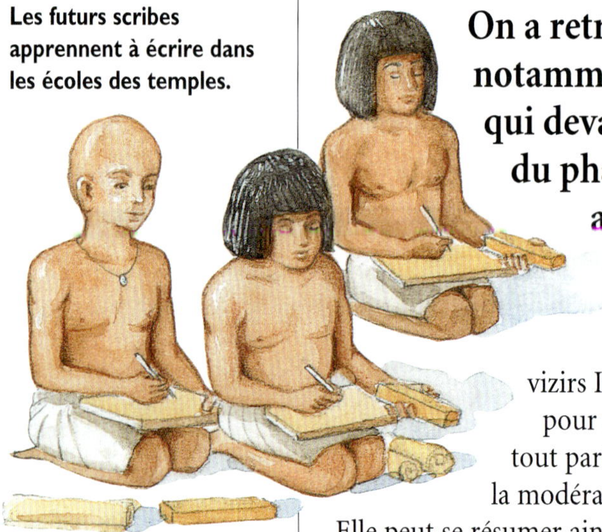

Les futurs scribes apprennent à écrire dans les écoles des temples.

L'instruction morale

Sous l'Ancien Empire, plusieurs nobles, notamment les vizirs Imhotep et Ptahhotep, composent des recueils de conseils pour mener une vie sage et heureuse. L'instruction est adressée tout particulièrement aux jeunes : on leur propose une morale de la modération que certains trouveraient aujourd'hui un peu banale. Elle peut se résumer ainsi : respecte tes parents, fonde un foyer, aime ta femme.

Comparaison amoureuse

« Ton amour est dans mon corps comme un roseau dans les bras du vent », écrit un Égyptien à sa belle.

Papyrus funéraire : la défunte fait une offrande à Osiris.

Conseils pour survivre après la mort

Les textes les plus souvent recopiés sont ceux qui expliquent le devenir de l'âme après la mort : textes des pyramides, textes des sarcophages et le Livre des morts transcrit sur de nombreux papyrus. On y trouve d'innombrables conseils pour réussir son passage dans l'au-delà.

Histoire ou propagande ?

Les bas-reliefs qui représentent les exploits guerriers du pharaon sur les parois des grands temples sont accompagnés de longs textes racontant les campagnes militaires du souverain. Certains font référence très précisément aux événements historiques, comme les récits mettant en scène Ramsès II contre les Hittites à Qadesh, ou Ramsès III écrasant les Peuples de la mer. Mais le rôle du pharaon est toujours exagéré. Les récits que nous ont transmis les anciens Égyptiens sont toujours des hymnes de propagande à la gloire de la monarchie. Jamais une défaite n'est mentionnée. Pire ! Un échec peut être transformé officiellement en victoire.

Les contes égyptiens

Plusieurs contes égyptiens ont été retrouvés. Écrits à partir de l'Ancien Empire, ce sont des récits assez brefs, incluant beaucoup d'éléments fabuleux et fantastiques. Ils sont peuplés de dieux, déesses, fées, monstres, revenants et magiciens. Le réel et le merveilleux se mêlent comme dans les contes des *Mille et Une Nuits* dont ils sont les ancêtres.

De jolies filles dans une barque. Selon le conte, Kheops a apprécié !

Les aventures de Sinouhé : le roman fut célèbre au Moyen Empire.

Chants d'amour

Au Nouvel Empire apparaît un nouveau genre littéraire : le poème amoureux. L'Égyptien passionné décrit la beauté de la femme aimée. Il passe en revue toutes les parties de son corps qu'il compare à des fleurs, des fruits et des pierres précieuses. Les Égyptiennes aussi parlent de leur amour : « Mon cœur ne pense qu'à ton amour. Je me dépêche, je cours vers toi. Je ne fais plus attention à ma coiffure ; mais je frise mes boucles. Pour toi, je veux être prête à tout moment. »

Comment divertir le pharaon ?

Kheops et les magiciens, conte de l'Ancien Empire, permet au lecteur de découvrir la cour du pharaon qui fit édifier la plus grande pyramide. Le roi s'ennuie ; il demande à des magiciens de le distraire. L'un d'eux fait ramer sur un lac de belles jeunes filles dévêtues ; Kheops, charmé, sort aussitôt de sa torpeur en les contemplant. Mais l'une des rameuses laisse tomber par mégarde son bracelet dans l'eau et se met à pleurer. Heureusement, le magicien écarte miraculeusement les eaux du lac et rend le bijou à la jeune fille. Grâce à ce spectacle, Kheops s'est bien amusé.

Sinouhé ou l'éloge de la loyauté

Le roman de *Sinouhé*, écrit au Moyen Empire, raconte la désertion d'un soldat égyptien et sa fuite dans le Delta et à travers le désert. Réfugié en Syrie, Sinouhé y fait fortune avant de rentrer au pays où il obtient le pardon du pharaon. De retour dans sa maison, il passe les dernières années de sa vie à construire son tombeau.

La langue égyptienne

La langue égyptienne est un mélange d'éléments de diverses origines ; sa transcription sous la forme de petits dessins qui « signifient ce qu'ils représentent » remonte à la fin de la préhistoire.

ÉGYPTIEN ANCIEN ET ARABE

On retrouve en arabe certaines caractéristiques de l'égyptien ancien : les consonnes sont toujours notées, mais pas toutes les voyelles ; le lecteur les restituait de lui-même.
Les pronoms suffixes de la Ire et de la 2e personne du singulier, -i et -k, sont identiques à l'arabe.

Les origines de l'égyptien

La langue égyptienne antique est le produit d'un mélange subtil entre des éléments africains et d'autres d'origine sémitique. Elle est à l'image de sa population : mélangée. Certaines de ses caractéristiques se retrouvent aujourd'hui encore en arabe, mais aussi dans les langues berbères, parlées par les peuples du Sahara, et dans celles plus lointaines de l'Afrique occidentale (le wolof du Sénégal) et orientale (le somali).

Le vocabulaire

Le lexique de l'égyptien est riche en termes concrets pour évoquer les activités des paysans, des artisans ou encore les faits militaires. Mais les notions abstraites sont plus difficiles à exprimer. Un sentiment par exemple est toujours ramené à une partie du corps humain : le cœur ou la bouche. Ainsi, le verbe qui signifie « dire » a aussi le sens de « penser ».

Égyptiens brandissant des enseignes de clans (Ire dynastie).

L'invention des hiéroglyphes

L'invention des hiéroglyphes remonte à la fin de la préhistoire, peu de temps avant l'unification politique du pays par Narmer. On dessinait des animaux, enseignes de clans, sur les objets pour indiquer leur appartenance : ce sont les premiers hiéroglyphes. Leur nombre augmente ensuite très rapidement sous les 2 premières dynasties. On dessine ce qu'on veut exprimer : hommes, femmes, parties du corps, animaux, plantes, soleil, ciel, terre, eau, produits divers. À l'époque de Djoser, le système d'écriture permet déjà de raconter les événements marquants du règne.

Des idéogrammes

Les premiers hiéroglyphes ne sont pas des lettres qui transcrivent des sons ; ils représentent des idées ; c'est pourquoi on les appelle « idéogrammes ». Le hiéroglyphe est un dessin qui signifie ce qu'il représente. Ainsi, le disque solaire (cercle avec un point au centre) veut dire « soleil ».

Texte des pyramides provenant de la pyramide de Pépi Ier.

Que signifie « hiéroglyphe » ?

Le terme « hiéroglyphe » vient du grec ; il signifie « écriture sacrée ». Son emploi est un peu abusif, car les hiéroglyphes ne servent pas à transcrire seulement des textes religieux, mais aussi le récit des exploits du pharaon et les annales de son règne.

DEUX ÉCRITURES

L'alphabet égyptien et les idéogrammes sont de véritables dessins, précis et longs à reproduire. C'est pourquoi l'écriture hiéroglyphique est réservée aux inscriptions des temples et des monuments. Sur les papyrus et les *ostraca*, les caractères sont simplifiés ; cette écriture courante est appelée « démotique » c'est-à-dire « populaire ».

L'alphabet égyptien

Hiéroglyphes incrustés dans un panneau de bois de la Basse Époque.

Parmi les hiéroglyphes, 24 signes correspondent à des sons ; ils permettent de transcrire en égyptien les noms étrangers.

Des sons et des idées

Le système hiéroglyphique est double : certains signes correspondent à des sons comme les lettres de notre alphabet d'aujourd'hui ; d'autres, les plus nombreux, traduisent des idées. Les premiers sont appelés « phonogrammes », du grec *phonos* qui veut dire « son » ; les seconds sont des idéogrammes.

La transcription des noms étrangers

Les 24 phonogrammes permettent de transcrire en égyptien les noms d'origine étrangère. Voici comment s'écrit « Cléopâtre », nom grec transposé en hiéroglyphes. Les signes sont inscrits dans un cartouche car Cléopâtre est une reine.

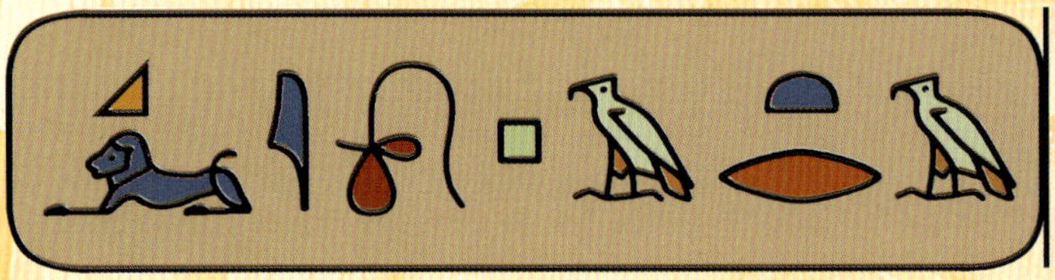

On lit kliwp3tr3 (prononciation : « KLIOUPATRA »).

Sens de lecture

Les hiéroglyphes s'écrivent et se lisent de haut en bas, de droite à gauche et de gauche à droite ; mais jamais de bas en haut. Le cartouche de Cléopâtre peut donc s'écrire dans 3 sens différents ; c'est-à-dire comme nous l'avons vu dans le paragraphe précédent, mais aussi des 2 manières suivantes :

Sens de lecture : de haut en bas et de gauche à droite.

Sens de lecture : de droite à gauche et de haut en bas.

Les 24 phonogrammes simples

L'alphabet égyptien comporte 24 phonogrammes simples.

HIÉROGLYPHE		TRANSCRIPTION	PRONONCIATION
	vautour	3	A
	roseau	i	I
	2 roseaux	y	Y
	bras	c	A raclé au fond de la gorge
	poussin	w	OU
	pied	b	B
	tabouret	p	P
	serpent	f	F
	chouette	m	M
	eau	n	N
	bouche	r	R roulé
	cabane en roseau	h	légère aspiration
	fibre de lin	h	forte aspiration
	placenta	h	très forte aspiration
	téton d'animal	h	jota espagnole

HIÉROGLYPHE		TRANSCRIPTION	PRONONCIATION
	verrou	s	S
	vêtement plié	s	S
	piscine	v	CH
	flanc de montagne	k	K arabe de Qahira (Le Caire)
	coupe avec une anse	k	K arabe de Karima
	support de vase	g	G
	pain	t	T
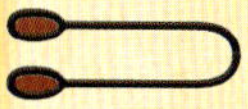	corde	t	TCH
	main	d	D
	serpent	d	DJ

À l'époque ptolémaïque, on trouve aussi les signes suivants :

	lion	l	L
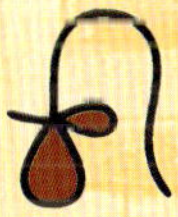	nœud	w	OU

Remarques

Certains noms sont faciles à transcrire, comme « Nadia » ; d'autres posent plus de problèmes comme par exemple « Jeanne ».

n3di3 : NADIA

d3n : DJAN pour JEANNE

Les idéogrammes

La titulature du pharaon Séthi Ier (XIXe dynastie).

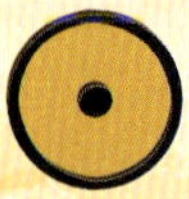

Soleil

Ciel

Homme

Sentiment

Dieu, pharaon

Femme

Les idéogrammes sont les plus anciens des signes hiéroglyphiques ; ils signifient ce qu'ils représentent, mais aussi des idées liées à cette représentation.

Quelques idéogrammes

Les idéogrammes sont trop nombreux pour qu'on puisse les citer tous ici. En voici néanmoins quelques-uns. Ces idéogrammes constituent le mot lui-même ou bien se placent à la fin du mot avec lequel ils entretiennent une relation de sens.

Exemple

Cet idéogramme 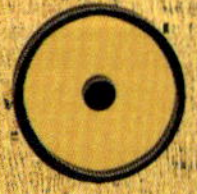 seul veut dire « soleil » ;

mais dans le verbe (wbn, « briller » en hiéroglyphes), il est associé à l'idée de « briller ».

L'ordre des mots dans la phrase

L'égyptien hiéroglyphique ne connaît ni la ponctuation, ni les espaces entre les mots. L'ordre des mots est donc très important : la phrase commence le plus souvent par le verbe, suivi du sujet puis des compléments. Cet ordre permet de savoir où commence chaque proposition.

Vocabulaire

NOMS

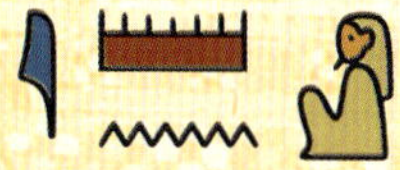	Imn	Le dieu Amon
	Rᶜ	Le dieu Rê
	pt	Le ciel
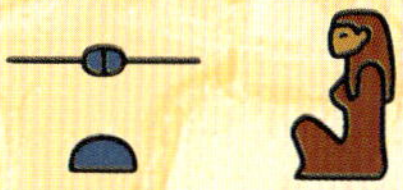	st	La femme
	s	L'homme
	sš	Le scribe
	pr	La maison
	nswt	Le pharaon
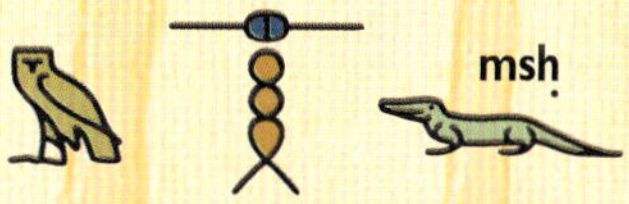	msḥ	Le crocodile

VERBES

	wbn	Briller
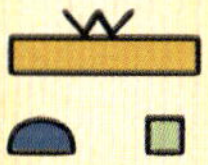	ḥtp	Être satisfait
	mr	Aimer
	wšb	Répondre
	ḥkr	Avoir faim
	rs	Se réjouir

PRÉPOSITIONS

	n	À
	m	Dans

Exercice 1 : version

Traduis les phrases suivantes :

1 

2 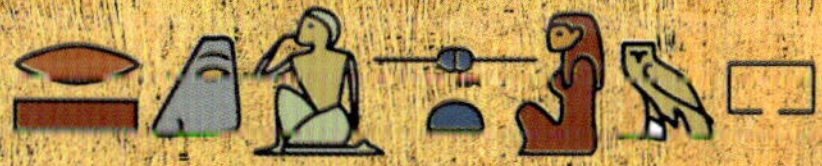

3 

Solutions

1 Rê brille dans le ciel.

2 La femme se réjouit à la maison.

3 Le crocodile a faim.

Exercice 2 : thème

Écris en hiéroglyphes les phrases suivantes :

1 Rê est satisfait.

2 L'homme répond au scribe.

3 Amon aime le pharaon.

Solutions

3 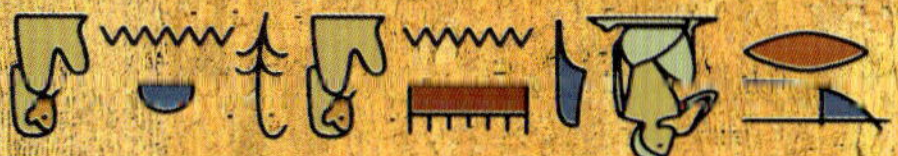

2 

1 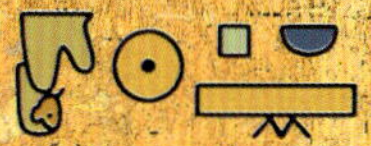

L'Égypte retrouvée

Si nous connaissons aujourd'hui la civilisation de l'Égypte ancienne, c'est grâce aux travaux et aux recherches de nombreux savants et archéologues dont le plus célèbre est Jean-François Champollion, fondateur de l'égyptologie. Mais l'Égypte passionne aussi un très large public comme le montre le succès des romans, films et BD sur les pharaons.

Champollion le génie

Champollion au cours de son expédition en Égypte.

UN GRAND NOMBRE DE HIÉROGLYPHES

Les savants de l'expédition sont frappés par le nombre considérable d'inscriptions qu'ils découvrent sur les parois des temples et des tombeaux, et sur les statues et les stèles. Hélas, il leur est impossible de les comprendre.

Le mystère des hiéroglyphes a été percé en 1822 par un jeune savant français, Jean-François Champollion, qui parvient à déchiffrer l'ancienne langue des Égyptiens.

L'expédition de Bonaparte en Égypte

En 1798, Bonaparte entreprend, en Égypte, une expédition à la fois militaire et scientifique. De nombreux savants, membres de l'Institut d'Égypte, accompagnent le jeune général français. Leurs différents rapports et écrits seront regroupés dans *La Description de l'Égypte*, un gigantesque ouvrage comprenant de nombreux dessins et gravures ; c'est le premier guide des monuments du pays. Le livre est d'ailleurs un monument à lui tout seul !

La pierre de Rosette

En août 1799, en creusant à Rosette près d'Alexandrie, les soldats français trouvent une grande stèle en basalte, appelée la pierre de Rosette. Elle est couverte de 3 inscriptions qui correspondent à 3 versions du même texte : la première est en hiéroglyphes, l'écriture sacrée des Égyptiens, la deuxième en démotique, ou écriture égyptienne populaire, et la troisième en grec. Cette dernière est traduite sans problème ; les savants y lisent un décret du pharaon Ptolémée V datant de 198 avant J.-C. Mais les 2 versions égyptiennes sont intraduisibles.

Les 3 écritures de la pierre de Rosette...

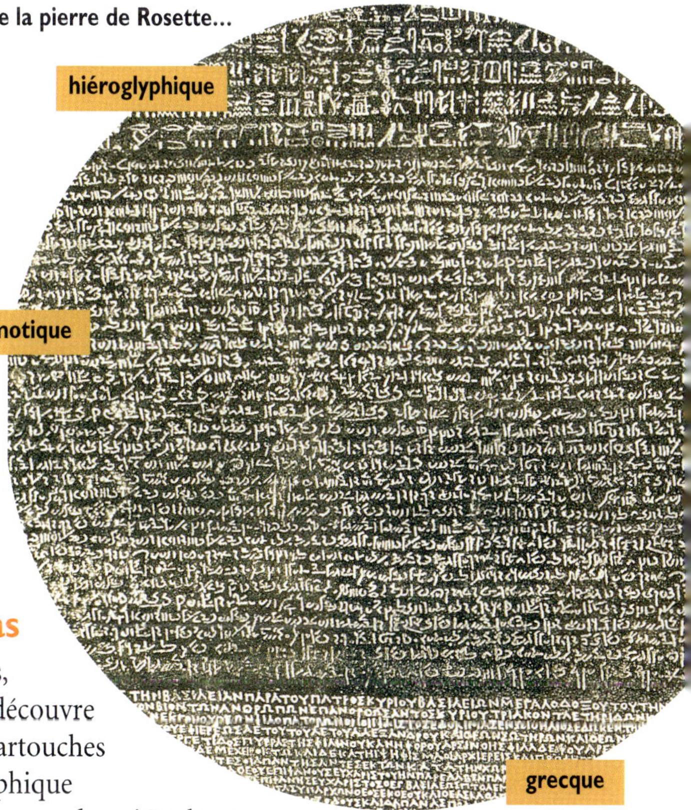

Cartouche de Cléopâtre.

Premiers pas

Un savant anglais, Thomas Young, découvre en 1819 que les cartouches du texte hiéroglyphique correspondent au nom du roi Ptolémée. Cette idée est reprise en 1822 par un jeune Français, Jean-François Champollion, qui teste la découverte de Young en l'appliquant au cartouche d'un obélisque de Philae. Il parvient à lire le nom de la reine Cléopâtre. Certains hiéroglyphes correspondent donc à des lettres de l'alphabet. Puis, il s'attaque à d'autres cartouches et, chaque fois qu'il en déchiffre un nouveau, il découvre de nouvelles lettres.

Dix ans de travail acharné

En 10 ans de travail acharné et sans répit, Champollion parvient à comprendre le sens de nombreuses inscriptions et de papyrus entiers. Il meurt d'épuisement en 1832, sans avoir achevé ses travaux. Mais une nouvelle science est née grâce à son génie : l'égyptologie.

C'EST DU DÉLIRE !

Le jésuite Athanasius Kircher, très célèbre au XVIIe siècle, prétendait avoir déchiffré certaines inscriptions hiéroglyphiques. En réalité, ses interprétations étaient fantaisistes et délirantes. Il traduisait, par exemple, de la manière suivante le mot « empereur» : « Osiris est l'auteur de la fécondité et de toute la végétation ; c'est de sa vertu prolifique que Mophta, le sacré, tire du ciel dans son royaume. » Tout cela est faux et beaucoup trop long ; de plus, Mophta ne veut strictement rien dire !

Howard Carter, l'obstiné

L'archéologue Howard Carter est persuadé qu'il est possible de trouver un hypogée intact dans la Vallée des Rois. Financé par le richissime lord anglais Carnavon, il commence les recherches en 1917.

La Vallée des Rois.

DES IMAGES INTIMES

Certains meubles de Toutankhamon sont décorés de scènes qui montrent la vie quotidienne du couple royal : on voit la jeune reine Ankhesenamon en train de répandre des parfums sur le corps de son époux ; ailleurs, au cours d'une partie de chasse au canard, elle lui tend une flèche en lui montrant du doigt la plus belle proie.

Cinq ans de fouilles sans succès

De 1917 à 1921, Carter ne parvient à aucun résultat. Lord Carnavon commence à se lasser ; il a l'impression de perdre son argent. Il donne à Carter une dernière chance pendant encore un an.

L'idée de Carter

Carter sait qu'il recherche le tombeau de Toutankhamon. Des restes de matériel d'embaumement et des pots au nom du pharaon ont été découverts dans une fosse en 1902. Carter est persuadé qu'ils ont servi à la momification de Toutankhamon. Considérés comme impurs, ils n'ont pas été placés dans le tombeau ; mais, selon Carter, celui-ci ne peut pas se trouver bien loin de la fosse.

Le 4 novembre 1922

Le 4 novembre, les ouvriers dégagent les 12 marches d'escaliers d'une tombe. Elles mènent à une porte obstruée par des pierres, signe que la tombe est intacte. Carter envoie un télégramme à lord Carnavon, alors à Londres, pour qu'il vienne au plus vite en Égypte.

Le 26 novembre

Mais Carnavon ne se presse pas : il arrive dans la Vallée des Rois le 23 novembre. Le lendemain, la porte est dégagée ; on peut y lire le cartouche de Toutankhamon, preuve que Carter avait raison. Un couloir de 10 m de long mène à une seconde porte scellée.

Le 26 novembre, Carter fait un trou au sommet de la porte. Il y passe le bras et, à la lumière de la torche, contemple l'intérieur du tombeau. Impatient, lord Carnavon lui demande : « Que voyez-vous ? » Il répond : « Des merveilles. »

De longs travaux

Pendant toute l'année 1923, on sortit tous les objets du tombeau ; ils étaient traités chimiquement pour assurer leur conservation, puis envoyés par bateau au Caire. Ce n'est qu'à la fin de 1925 que Carter put ouvrir le sarcophage du pharaon : il découvrit 3 cercueils emboîtés l'un dans l'autre ; le dernier était en or massif et pesait 225 kilos. 143 objets précieux, bijoux, armes et amulettes, avaient été placés sur le corps du roi. Seule la momie, très abîmée, déçut l'archéologue.

Une caverne d'Ali Baba !

La tombe était remplie des objets qui devaient accompagner le mort dans son voyage vers l'au-delà. Partout, l'or et des pierres précieuses avaient été utilisés pour décorerle mobilier et les sarcophages. L'ivoire, l'albâtre et l'ébène étaient aussi répandus à profusion. Lits, fauteuils, lampes, chars, cannes, armes de guerre et de chasse, jouets d'enfants, lourds pendentifs, bracelets et boucles d'oreilles sont autant de témoignages du raffinement et du luxe à la cour du pharaon.

Rongée par les huiles !

La momie de Toutankhamon avait été rongée par les huiles qui devaient paradoxalement la protéger des effets corrupteurs du temps.

Des temples sauvés des eaux

En 1964, l'Égypte termine la construction d'un grand barrage au sud du pays ; l'eau retenue risque d'engloutir les nombreux monuments de Nubie parmi lesquels se trouvent les 2 temples funéraires édifiés par Ramsès II à Abou Simbel.

Depuis le temple d'Abou Simbel, on peut se rendre compte de l'immensité du lac Nasser.

Le barrage d'Assouan

Le grand barrage édifié au sud d'Assouan, l'ancienne Éléphantine, doit régulariser le cours du Nil en Égypte ; c'est pourquoi la crue d'été n'a plus lieu aujourd'hui. Le barrage a également pour conséquence de créer un vaste lac artificiel, le lac Nasser, de 500 km de long ; la retenue permet aussi d'alimenter une grande centrale.

L'Unesco

« Organisation des Nations unies pour l'éducation, la science et la culture », l'Unesco est une institution de l'ONU, créée en 1945. Son but est de contribuer à la paix dans le monde en aidant à l'éducation et à la collaboration scientifique et culturelle entre les nations. Son siège se trouve à Paris.

Chefs-d'œuvre en danger

Dès la fin de l'année 1964, la montée des eaux du lac Nasser menaçait les nombreux temples de Nubie qui allaient être totalement engloutis. Grâce à la coopération internationale, une campagne sous le patronage de l'Unesco, entre 1965 et 1968, permit de sauver ces chefs-d'œuvre en péril. On découpa les temples pour les remonter en des lieux plus élevés où les eaux ne pourraient les atteindre.

Travaux de déblaiement devant le grand temple.

Le projet suédois de découpage

Pour sauver les temples d'Abou Simbel, l'Unesco adopta un projet présenté par une société suédoise. Il s'agissait de découper les temples en blocs de 20 à 30 t et de les transporter 60 m plus haut, au sommet d'une falaise, pour les y reconstituer. Il fallut 4 années pour réaliser ces travaux : de fin 1964 à septembre 1968.

Le transport des têtes de Ramsès II.

Le grand temple d'Abou Simbel

Deux temples funéraires ont été creusés par Ramsès II dans une falaise de grès rose qui surplombe le Nil à 50 km au nord de la 2e cataracte. La façade du plus grand des 2 est constituée de 4 statues colossales de 20 m de haut représentant le pharaon assis sur son trône, coiffé du *némès* et du pschent. La reine Néfertari debout a été sculptée, beaucoup plus petite que son époux, à la droite du pharaon, tandis qu'un jeune prince est représenté entre ses jambes. L'intérieur du temple est une grotte de 63 m de profondeur divisée en 3 salles : une pièce carrée, la salle hypostyle et le saint des saints abritant les statues d'Amon, de Rê Horakhty, Ptah et Ramsès II. Chaque pièce est plus petite que celle qui la précède.

Démantèlement du temple de Néfertari.

UN CURIEUX PHÉNOMÈNE

Chaque année, le 19 octobre et le 21 février, les rayons du soleil levant viennent éclairer les 4 statues au fond du sanctuaire. On ne connaît pas les raisons du choix de ces dates. La reconstruction du temple a tenu compte de son orientation et le phénomène est toujours visible aux mêmes dates.

Le « petit » temple

Un temple moins important a été creusé à 150 m du précédent. Il est dédié à la déesse Hathor et à la reine Néfertari. Six statues, 4 de Ramsès et 2 de Néfertari, ornent sa façade, haute de 12 m.

LE SAUVETAGE DE PHILAE

Le sauvetage du temple d'Isis à Philae a été terminé en 1979. L'île d'origine fut engloutie mais on reconstitua le monument sur l'île d'Agilkia, plus élevée.

Le musée du Louvre

Le musée du Louvre récemment aménagé possède l'une des plus belles collections d'antiquités égyptiennes du monde avec 50 000 objets répertoriés.

Salle consacrée aux animaux d'Égypte.

LES DONATIONS

Plusieurs œuvres exposées au Louvre ont été données par de généreux collectionneurs ou encore par la Société des amis du Louvre, une association qui repère et achète sur le marché de l'art de belles pièces pour le musée.

Champollion, créateur du département des antiquités égyptiennes

En 1826 est né le département des antiquités égyptiennes du musée du Louvre. Jean-François Champollion, qui a déchiffré les hiéroglyphes 4 ans plus tôt, en est nommé conservateur. Grâce aux crédits que lui donne le roi Charles X, il fait l'acquisition de plusieurs collections privées. Lui-même rapporte d'Égypte, dans ses bagages, la merveilleuse statue de Karomama en bronze doré. La collection du Louvre compte bientôt 9 000 objets. Champollion les décrit dans sa *Notice* qui est le premier guide des antiquités égyptiennes du musée.

Les pyramides du Louvre, réalisées entre 1986 et 1988, sont l'œuvre de l'architecte Ieoh Ming Pei, lointain héritier d'Imhotep.

Les acquisitions du musée après Champollion

Les conservateurs qui succèdent à Champollion poursuivent sa politique de nouvelles acquisitions par l'achat de collections privées. Un grand nombre d'œuvres proviennent aussi des fouilles réalisées en Égypte par des archéologues français du XIXe siècle. Ainsi, Auguste Mariette rapporte le fameux scribe accroupi du Serapeum de Memphis. Mais depuis le début du XXe siècle, l'Égypte protège son patrimoine, et rares sont les œuvres offertes à des musées étrangers. Parmi elles, le Louvre compte un buste colossal d'Akhnaton donné à la France en remerciement de ses efforts pour sauver les temples de Nubie.

Momies animales et statuettes de chats.

Le Grand Louvre

Le département des antiquités égyptiennes a été complètement rénové et agrandi avant de rouvrir ses portes aux visiteurs en décembre 1997. Les espaces consacrés aux objets d'époque pharaonique ont été doublés ; il s'agit de 2 500 m^2 au total.

Histoire de l'art et vie quotidienne

Les conservateurs du département ont réaménagé les salles d'exposition en suivant un intéressant parti pris. Il s'agissait de ne pas exposer que les chefs-d'œuvre de l'art pharaonique, comme les sculptures et les trésors d'orfèvrerie, mais aussi des objets simples de la vie quotidienne : meubles modestes, poteries, paniers, etc.

La civilisation égyptienne dans sa totalité est maintenant représentée au Louvre, pas seulement le pharaon et les nobles. Remarquons que ce type d'exposition est unique au musée du Louvre.

La visite

L'originalité de cette disposition est d'offrir 2 circuits différents au visiteur. Au rez-de-chaussée du bâtiment Sully, une exposition thématique : 19 salles pour découvrir le Nil, les scribes, les travaux des champs, les artisans, le mobilier, le temple ou encore les traditions funéraires égyptiennes. Au 1er étage, une présentation chronologique permet de traverser 4 000 ans de l'histoire de l'Égypte pharaonique.

La passion de l'Égypte

Carte postale du début du XXe siècle.

Boîte à décor égyptien (fin du XIXe siècle).

Une véritable passion pour l'Égypte s'est emparée des esprits européens depuis la fin du XVIIIe siècle. Elle a inspiré de nombreux peintres, architectes, musiciens, cinéastes et dessinateurs de BD.

LES ROMANS

Quelques très bons romans se déroulent dans l'Égypte ancienne, notamment le *Roman de la momie* de Théophile Gautier et *Sinouhé l'Égyptien* du Finlandais Mika Waltari. Dans *La mort n'est pas une fin*, Agatha Christie a imaginé une enquête policière au temps des pharaons.

L'égyptomanie des XVIIIe et XIXe siècles

L'expédition de Bonaparte dans la vallée du Nil a eu un grand retentissement en Europe. L'Égypte devient à la mode : on fabrique des bureaux, des fauteuils, des lampadaires de type égyptien. Les éléments pharaoniques inspirent aussi les architectes comme pour les sphinx de la place du Châtelet ou les chapiteaux hathoriques du passage du Caire à Paris. Ce phénomène est appelé « égyptomanie », c'est-à-dire « manie de l'Égypte ».

La peinture

Les peintres du XIXe siècle recréent à leur manière des scènes de vie au pays des pharaons ; ainsi Édouard Picot et Abel de Pujol qui peignent les plafonds du département égyptien du Louvre. Mais le thème de prédilection des peintres amoureux de l'Égypte est la mort de Cléopâtre qui sert de prétexte à de nombreuses compositions.

Billets égyptiens actuels à l'effigie de Ramsès II et de Néfertiti.

Les pharaons au cinéma

L'Égypte ancienne a servi de cadre à de nombreuses superproductions américaines : *La Terre des pharaons* de H. Hawks, *Les Dix Commandements* de Cecil B. De Mille, *Cléopâtre* de J. Mankiewicz. Le Polonais J. Kawalerowicz est l'auteur d'un remarquable *Pharaon* qui décrit les relations complexes entre le jeune Ramsès et le puissant clergé d'Amon à la fin du Nouvel Empire.

Scène du film *Pharaon*.

L'Égypte et la musique

Mozart fit chanter des « prêtres d'Isis et Osiris » dans *La Flûte enchantée* (1791) et Verdi créa *Aïda* (1871), premier opéra dont toute l'histoire se déroule sur la terre des pharaons. C'est d'ailleurs au théâtre du Caire que l'œuvre fut donnée pour la première fois. Aujourd'hui encore, le monde de la musique fait parfois référence à l'Égypte : on peut citer Akhenaton, le chanteur du groupe de rap IAM et Cléopatra, un trio de jeunes filles « R'n'B » (« *Rhythm and Blues* »). Enfin, la top model Iman incarne Néfertiti et le comique Eddie Murphy un pharaon dans le clip de la chanson de Michael Jackson *Do you remember the time ?*

La bande dessinée

L'Égypte sert de toile de fond à de nombreux héros de BD : Astérix et Obélix rencontrent Cléopâtre ; Alix visite 3 fois l'Égypte ; Blake et Mortimer retrouvent le trésor d'Akhnaton ; Papyrus et sa copine Tétishéri sont confrontés à de nombreuses aventures dont ils sortent bien entendu toujours vainqueurs.

PHARAONS ET EFFETS SPÉCIAUX

Dans un style plus moderne, redoublant d'effets spéciaux, on citera *La Momie* et *Le Retour de la momie* de Stephen Sommers. Il s'agit des 2 volets des aventures d'un héros, à la manière d'Indiana Jones, qui se retrouve mêlé au réveil des esprits de pharaons morts il y a 5 000 ans. Dans le film fantastique *Stargate* ou *La Porte des étoiles*, on découvre un tyran extraterrestre qui n'est autre qu'un pharaon aux pouvoirs surnaturels ; son vaisseau spatial a d'ailleurs la forme d'une pyramide.

Astérix et Idéfix sont reçus en audience par la grande Cléopâtre.

D'hier à aujourd'hui

La mosquée du sultan Hassan, la mosquée El-Rifaï et la coupole de la madrasa Mahmoudiya. La mosquée du sultan Hassan possède un des minarets les plus hauts du Caire (80 m).

La fondation du Caire

Pour remplacer Alexandrie, trop chrétienne à son goût, Amr fonde la ville islamique de Fustat, qui deviendra 2 siècles plus tard Le Caire, actuelle capitale de l'Égypte.

En 642, Amr, lieutenant du calife Omar, s'empare de l'Égypte ; l'ancien pays des pharaons devient une province de l'Empire musulman.

Un vaste empire

L'Égypte est intégrée dans l'Empire musulman dominé par le calife qui réside à Damas, puis à Bagdad. L'apport égyptien dans l'art et la culture islamiques est remarquable. Mais l'unité politique de cet empire ne dure pas : les émirs arabes qui gouvernent l'Égypte et l'Afrique du Nord se rendent rapidement indépendants du calife de Bagdad.

Les Fatimides (969-1171)

En 969, la famille des Fatimides s'empare de l'Égypte et de l'Afrique du Nord ; son chef prend le titre de calife et rompt définitivement avec Bagdad. Le Caire devient la capitale de l'empire des Fatimides. De nombreux monuments y sont construits, comme l'université islamique Al-Azhar.

Saladin d'après une gravure du XIXe siècle. Contrairement aux portraits habituels, il est imberbe.

Saladin et sa famille

À la mort du dernier calife fatimide, le vizir Saladin s'empare du pouvoir et fonde la dynastie des Ayyoubides (1171-1250). Il est vainqueur des croisés qui tentent d'envahir la Palestine. Son petit neveu Al-Salih Ayyoub écrase l'armée du roi de France Louis IX (Saint Louis) qui avait débarqué en Égypte à la tête de la 7e croisade en 1249.

Les Mamelouks

En 1251, des mercenaires turcs, les Mamelouks, installent en Égypte un régime militaire. Sous leur règne, l'Égypte, plaque tournante du commerce entre l'Orient et l'Occident, s'enrichit considérablement. Les sultans mamelouks utilisent cette richesse pour édifier de nombreux palais et de superbes mosquées, notamment au Caire.

Les Ottomans

Les Ottomans qui règnent à Istanbul, en Turquie actuelle, dominent l'Égypte de 1524 à 1798. C'est l'expédition française, commandée par Bonaparte en 1798, qui va rendre au pays son indépendance.

De Muhammad Ali à Farouk

Muhammad Ali, un jeune officier albanais qui lutte contre les Français, prend le pouvoir et domine l'Égypte à partir de 1805 à 1849. Il s'entoure de savants, conseillers, techniciens et fait entrer son pays dans le monde moderne. En 1928, un descendant de Muhammad Ali, Fouad, prend le titre de roi d'Égypte. Mais son fils et successeur Farouk est renversé en 1952 par un groupe d'officiers de l'armée égyptienne, soutenus par la population. C'est une vraie révolution !

La république arabe d'Égypte

La monarchie est abolie et la république proclamée. Nasser, un des officiers révolutionnaires, devient président en 1954. C'est un véritable dictateur, mais il est charismatique et populaire. Son successeur Sadate conclut un accord de paix avec Israël qui vaut à l'Égypte d'être un temps mise au ban du monde arabe. Il est assassiné par des islamistes en 1981. Depuis, son successeur Moubarak règne sur le pays d'une main de fer ; s'il réprime les terroristes musulmans auteurs d'attentats, il laisse les islamistes « modérés » contrôler les mœurs selon la charia. Ainsi les femmes sont soumises à l'autorité de leur père puis de leur mari ; les homosexuels, eux, sont condamnés et emprisonnés.

LE TOURISME

Le tourisme est la principale ressource de l'Égypte. On s'y rend surtout en voyage guidé, plus rarement seul ; les croisières sur le Nil sont particulièrement prisées. Le gouvernement égyptien cherche depuis quelques années à développer les infrastructures touristiques sur les côtes méditerranéennes, celles de la mer Rouge et dans les oasis du désert Libyque.

Bateaux de croisière sur le Nil à Louxor.

Chronologie

Époque thinite (3000-2780 av. J.-C.)

Ire dynastie
- Narmer (Ménès)
- Aha
- Djer
- Djet

IIe dynastie
- Khasekhemoui

Ancien Empire (2780-v. 2300 av. J.-C.)

IIIe dynastie (2780-2723 av. J.-C.)
- Djoser
- Sekhemkhet

IVe dynastie (2723-2563 av. J.-C.)
- Snéfrou
- Kheops
- Khephren
- Mykérinos

V^e^ dynastie (2563-2423 av. J.-C.)
- Ouserkaf
- Sahourê
- Ounas

VIe dynastie (2423-2263 av. J.-C.)
- Téti
- Pépi Ier
- Mérenrê Ier
- Pépi II

Première période intermédiaire (v. 2300-2065 av. J.-C.)

- Pépi II (fin du règne)
- Mérenrê II
- Nitocris

VIIe dynastie (inconnue)

VIIIe dynastie, à Memphis

IXe et X^e^ dynasties (2222-2050 av. J.-C.), **à Héracléopolis**
- Khéti Ier
- Khéti III
- Mérikarê

Moyen Empire (2065-1785 av. J.-C.)

XIe dynastie (2065-2000 av. J.-C.)
- Mentouhotep

XIIe dynastie (2000-1785 av. J.-C.)
- Amenemhat Ier
- Sésostris Ier
- Sésostris III
- Amenemhat III
- Amenemhat IV

Deuxième période intermédiaire (1785-1580 av. J.-C.)

XIIIe et XIVe dynasties (1785-v. 1680 av. J.-C.), **à Memphis**
- Sobekhotep Ier
- Khendjer

XVe et XVIe dynasties hyksôs, à Avaris (1730-1580 av. J.-C.)
- Khian

XVIIe dynastie, à Thèbes (1680-1580 av. J.-C.)
- Sékénenrê Taa II
- Kamès

Nouvel Empire (1580-1085 av. J.-C.)

XVIIIe dynastie (1580-1314 av. J.-C.)
Ahmosis
Aménophis Ier
Thoutmosis Ier
Thoutmosis II
Hatshepsout
Thoutmosis III
Aménophis II
Thoutmosis IV
Aménophis III
Aménophis IV-Akhnaton
Toutankhamon
Aï
Horemheb
XIXe dynastie (1314-1200 av. J.-C.)
Ramsès Ier
Séthi Ier
Ramsès II
Mineptah
XXe dynastie (1200-1085 av. J.-C.)
Sethnakht
Ramsès III
Ramsès IV à Ramsès XI

Basse Époque ou décadence (1085-332 av. J.-C.)

XXIe dynastie (1085-950 av. J.-C.)
Smendès, à Tanis
Hérihor, à Thèbes
Pinedjem
XXIIe dynastie libyenne, à Bubastis (950-730 av. J.-C.)
Sheshonq Ier
Osorkon II
Sheshonq III
XXIIIe dynastie (817-730 av. J.-C.), à Tanis
XXIVe dynastie (730-715 av. J.-C.)
XXVe dynastie « éthiopienne » (751-656 av. J.-C.)
Piankhi
Shabaka
Taharqa
Tanoutamon
XXVIe dynastie (663-525 av. J.-C.)
Psammétique Ier
Domination perse ou XXVIIe dynastie (525-404 av. J.-C.)
XXVIIIe dynastie (404-398 av. J.-C.)
Amyrtée
XXIXe et XXXe dynasties (398-341 av. J.-C.)
Nectanébo Ier
Nectanébo II
Seconde domination perse (341-332 av. J.-C.)

Période gréco-romaine (332 av. J.-C.-393 apr. J.-C.)

Alexandre le Grand (332-323 av. J.-C.)
Dynastie lagide (323-30 av. J.-C.)
Ptolémée Ier gouverneur puis roi (323-283 av. J.-C.)
Ptolémée II à Ptolémée XII (283-51 av. J.-C.)
Cléopâtre VII (51-30 av. J.-C.)
Domination romaine (30 av. J.-C.-393 apr. J.-C.)

Certaines dynasties coexistent. Les dates sont presque toutes approximatives, en particulier pour l'Ancien Empire et la première période intermédiaire, et ont, comme sources de référence, les ouvrages suivants : L'Égypte, *Drioton-Vandier, PUF, et* L'Égypte ancienne, *Vercoutter, PUF.*

Carte de l'Égypte contemporaine

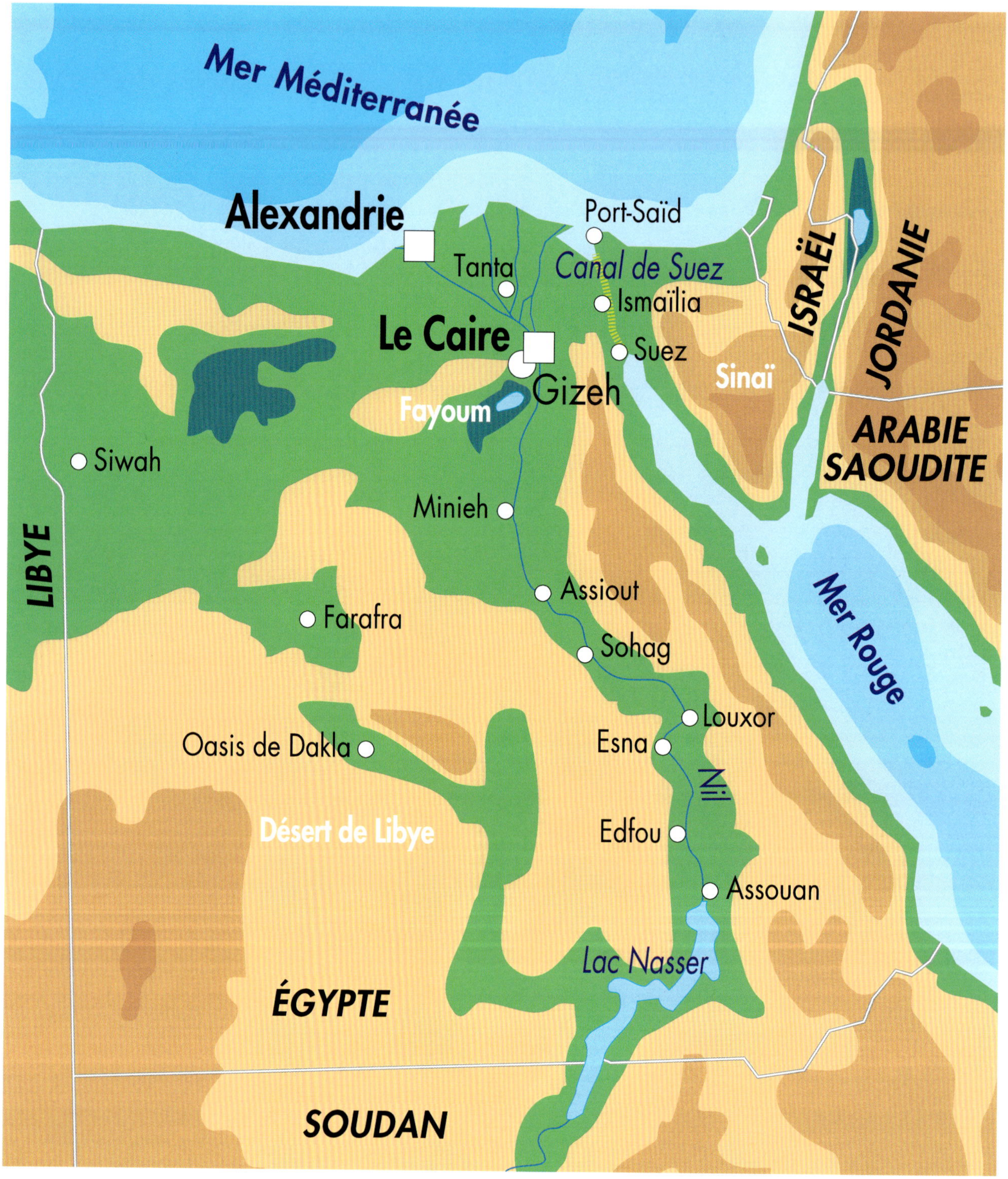

100 km

Glossaire

A

Amarnien : adjectif servant à désigner l'art de l'époque d'Akhnaton ; Tell el-Amarna est le nom arabe actuel du site d'Akhetaton.

Amon : grand dieu de Thèbes, très honoré dans toute l'Égypte au Nouvel Empire. Il est représenté sous la forme d'un homme ou d'un bélier. C'est un dieu de l'air et de la fécondité.

Amulette : objet magique auquel on prête des pouvoirs surnaturels.

Araméen : langue sémitique utilisée par la diplomatie au Nouvel Empire.

Assyriens : peuple du nord de la Mésopotamie (Irak actuel). Les Assyriens dominèrent le Proche-Orient et le Moyen-Orient dans la première moitié du Ier millénaire av. J.-C.

Aton : dieu unique, créateur du monde, dont Akhnaton voulut imposer le culte. On le représente sous la forme d'un disque solaire dont les rayons sont autant de bras.

B

Babyloniens : habitants de Babylone, au sud de la Mésopotamie (Irak actuel).

C

Canon : ensemble de proportions que doivent suivre les peintres et les sculpteurs pour représenter le corps humain.

Canope : nom donné aux 4 vases dans lesquels on plaçait les viscères de la momie.

Cartouche : forme ovale creuse qui encerclait 2 des noms du pharaon.

Cataracte : amoncellement de rochers que l'on rencontre en remontant le cours du Nil en Nubie ; la 1re cataracte se situe à proximité d'Éléphantine ; les 4 suivantes se trouvent au Soudan actuel.

D

Démotique : écriture simplifiée du peuple, dérivée de l'égyptien hiéroglyphique.

Dynastie : groupe de pharaons appartenant théoriquement à la même famille.

E

Égyptologie : science fondée par Champollion ; son étude porte sur la langue et la civilisation de l'Égypte pharaonique.

Égyptomanie : passion très forte pour l'Égypte pharaonique.

F

Fayoum : oasis du nord-ouest de l'Égypte autour d'un lac alimenté par le Nil.

Fête Sed : fête du jubilé du pharaon, qui devait avoir lieu au moins tous les 30 ans.

H

Hiéroglyphe : signe servant à transcrire la langue égyptienne antique. Les hiéroglyphes peuvent correspondre à des lettres ou à des groupes de lettres de l'alphabet ou encore constituer des idéogrammes qui ne se prononcent pas mais précisent le sens d'un mot.

Hittites : peuple qui domina l'Anatolie (Turquie actuelle) puis la Syrie du Nord au cours du IIe millénaire av. J.-C. D'abord ennemis des Égyptiens, les Hittites deviennent les alliés de Ramsès II après la bataille de Qadesh.

Horus : dieu de la monarchie, fils d'Isis et Osiris. Il est souvent représenté sous la forme d'un faucon. Horus est aussi le premier titre porté par le pharaon assimilé à ce dieu au cours de son règne.

Hyksôs : peuple sémitique qui occupa l'Égypte au cours de la 2e période intermédiaire (vers 1730-1580).

Hypogée : tombeau souterrain constitué d'une succession de salles souvent décorées de peintures.

Hypostyle : salle du temple égyptien dont le toit est soutenu par de très nombreuses colonnes.

I

Idéogramme : signe correspondant à une idée ; la plupart des hiéroglyphes sont des idéogrammes.

K

Khepresh : couronne bleue à pois portée par le pharaon.

Koush : nom donné à la région de Napata, au nord du Soudan actuel.

M

Macédoniens : peuple du nord de la Grèce dont firent partie Alexandre le Grand et Ptolémée, fondateur de la dynastie ptolémaïque ou lagide, qui régna sur l'Égypte depuis Alexandrie.

Mastaba : tombeau constitué d'un caveau souterrain et d'une chapelle funéraire couverte par une superstructure de forme rectangulaire qui ressemble à un banc. Mastaba veut d'ailleurs dire « banc » en arabe.

Méroïtique : nom donné à la langue et à la civilisation de Méroé, au Soudan actuel.

Minoens : peuple de l'île de Crète qui commerça avec l'Égypte.

Mitanniens : peuple qui domina la Syrie du Nord jusqu'à l'Euphrate au milieu du IIe millénaire av. J.-C.

Momie : cadavre embaumé puis emmailloté de bandelettes de lin que les Égyptiens enfermaient dans un sarcophage avant de le placer dans son tombeau.

N

Naos : armoire de pierre ou de bois dans laquelle les prêtres plaçaient la statue de leur dieu.

Némès : voile porté par le pharaon. Le némès est constitué d'un tissu rayé noué à l'arrière de la tête.

Nomarque : gouverneur d'une province de l'Égypte.

Nome : province de l'Égypte pharaonique.

Nubiens : peuple africain, vivant au sud de l'Égypte et au nord du Soudan actuel.

O

Obélisque : aiguille de pierre ; symbole solaire élevé à l'entrée des temples égyptiens.

Oracle : sanctuaire où l'on croyait qu'il était possible d'interroger un dieu et d'obtenir de lui une réponse.

Ostracon (pluriel ostraca) : morceau de calcaire servant de « papier brouillon » pour les scribes.

Oushebti : statuette de « serviteur » accompagnant le mort dans l'au-delà pour l'aider dans ses travaux.

Glossaire (suite)

P

Pagne : sorte de caleçon en lin porté par les Égyptiens.

Papyrus : plante poussant sur les berges du Nil dont les fibres servaient à la fabrication de papier.

Perses : peuple d'Iran qui domina l'Égypte de 525 à 404 et de 341 à 332.

Peuples de la mer : ensemble de peuples venus du sud de l'Europe par mer ; ils envahirent la Libye et le Proche-Orient, mais échouèrent en Égypte où ils furent vaincus par Ramsès III.

Pharaon : déformation de Per-aa, « Grande Maison », nom donné au palais royal et, par glissement de sens, au souverain lui-même.

Phéniciens : habitants de la Phénicie, le Liban actuel. Byblos était l'une des principales cités de cette région.

Philistins : « Peuple de la mer » installé en Palestine.

Phonogramme : signe correspondant à un son.

Pount : région de l'Afrique orientale où les Égyptiens allaient chercher des aromates (Érythrée ou Somalie).

Pschent : double couronne pharaonique, rouge et blanche, symbolisant la réunion de la Basse et de la Haute-Égypte.

Pylône : entrée monumentale du temple égyptien, symbolisant l'horizon, souvent précédée d'obélisques et de colosses pharaoniques.

Pyramide : gâteau farineux pointu des Grecs. Son nom fut donné, par comparaison, aux gigantesques tombeaux des pharaons qui avaient la même forme.

S

Sarcophage : cercueil de forme humaine dans lequel on plaçait la momie du défunt.

Scribe : fonctionnaire de l'administration royale ou sacerdotale, membre d'une puissante caste de lettrés.

Séma : temple funéraire et tombeau d'Alexandre le Grand édifié à Alexandrie.

Sémites : peuples du Proche-Orient dont font partie les Phéniciens, les Hébreux et les Arabes. Leurs langues, qui se ressemblent, sont appelées « langues sémitiques ».

Sistre : instrument de musique en métal que les prêtresses agitaient au cours des cérémonies religieuses.

Sphinx : lion à tête de pharaon ; plus rarement à tête de bélier.

T

Temple : édifice de culte considéré comme le « château » du dieu égyptien. On distingue le temple proprement dit des nombreuses dépendances qui faisaient partie du sanctuaire : ateliers, boutiques, boulangeries, fermes et exploitations agricoles. Le temple funéraire est destiné au culte du roi défunt.

V

Vizir : terme arabe désignant le Premier ministre du pharaon.

Index

Crédit illustration

Corinne Deletraz
P. 84-85, 222 (b), 223 (b), 227 (b), 228-229, 230-231.

Anne Eydoux
P. 10, 11 (m), 12 (m), 13 (bg), 15 (m), 26 (hd), 28 (bg), 32 (mg), 33 (md), 49 (b), 54 (hg + m), 60 (hd + bd), 66 (hg), 67 (hd), 68 (hg), 73 (hd), 83 (m), 86-87, 88-89, 95 (hg), 103, 108-109, 113 (bg), 116 (b), 121, 124-125, 130 (bg), 132-133, 136 (b), 137 (h + bg), 138 (hg + b), 139 (h + b), 156, 157 (h), 158-159, 162 (h), 163 (b), 168-169, 170-171, 172-173, 174-175, 197 (bd), 208-209, 210, 211 (m), 219 (h), 226 (b).

Gwen Keraval
P. 11 (b), 82 (hg), 107 (bd), 113 (h), 116 (m), 123 (hd), 148 (hd), 162 (bg), 176-177, 179 (hd), 180, 181 (hd + b), 182 (b), 183, 225, 234.

Nathalie Locoste
P. 20 (hd), 34 (mg), 51 (md).

Régis Macioszczyk
P. 12 (hg + b), 15 (h + b), 19 (hd), 20 (m), 23 (hd + bd), 25 (b), 27 (hd), 29 (m), 33 (bd), 38 (m), 43 (hd), 52 (h), 55 (b), 56 (h), 60 (m), 61 (h + b), 62-63, 64-65, 76 (b), 77 (h), 98-99 (b), 106 (h), 130 (m), 131, 148 (b), 154-155, 167, 188-189, 194 (hg), 204 (h), 206-207, 215 (h), 224 (hg), 226 (hg), 240-241.

Florent Silloray
P. 13 (m), 18-19, 21, 22-23, 26 (b), 32-33, 34 (b), 35 (b), 37 (b), 42, 47, 50, 56 (b), 57 (h), 66 (b), 67 (b), 68 (bd), 69 (h), 70-71, 74 (b), 75 (h), 82 (m), 83 (b), 90-91, 92-93, 95 (b), 97, 98-99 (h), 106 (b), 107 (h), 114 (b), 117, 118 (b), 123 (b), 126 (b), 127 (h), 140, 142 (m + b), 143 (m), 144-145, 151 (h), 152-153, 160-161, 186 (h), 187, 190-191, 192-193, 194 (b), 202-203, 212-213, 219 (m), 236-237.

Marie-Pierre Oddoux
P. 73 (b), 120 (bg), 150-151, 218 (h).

Nathaële Vogel
245 (hd).

Couverture
Leemage (Ph. Tête pharaon); A. Eydoux (ill. egyptiens) ; A. Eydoux (ill. fleurs) ; H. Stierlin (Ph. oeil) ; H. Stierlin (Ph. pharaon) ; Institut de paléontologie humaine (Ph. momie) ; C. Deletraz (ill. hiéroglyphe) ; N. Locoste (ill. oushebti) ; A. Eydoux (ill. Seth) ; istockphoto.com (Ph. Pyramide); A. Eydoux (ill. Horus) ; istockphoto.com (Ph. sphinx) ; C. Deletraz (ill. hiéroglyphe) ; R. Mac (ill. scribe) ; H. Stierlin (Ph. Khephren) ; A. Eydoux (ill. Néfertari) ; istockphoto.com (Ph. Pyramide); AKG (Ph. Pierre de Rosette); C. Deletraz (ill. hiéroglyphe)

4e de couverture
F. Silloray (ill. guerriers) ; Leemage (Ph. Toutankhamon) ; Anne Eydoux (ill. Thot) ; Anne Eydoux (ill. sacophages) ; Leemage (Ph. archers nubiens)

Crédit photographique

AKG : p. 72, 118 (hg), 119 (hd), 120 (h), 144 (hd) ; Erich Lessing : p. 28, 29 (md), 68 (b), 195 (m), 235 (h), 236 (h), 245 (b) ; Werner Forman : p. 63.

Bridgeman-Giraudon : p. 11 (hg), 14 (h), 16-17, 17 (h), 86-87.

Richard Clavaud : p. 130 (h), 141 (bd).

Pierre Dallet : p. 41 (hd), 52 (b), 53 (bd + bg), 91 (bd), 110 (mg), 111 (md + b), 114 (hd), 141 (m), 144-145 (b), 145 (h).

Institut de paléontologie humaine : J. Mouchacca : 217 (m) ; J. Oster : 216, 217 (h + b). Les photographies des pages 216-217 sont extraites de l'ouvrage de Balout L. et Roubet C. : « La momie de Ramsès II. Contribution scientifique à l'égyptologie ». Participation de Noëlle Desroches-Noblecourt, Muséum national d'histoire, 1985. Éditions Recherches sur les civilisations.

Hoa-Ki : Hervé Collart : p. 55 (m).

Éditions Errance : J.-C. Golvin : p. 200-201.

Explorer : G. Boutin : p. 238 (h).

B. Guillemard : p. 29 (hg + bd).

Leemage : p. 12 (hd), 14 (b), 18 (h), 20 (b), 24 (hg + b), 26 (hg), 27, 35 (h), 38, 39, 40, 41 (b), 43 (b), 44 (h + m + b), 45 (h + b), 46 (hd), 53 (hd), 69 (m), 93 (m), 95 (h), 100 (b), 116 (hg), 119 (hg), 135 (bd), 138 (hd), 149 (bd).

J.-E. Livet : p. 111 (hd + mg), 134 (bg), 134-135, 139 (m), 160 (hd), 214 (b).

Photos12.com : ARJ : p. 13 (bd), 57 (m), 74 (h), 96 (b), 110 (hg), 137 (b), 178 (b), 205 (b) ; Coll. Cinéma : p. 243 (hd) ; Guichard : p. 36, 37 (h), 114 (hg), 115, 125 (h), 244 ; Institut Ramsès : p. 51 (h), 101, 122 (h), 127 (b), 142, 178 (h), 186 (b), 204 (b), 205 (h).

RMN : Chuzeville : p. 50 (hd), 110 (bd), 136 (h), 132-133, 157 (b), 209 (bd) ; H. Lewandowski : p. 122 (b), 123 (hg), 143 (h), 150, 193 (hd), 195 (bd), 222 (hg), 223 (h) ; R. G. Odeja : p. 222 (bd), 224 (m) ; Franck Raux : p. 57 (b), 108 (hg), 163 (h) ; Photos RMN : 163 (md), 179 (bd), 211 (hd), 215 (bd).

Christian-Georges Schwentzel : p. 48, 94, 179 (bg), 182 (hg), 235 (b), 242.

Stierlin : p. 16 (b), 25 (h), 46 (b), 49 (m), 54 (b), 69 (b), 75 (b), 78, 79 (b), 84 (hd), 85 (b), 96 (hg), 100 (hg), 102 (b), 102-103, 112, 113 (b), 126 (h), 134 (hg), 141 (h), 145 (b), 149 (h),
166 (h + b), 180-181 (h), 188 (g), 189 (d), 196-197, 211 (b + bd), 228 (hg), 230 (h), 238 (b), 239 (h + m + b).

Pierre Sorgue : p. 76 (h), 77 (b), 79 (h), 227 (m).

Musée du Louvre : p. 240 (hg), 241 (hd).

Éditions Albert René : p. 243 (b) : vignette extraite de l'album « Astérix et Cléopâtre ».

Musée des Augustins : Daniel Martin, 2001 : p. 218 (b).

Pour Délia, ma princesse égyptienne

Remerciements
Faire un livre est toujours une aventure, surtout quand on a la chance d'écrire sur l'Égypte. Mais ce bel ouvrage est le fruit d'une aventure collective. Il n'aurait pu voir le jour sans l'aide précieuse, sans la patiente collaboration de Claudine Pitrau-Defeuillet et Didier Gatepaille (conception graphique), Didier Mounié et Marie-Jo Pince. Merci aux photographes qui ont si bien su restituer les beautés de l'Égypte. Merci aux dessinateurs, à la fois si fidèles aux anciens artistes égyptiens et en même temps si modernes et actuels.
Merci à Francis Janot de l'Institut français d'archéologie orientale du Caire, à Sara De Michelis du Musée égyptien de Turin, à Soheir Bakhourn du CNRS, à Mervat Seif el-Din du Musée gréco-romain d'Alexandrie, à Mostafa el-Abbadi de l'université d'Alexandrie, aux enseignants et chercheurs du centre de recherches de l'Institut de papyrologie et d'égyptologie de l'université de Lille-III, à mes collègues du département d'histoire de l'université de Valenciennes. Merci enfin à Fred Hamm, Erick Duré, Pascale Gillot, Jacques Heude et au Docteur Beikbaghban.

1, rond-point du Général-Eisenhower – 31101 Toulouse Cedex 9, France

Loi 49.956 du 16.07.1949 sur les publications destinées à la jeunesse.

Dépôt légal : juin 2011
ISBN : 978-2-7459-4876-2
Achevé d'imprimer au 2e trimestre 2021 en Roumanie par Rotolito.
editionsmilan.com

Les Encyclopes

Dans la même collection

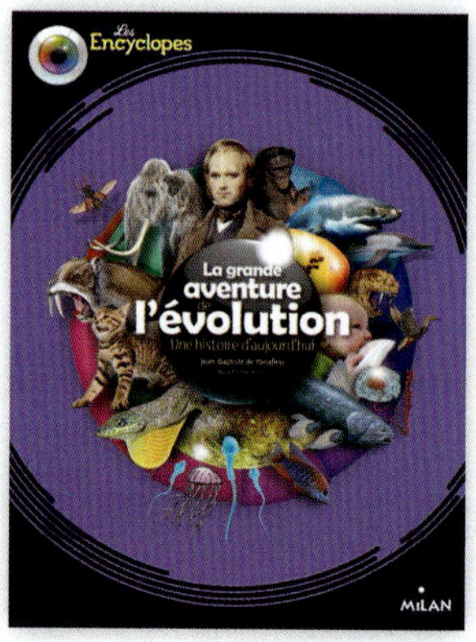

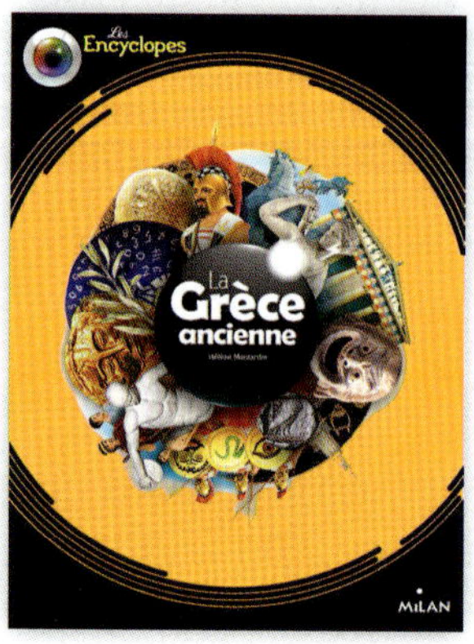